왕초보 자미두수

왕초보 자미두수

글쓴이 김선호

①

동학사

■ 책머리에

　필자가 이 책을 쓰게 된 것은 부산의 유유산방(流流山房)에 은거해 계시는 해인(海印) 변재봉님의 권유 때문이었다.
　변재봉님은 본래 무술을 수련하신 사범으로, 더불어 20여 성상을 명리·육효·기문을 연구하여 그 학문들에 이미 일가견이 있던 분인지라, 자미두수에 대해서는 깊이 공부해보기 전에 선입견만으로 상당한 거부감을 갖고 터부시한 적이 있었다.
　그러나 자미두수에 관한 대만과 홍콩 서적을 100여 권 구해서 공부해보신 후, "자미두수에는 여타의 명학을 뛰어넘는 탁월함과 신묘함이 있다"고 하셨다.
　또 국내에는 자미두수에 관한 책이 아직 미미한 수준에 불과한데, 제대로 된 자미두수 개론서를 쓸 사람은 필자밖에 없다고 분수에 넘치는 격려를 해주시면서, 자미두수에 관한 개론서를 한번 써보라고 누차 강권하셨다.

그래서 거절을 못하고 틈틈이 원고를 정리해두고 있던 차에 하이텔 〈역학동호회〉에서 만난 이수 이지승님의 도움으로 갑작스레 책을 내게 되었다.

우리나라에서는 명리학에 대한 책이 많이 출판되고 있고, 그에 비례해서 관심도 매우 높지만, 자미두수에 관한 책은 찾아보기가 쉽지 않다. 그 동안 자미두수에 관심을 갖게 된 사람들이 자미두수에 대한 책을 추천해달라고 할 때, 원서가 아닌 국내 출판물 중에는 추천할 만한 책이 없어 난감했던 적이 한두 번이 아니었다.

이런 여건 때문에 공부를 해보려고 했던 사람들 중 대부분은 시중에 나와 있는 자미두수 관련 책 두어 권을 보다가 결국 포기하게 되곤 했다. 사정이 이렇다 보니 일반인은 물론이고 현업에 종사하는 술객들에게조차 자미두수에 대한 편견이 심화되고 있다.

이웃 대만과 홍콩에서는 자미두수가 눈부시게 발전하고 있는 데 비하여 우리나라에서는 제대로 정착조차 하지 못한 채 와전되고 곡해되는 현실을 볼 때, 조금이라도 먼저 자미두수를 공부한 사람으로서 느끼는 안타까움은 이루 말할 수가 없다.

우리나라에서 자미두수가 널리 알려지지 못한 이유는 여러가지가 있다.

첫째, 자미두수는 별〔星〕이 많아 명반을 작성하기가 매우 어렵다. 알고 나면 별것도 아니지만 모르는 상태에서는 몹시 어려워 보이는 게 사실이다. 130개 가까이 되는 별을 외워서 안 보고 써넣기란 결코 쉬운 일이 아니다.

둘째, 자미두수에 대한 제대로 된 안내서나 안내자가 부족하다. 자미두수라는 학문은 그 시작 시점이 명리학과 비슷하나 비인부전

(非人不傳 : 마땅한 사람이 아니면 전하지 않는다)의 학풍 때문에 오랜 세월 비전(秘傳)되어왔고, 근대에 와서야 세상에 모습을 드러내게 되었다. 따라서 명리학이 세상을 활보할 때 자미두수는 그 원산지(原産地)인 중국에서조차 제대로 공부한 사람을 찾기가 손가락으로 꼽을 정도로 힘든 지경이었다.

대만이나 홍콩에서 자미두수 관련 연구서가 백화난발하듯이 쏟아져나오기 시작한 것은 불과 이십수년 전이었다. 자미두수 최고의 이론서라고 할 수 있는, 중주파(中州派) 계열의 비전서가 세상에 모습을 드러낸 것이 1990년대 초였으니, 우리나라의 사정은 그야말로 황무지와 같은 수준에 불과했다고 할 수 있겠다.

또 대만이나 홍콩에 나와 있는 자미두수 원서 수백 권을 전부 보았다 하더라도, 이론적으로 체계있게 정립되기 어려운 부분들이 산재해 있기 때문에, 자칫 넓게 알기는 하나 깊게 알지 못해 중도에 포기하는 경우가 많다.

필자는 이왕 자미두수 개론서를 쓰는 기회에 전부는 아니더라도 자미두수에 관련된 이런 문제점들을 얼마쯤은 해결해야 한다는 사명감을 가지고 이 책을 썼다.

이 책은 한글 세대를 위해서 가능한 한 한자를 쓰지 않고 필요한 경우에만 한글과 더불어 표기하였다. 또 1권은 그야말로 개론서로서 활용하고, 2권은 연습을 겸할 수 있도록 구성하였다.

2권에는 필자가 개발하여 사용하고 있는 운 추론 방법을 공개했으며, 자미두수 명반 작성의 어려움을 해결하기 위해 프로그래머인 김재윤군의 도움을 받아 〈자미두수 명반 포국 CD〉를 부록으로 첨부할 예정이다.

또한 이미 출판된 자미두수 입문서와의 차별화를 위해 명례를 많이 넣고 필자 나름의 노하우도 최대한 공개하고자 하였다. 대만과 홍콩의 원서도 많이 참고했는데, 특히 중주파 계열의 책들을 주로 참고했다.

명리학의 『적천수』에 비견되는 『자미두수전서』의 번역을 이미 끝내고 마무리 손질중에 있으며, 자미두수 이론에 관한 몇 권의 책을 더 집필하고 있으므로, 자미두수 이론서에 목말라하는 동학들의 갈증을 풀어줄 수 있는 교재가 이 책 이후로 계속 나오게 되리라 생각한다.

이 책이 나오는 데는 많은 사람의 도움이 있었다. 김재윤군은 자미두수 프로그램을 만들었을 뿐만 아니라 원고 교정까지 보느라 여러 날 잠을 설쳤다. 변재봉님도 여러가지 질정과 격려를 아끼지 않으셨다.

그리고 알게 모르게 힘을 준 제자 부천의 이해문·여수의 오옥희, 또 늘 믿어주시는 신달순 여사·장영지·손난자·이범균 회장님과, 출판을 주선해준 이수님, 출판을 흔쾌히 허락해 주신 동학사 사장님께도 진심으로 감사의 말씀을 드린다.

마지막으로 사랑하는 한결이와 아내에게 이 책을 바친다.

2000년 2월 여수에서
履斗 김선호 識

1 책 중간에 언급된 『자미두수전서(紫微斗數全書)』 또는 『전서(全書)』는 모두 진희이(陳希夷) 선생이 쓰신 자미두수의 유일한 고전의 명칭으로, 이 책의 상당 부분을 여기에서 인용하였다.

또한 『자미두수전집(紫微斗數全集)』 또는 줄여서 『전집(全集)』이라고 표시한 책도 역시 『자미두수전서』와 대동소이한 내용이다.

2 이 책에 나오는 성(星) 이름은 경우에 따라서는 약자로 표기한 경우가 많다. 가령 좌보·우필이면 보필, 문창·문곡은 창곡, 화성·영성이면 화령, 경양·타라면 양타 하는 식으로 표기하였다.

보좌살화성(補佐煞化星)은 보성·좌성·살성·사화성을 줄여서 표현한 말로 보성인 보필·괴월, 좌성인 창곡·록마, 살성인 양타·화령·공겁, 사화성인 화록·화권·화과·화기를 통칭한 용어이다.

또 모기(耗忌)는 대모와 화기를 말하며, 독수(獨守)는 어느 궁에 성이 홀로 앉아 있다는 것을 말한다.

왕초보 자미두수1
차례

책머리에 5

들어가기 전에 17
   1) 자미두수의 역사 17
   2) 자미두수의 특징 19
   3) 진희이 선생에 대하여 20

1. 명반 작성 25
   1) 시간을 소중히 27
   2) 명궁과 자미성을 찾는다 30
   3) 십사정성을 찾는다 40
   4) 생시 기준으로 찾는 성 43
   5) 생월 기준으로 찾는 성 45
   6) 생일로 찾는 성 47
   7) 연간 기준으로 찾는 성 49
   8) 연지 기준으로 찾는 성 55
   9) 박사 · 태세 · 장전십이신 · 십이운성 57
   10) 대한 · 소한 · 두군 찾는 법 60
   11) 유성법 67

2. 기본적인 용어의 이해 69

    1) 삼방사정과 본궁·대궁·합궁·협궁 69

    2) 십이궁과 십이사항궁 73

    3) 성의 분포와 묘왕리함 75

3. 배치의 몇 가지 원칙 83

4. 기본명반의 구조 86

5. 기본명반과 자미사해궁 95

6. 성계 조합의 특성 99

7. 자미두수 전설의 이해 111

8. 자미두수 전설의 응용 124

9. 명반 바라보기 138

    1) 기본명반에서 본 사대 계통 139

    2) 전설로 본 사대 계통 144

10. 명반을 보는 몇 가지 규칙 151

    1) 차성안궁 151

    2) 성을 볼 때의 규칙 155

11. 십이궁의 의미 160
   1) 명궁 162
   2) 형제궁 166
   3) 부처궁 168
   4) 자녀궁 169
   5) 재백궁 169
   6) 질액궁 170
   7) 천이궁 172
   8) 노복궁 173
   9) 관록궁 174
   10) 전택궁 175
   11) 복덕궁 175
   12) 부모궁 176

12. 십사정성의 특징 177
   1) 성의 화기 177
   2) 성의 오행 178
   3) 성의 주사 179
   4) 성의 소속분야 180
   5) 전설 속의 인물 182
   6) 성의 이름 182

13. 십사정성의 이해 183
   1) 자미성 183
   2) 천기성 203
   3) 태양성 213
   4) 무곡성 226
   5) 천동성 235
   6) 염정성 245
   7) 천부성 256
   8) 태음성 262
   9) 탐랑성 265
   10) 거문성 273
   11) 천상성 279
   12) 천량성 289
   13) 칠살성 297
   14) 파군성 303

14. 십이궁 310
   1) 명궁 311
   2) 형제궁 312
   3) 부처궁 316
   4) 자녀궁 321
   5) 재백궁 325
   6) 질액궁 331
   7) 천이궁 335
   8) 노복궁 339
   9) 관록궁 343
   10) 전택궁 347
   11) 복덕궁 353
   12) 부모궁 358

왕초보 자미두수 2
차례

1. 보좌성

2. 보좌성 · 살성의 특징

3. 보성
   좌보(左輔) · 우필(右弼) / 천괴(天魁) · 천월(天鉞)

4. 좌성
   문창(文昌) · 문곡(文曲) / 녹존(祿存) · 천마(天馬)

5. 살성
   경양(擎羊) · 타라(陀羅) / 화성(火星) · 영성(鈴星)
   지공(地空) · 지겁(地劫)

6. 잡성
   천형(天刑) · 천요(天姚) / 공망 제잡성(空亡 諸雜星)
   백관조공 제잡성(百官朝拱 諸雜星) / 도화 제잡성(桃花 諸雜星)
   사선성(四善星)과 삼덕성(三德星) / 기타 제길성(諸吉星)
   고독손모 제성(孤獨損耗 諸星)
   장박 세장전 십이신(長博 歲將前 十二神)

7. 사화
    염정화록(廉貞化祿)·천기화록(天機化祿)·천동화록(天同化祿)
    태음화록(太陰化祿)······ 탐랑화기(貪狼化忌)

8. 이것이 궁금합니다!
    자미에서 윤달은 어떻게 보나?/자미두수도 여러가지?
    『심곡비결(深谷秘訣)』이라는 책은? 등등

9. 논명개념과 방법

10. 격국
    웅숙건원격(雄宿乾垣格)·풍류채장격(風流綵杖格)
    석중은옥격(石中隱玉格)·명주출해격(明珠出海格) 등등

11. 제가논명실례
    심곡비결/자운 선생/두수선미(斗數宣微)의 관운주인
    중주파(中州派)/북파논명(北派論命)

12. 논명관념

13. 논명소스

14. 이두식 추론법

들어가기 전에

1) 자미두수의 역사

자미두수(紫微斗數)는 중국의 오대(五代) 때(서기 950년 전후) 도사 진희이 선생이 창안했고, 그 600년 뒤 명(明)의 가정(嘉靖) 29년(1550년)에 진희이 선생의 18대 법손 진도(陣道)라는 분이『자미두수전집(紫微斗數全集)』이라는 책을 냄으로써 비로소 세상에 알려지게 되었다.

학자들에 의하면, 송대에 유행했던 오성술(五星術 : 果老星宗 혹은 七政四餘라고도 한다)이 잘 맞지 않자 이것을 간략하게 체계화하여 '십팔비성(十八飛星)'이라는 산명술을 만들었는데, 이 십팔비성에서 다시 체계화된 학문이 바로 자미두수라고 한다. 결국 자미두수는 오성술에 뿌리를 두고 있다고 하겠다.

자미두수는 창안된 지 1,000년이 넘는 유구한 세월이 흘렀지만,

비인부전(非人不傳)의 학풍으로 인해 세상에는 그다지 널리 알려지지 않았다. 그러다가 민국 초기에 이르러서야 관운주인(觀雲主人)이라는 분의 『두수선미(斗數宣微)』라는 책이 나오고, 1950년대 초 홍콩에서 육빈조 선생의 『자미두수강의집』이 나오면서 비로소 유행처럼 번져나가게 되었다.

계속하여 북파 장개권 선생의 『자미두수추명술』(1975년 출판) 등 몇 권의 책이 더 나왔으며, 대만에서 혜심제주라는 여자 명가(名家)가 쓴 『자미두수신전(紫微斗數新詮)』(1981년)이 큰 인기를 누리면서 주목을 받게 되었다.

그후 자미두수에 관한 책과 새로운 이론이 우후죽순처럼 나오게 되었다(현재 대만과 홍콩에서는 자미두수와 관련하여 300권이 넘는 책이 출간된 상태이다).

넉넉하게 잡더라도, 자미두수가 대중화되기 시작한 것은 1970년대 이후라고 봐야 할 것이다.

오늘날 자미두수의 가장 정통적인 학파로 알려진 홍콩 중주파(中州派)의 왕정지 같은 분도 자미두수를 처음 배운 것이 1970년대 초라고 한다. 또 대만에서 이름을 떨치고 있는 자운 선생도 처음 자미두수를 배운 것이 이 무렵이었으니, 자미두수가 대중에게 알려진 것은 대략 30년 정도밖에 되지 않는 셈이다.

오늘날 자미두수 학파는 북파·남파·중주파·점험파·비성파·현공사화파·투파·도전파 등 헤아릴 수 없이 많지만, 필자가 보기에는 1990년대 중반에 흥기(興起)한 홍콩의 중주파가 가장 정밀하고 체계화된 자미두수를 보급하고 있는 것 같다.

드러내지 않은 채 연구에 정진하고 있는 분들이 이 외에도 많이 있겠으나, 대만에서 활동하고 있는 저명한 대가들로는 자운 선생·

요무 거사(了無居士)·반자어 등이 있고 홍콩에는 중주파의 왕정지 선생이 있다.

우리나라에서는 역사적으로 대만이나 홍콩에서처럼 자미두수가 풍미하지는 않았으나, 조선 선조 때 대제학을 지낸 심곡 김치 선생이 『심곡비결(深谷秘訣)』이라는 자미두수 저서를 내는 등 면면히 맥을 이어왔으며, 오늘날에도 『심곡비결』을 기초로 자미두수를 배운 야인(野人)들이 곳곳에 있다.

그러나 아직까지는 자미두수라는 단어조차 생소한 터라 대중적이지 못하고, 자미두수에 대한 이해도 미신적이지 않으면 신비적이어서 자미두수에 대한 바른 지침이 필요한 때라고 생각된다.

2) 자미두수의 특징

자평학과 자미두수는 현재 점학(占學)이 아닌 명학(命學)으로서 그 탁월한 적중률과 명쾌함에 있어 쌍벽을 이루고 있는 학문이다.

자평학은 절기를 살펴 사주를 배치하는 태양력을 쓰지만, 자미두수는 절기를 사용하지 않고 순수한 태음력만으로 명반을 포국한다. 따라서 별을 배치하는 방법과 명반 작성자의 음력 생일을 알고 있다면, 만세력 없이도 명반을 작성할 수 있다는 것이 큰 특징 중의 하나이다.

자평학은 십간과 십이지를 골격으로 연월일시를 세워서 사주와 대운·세운을 뽑고, 오행과 십신의 생극제화와 형충파해를 따져서 길흉을 판단한다. 그러므로 간결하고 일침견혈하는 맛이 있으며 대국을 보는 데 용이하다는 장점이 있다. 그러나 변화를 파악하고 강약을 판단하여 운명의 길흉을 판단하기 어려운 경우가 많은 것도 사실이다.

반면에 자미두수는 자미를 위시한 십사정성과 여러 성(星)을 십이궁에 배열하여 길흉을 판단한다. 星이 많고 복잡하기는 하지만 한 개인의 성격·개성·부귀빈천뿐만 아니라 그 외 여러가지에 대하여 십이궁별로 세밀한 추론이 가능하고, 어떤 사건의 원인과 결과를 분명히 파악할 수 있다는 장점이 있다.

홍콩과 대만에서는 이미 자평학과 자미두수를 겸하여 추론하는 분위기가 대세로 자리잡아가고 있다. 자평학과 자미두수를 겸해서 추론했을 때 적중률을 더 높일 수 있기 때문이다. 특히 자평에서 희·기를 잘못 잡았을 때 자미를 겸해서 참고하면 대단히 유익하다.

3) 진희이 선생에 대하여

진희이 선생은 도가의 역사적 인물 가운데 전기(傳奇)적인 색채가 짙은 인물 중 하나이다.

출생년월은 고증할 길이 없지만, 당나라 말엽에 태어나 오대(五代)를 거쳐 송나라 초에 돌아가셨다고 보여진다. 이름은 박(搏)이고 자(字)는 도남(圖南)으로, 안휘성(安徽省) 호주(毫州) 진원(眞源) 사람이다.

진희이 선생의 탄생에 대해서는 다음과 같은 전설이 전한다.

어떤 부인이 아이를 낳았는데, 아이의 몸이 공같이 생긴 고깃덩어리에 쌓여 있는 것을 보고 깜짝 놀라 바다에 버렸다. 그런데 다행히 진씨 성을 가진 한 어부가 이를 발견하여 집으로 가져가 솥에 넣고 삶으려 했다. 그 순간 갑자기 번개가 치고 천둥소리가 울려 어부는 그만 고깃덩어리를 떨어뜨리고 말았다. 그런데 놀랍게도 땅에 떨어진 고깃덩어리가 갈라지면서 그 안에서 아이가 태어났다.

어부의 성이 진씨였으므로 성을 진(陣)이라 하였고, 고깃덩어리가 둥글었다 해서 박(搏)이라고 이름을 지어 '진박'이라고 불렀다.

아이는 태어난 이후 줄곧 말을 못했는데, 네댓 살쯤 되어 와수(渦水) 가에서 놀고 있을 때 푸른 옷을 입은 한 노파가 와서 아이를 품에 안고 젖을 먹이자 그제야 말문이 트였으며, 이후로 총명하기가 이를 데 없었다.

장성한 후에는 경사를 다 읽고 후당(後唐) 중흥년간(서기 930년쯤)에 진사 시험을 보았으나 낙방했다. 시험에 낙방하자 도(道)에 뜻을 두고 무당산의 구실암(九室巖)에 있다가 화산(華山)에 은거해 살았다.

진박이 '진희이'라는 이름으로 불리게 된 것에도 전해내려오는 전설이 있다.

송나라의 두 번째 임금인 조광의가 여러 번 청하여 진박은 마지못해 궁으로 갔다. 왕궁에 도착한 진박은 조용한 방 한 칸을 달라고 하고는 그 방에서 잠이 들었는데, 잠이 몇 개월 동안이나 이어졌다. 그리고 잠에서 깨어나자 왕의 청을 물리치고 다시 산으로 돌아갔다.

그러자 임금은 진박에게 '희이 선생(希夷先生)'이라는 호를 내렸고, 그후로 진희이라고 불리게 되었다.

희이 선생의 수행법은 아주 신기했다고 한다.

깨어 있을 때는 반드시 술을 마시고 곡기를 끊었으며 불로 태운 음식을 먹지 않고, 잠잘 때는 동물이 겨울잠을 자듯 길게는 몇 년, 짧게는 몇 달씩 잠을 자면서 삼매(三昧)에 들었다고 한다. 따라서 임금에게 불려갔을 때에도 그냥 잠만 잔 것이 아니라 소위 '와선(臥禪)'을 했을 것이라고 생각된다.

　진희이 선생은 도가의 도인술과 연단술에 달통했을 뿐만 아니라, 무극도(無極圖 : 소강절과 유학에 영향을 주어 송대의 사상계에 큰 영향을 미쳤다)를 만들고 역학에도 밝았는데(자미두수·하락이수·범위수·희이수를 창안), 우리가 이제 배우려는 자미두수도 그분이 만든 역학의 한 분야이다.

　진희이 선생은 도가 수행으로 118세까지 살았다고 하는데, 죽을 때가 되자 석실 하나를 마련하여 "여기가 내가 돌아갈 곳이다"라고 하면서 정좌하고 우화등선(羽化登仙)했다고 전해진다.

왕초보 자미두수 ①

1. 명반 작성

　자미두수가 어렵다고 생각하는 이유 중 하나는, 별이 많아서 명반 작성부터가 복잡하다는 점이다.
　또 힘들여 명반을 작성해놓고도 그 많은 별들을 어디에서부터 어떻게 정리하여 운명을 추론해야 할지 헤매기 십상이다. 별의 기본적인 속성만 가지고도 십이궁에 대한 성격을 말할 수는 있으나, 운에 대하여 묻는다면 말문이 막히고 마는 것이다.
　상황이 이렇다 보니 관심을 가지고 자미두수를 시작하고도 끝을 보지 못한 채 중간에 덮어버리는 경우가 부지기수이다. 그러나 천릿길도 한걸음부터라고 했다. 하다 보면 좀더 빠른 길도 찾을 수 있을 것이다. 자신감을 가지고 시작해보자.
　자미두수는 음력 생년월일과 태어난 시각만 알고 있으면 만세력이 없어도 명반을 작성할 수 있다. 그러나 양력 생일만 알고 있다면 만세력이 필요할 것이다.

생년별 나이 조견표

생년	간지	나이	생년	간지	나이	생년	간지	나이
2000	庚辰	1	1975	乙卯	26	1950	庚寅	51
1999	己卯	2	1974	甲寅	27	1949	己丑	52
1998	戊寅	3	1973	癸丑	28	1948	戊子	53
1997	丁丑	4	1972	壬子	29	1947	丁亥	54
1996	丙子	5	1971	辛亥	30	1946	丙戌	55
1995	乙亥	6	1970	庚戌	31	1945	乙酉	56
1994	甲戌	7	1969	己酉	32	1944	甲申	57
1993	癸酉	8	1968	戊申	33	1943	癸未	58
1992	壬申	9	1967	丁未	34	1942	壬午	59
1991	辛未	10	1966	丙午	35	1941	辛巳	60
1990	庚午	11	1965	乙巳	36	1940	庚辰	61
1989	己巳	12	1964	甲辰	37	1939	己卯	62
1988	戊辰	13	1963	癸卯	38	1938	戊寅	63
1987	丁卯	14	1962	壬寅	39	1937	丁丑	64
1986	丙寅	15	1961	辛丑	40	1936	丙子	65
1985	乙丑	16	1960	庚子	41	1935	乙亥	66
1984	甲子	17	1959	己亥	42	1934	甲戌	67
1983	癸亥	18	1958	戊戌	43	1933	癸酉	68
1982	壬戌	19	1957	丁酉	44	1932	壬申	69
1981	辛酉	20	1956	丙申	45	1931	辛未	70
1980	庚申	21	1955	乙未	46	1930	庚午	71
1979	己未	22	1954	甲午	47	1929	己巳	72
1978	戊午	23	1953	癸巳	48	1928	戊辰	73
1977	丁巳	24	1952	壬辰	49	1927	丁卯	74
1976	丙辰	25	1951	辛卯	50	1926	丙寅	75

특별한 경우를 제외하고, 이 책에 나오는 날짜는 모두 음력을 기준으로 하고 있다.

음력 1964년 12월 9일 진시를 예로 들어 명반을 작성하려고 한다. 우선 1964년의 간지가 무엇인지를 알아야 한다. 만세력을 찾아보면 금방 알 수 있겠지만, 참고로 생년별 나이 조견표를 만들어보았다.

이런 표를 하나 가지고 있으면 굳이 만세력을 찾지 않아도 쉽게 간지를 구할 수 있을 것이다.

앞의 표를 기준으로 해가 바뀌면 나이를 한 살씩 더해주면 되는데, 이 표에 의하면 1964년이 甲辰年임을 쉽게 알 수 있다.

1) 시간을 소중히

자미는 시(時)가 생명과 같은 학문이다. 명리는 時를 몰라도 연월일만으로 대충 추론할 수 있지만, 자미는 時를 모르면 명반 작성 자체가 아예 불가능하다.

따라서 반드시 時를 알아야 하며, 그것도 정확히 알아야 한다. 時가 한 시간만 틀려도 명반이 전혀 다르게 나오기 때문에 時에 대단히 민감할 수밖에 없는 것이다.

이런 특성 때문에 중국의 중주파에서는 시간에 따라 명반을 세 개로 나누어 작성하는 방법이 비전으로 전해지기도 한다. 즉 자시를 셋으로 나누어 23시~23시 15분은 지반, 23시 16분~0시 45분은 천반, 0시 46분~1시는 인반으로 나누어 보는 것이다.

일반적으로 우리가 알고 있는 時는 다음의 표와 같다.

子時	23시~01시	辰時	07시~09시	申時	15시~17시
丑時	01시~03시	巳時	09시~11시	酉時	17시~19시
寅時	03시~05시	午時	11시~13시	戌時	19시~21시
卯時	05시~07시	未時	13시~15시	亥時	21시~23시

(1) 표준시 문제

우리나라의 경우 시간을 정하는 표준시의 기준이 몇 차례 바뀌었기 때문에 주의하지 않으면 時를 잘못 적용하게 된다.

우리나라 표준시의 기준점과 기간

표준시 기준 경선	기간(양력 기준)
동경 135도	한일합방 직후~1954년 3월 20일
동경 127도 30분	1954년 3월 21일~1961년 8월 9일
동경 135도	1961년 8월 10일~현재

우리가 알고 있는 時, 예를 들어 인시는 3시에서 5시에 해당한다고 하는 것은 우리나라 경도인 동경 127도 30분을 기준으로 정한 時인데, 실제로 이렇게 쓴 시기는 1954년 2월 17일(음력) 자시부터 1961년 6월 28일(음력) 해시까지 약 8년 가량이었으며, 나머지 시기는 모두 동경 135도를 기준으로 사용했다.

1908년~1910년 8월 29일에도 동경 127도 30분을 표준시의 기준으로 정한 적이 있지만, 1910년생이라면 아흔 살이므로 이 정도 연배의 분이 사주를 보는 일은 드물 것이라고 생각되어 이 시기는 표에서 제외했다.

동경 135도로 표준시의 기준을 정했을 때, 135도에서 127도 30을 빼면 7도 30분의 차이가 난다. 경도가 1도 커질 때마다 4분의 시차가 생기므로 이 경우 30분의 차이가 생기는 것이다. 따라서 인시라면 3시~5시가 아니라 3시 30분~5시 30분이 된다. 즉 기존에 알고 있는 時에 30분을 더하여 계산해야 하는 셈이다.

다시 말해서 앞에서 말한 대로 1954년~1961년에 태어난 사람들만 그대로 3시~5시를 인시로 쓰면 되는 것이다. 현재(2000년) 아흔 살 이하의 사람이라면 이 8년 사이에 태어난 사람을 제외하고는 모두 30분씩을 고려해야 한다.

(2) 서머타임 문제

서머타임은 여름의 긴 낮시간을 좀더 효율적으로 이용하기 위해 도입된 제도이다. 가령 9시라면 서머타임 기간에는 시계바늘을 한 시간 빠른 10시로 돌려놓는 것이다.

이 또한 표준시를 정하는 것처럼 인위적으로 시계를 돌려놓은 것이므로, 서머타임을 실시할 때 태어난 사람들은 태어난 시간에서 한 시간을 빼고 계산해야 한다.

예를 들어, 동경 135도를 표준시로 사용하던 시기의 서머타임 기간 중 아침 8시 10분에 태어난 사람의 경우를 생각해보자. 서머타임을 고려하면 7시 10분에 해당되므로 진시에 태어난 것이 되나, 여기에 다시 135도 기준을 고려하면 진시는 7시 30분부터 시작하므로 진시가 아닌 묘시에 태어난 것이 된다.

우리나라에서 서머타임이 실시된 시기는 다음과 같다(양력 기준).

① 1948년 5월 31일~9월 22일
② 1949년 4월 3일~9월 30일
③ 1950년 4월 1일~9월 10일
④ 1951년 5월 6일~9월 9일

⑤ 1955년 4월 6일~9월 21일
⑥ 1956년 5월 20일~9월 29일
⑦ 1957년 5월 5일~9월 21일
⑧ 1958년 5월 4일~9월 21일
⑨ 1959년 5월 4일~9월 19일
⑩ 1960년 5월 1일~9월 18일
⑪ 1987년 5월 10일~10월 10일
⑫ 1988년 5월 8일~10월 9일

2) 명궁과 자미성을 찾는다

巳	午	未	申
辰			酉
卯			戌
寅	丑	子	亥

　　12지지를 앞의 그림과 같이 배열한 그림을 명반(命盤)이라고 한다. 이 틀 위에 자미두수의 모든 궁(宮)과 성(星)을 배치하게 된다.

寅이 있는 위치를 인궁(寅宮), 卯가 있는 위치를 묘궁(卯宮), ……, 丑이 있는 위치를 축궁(丑宮), 이런 식으로 부르게 된다. 지지는 항상 이 그림의 위치에 있게 되므로, 앞으로 인궁(寅宮)·신궁(申宮) 등의 표현이 나오면 이 그림에 해당되는 지지의 위치를 말한다는 것을 기억해두자.

宮과 星을 배치한 다음에는 각 지지 위에 천간을 붙여야 한다. 그 방법은 사주에서 월간을 찾는 월두법에 의거한다.

甲·己年생은 丙寅
乙·庚年생은 戊寅
丙·辛年생은 庚寅
丁·壬年생은 壬寅
戊·癸年생은 甲寅

인궁의 천간이 결정되면 나머지는 순행(시계방향)으로 돌아가면서 천간의 순서대로 배치하면 된다. 여기서 순행이란 시계방향을, 역행이란 반시계방향을 뜻하는 것으로 이해하면 되는데, 이는 앞으로도 계속 적용될 것이다.

갑진년 12월 9일 진시생을 예로 들어보자.
갑·기년은 인궁에 丙이 붙어 丙寅이 되므로, 丙寅부터 순행으로 丙寅·丁卯·戊辰……의 순서로 각 궁의 지지 위에 천간을 붙여나간다. 이와 같은 방법으로 지지 위에 천간을 붙여보면 다음의 그림과 같다.

己巳	庚午	辛未	壬申
戊辰			癸酉
丁卯			甲戌
丙寅	丁丑	丙子	乙亥

(1) 명궁과 신궁 찾는 법

인궁에서 자기가 태어난 달〔生月〕까지 순행으로 간 다음, 그 궁에서 다시 자기가 태어난 시각〔生時〕까지 역행한 곳이 명궁(命宮)이 된다.

여기에서 생월이란 절기를 기준으로 한 절기력이 아니라 음력 일자를 기준으로 한 음력 월을 말한다. 음력 월의 경우 대개 3년에 한 번 윤월이 드는데, 윤월에 해당되는 경우 윤월 15일까지는 그 월을 기준으로 하고 16일부터는 다음 월을 기준으로 한다. 자세한 사항은 2권의 「이것이 궁금합니다」에서 설명할 예정이다. 참고하기 바란다.

앞에서 예로 든 갑진년생의 명궁을 찾아보자. 寅宮이 1월, 卯宮이 2월, ……, 丑宮이 12월에 해당한다. 또 이 사람의 생시가 辰時인데 丑宮이 子時, 子宮이 丑時, 亥宮이 寅時, 戌宮이 卯時, 酉宮이 辰時에 해당하므로 酉宮이 명궁이 된다.

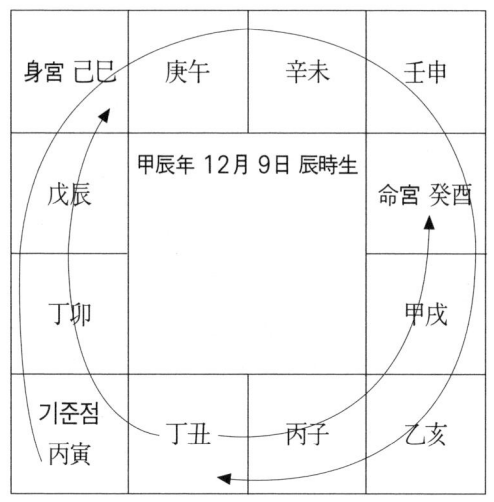

다음으로 신궁(身宮)을 찾아야 하는데, 신궁은 寅宮에서 자기가 태어난 달(生月)까지 순행한 다음, 그 宮에서 다시 생시까지 순행하여 찾으면 된다.

위의 표를 보면 12월에 해당하는 곳이 丑宮인데, 이 자리에서 생시까지 순행하므로 丑宮이 子, 寅宮이 丑, 卯宮이 寅, 辰宮이 卯, 巳宮이 辰시에 해당하므로 신궁은 巳宮이 된다.

다음의 표는 명궁과 신궁을 찾는 도표이다. 생월과 생시를 알면 바로 대입해서 찾을 수 있다.

앞에서 예로 든 갑진년생 12월 9일 진시생의 명(命)을 찾아보면 명궁은 酉宮, 신궁은 巳宮이 되는 것을 아주 쉽게 알 수 있다.

명궁과 신궁 찾는 표

生時	生月宮	正月	二月	三月	四月	五月	六月	七月	八月	九月	十月	十一月	十二月
子	命身	寅	卯	辰	巳	午	未	申	酉	戌	亥	子	丑
丑	命	丑	寅	卯	辰	巳	午	未	申	酉	戌	亥	子
	身	卯	辰	巳	午	未	申	酉	戌	亥	子	丑	寅
寅	命	子	丑	寅	卯	辰	巳	午	未	申	酉	戌	亥
	身	辰	巳	午	未	申	酉	戌	亥	子	丑	寅	卯
卯	命	亥	子	丑	寅	卯	辰	巳	午	未	申	酉	戌
	身	巳	午	未	申	酉	戌	亥	子	丑	寅	卯	辰
辰	命	戌	亥	子	丑	寅	卯	辰	巳	午	未	申	酉
	身	午	未	申	酉	戌	亥	子	丑	寅	卯	辰	巳
巳	命	酉	戌	亥	子	丑	寅	卯	辰	巳	午	未	申
	身	未	申	酉	戌	亥	子	丑	寅	卯	辰	巳	午
午	命身	申	酉	戌	亥	子	丑	寅	卯	辰	巳	午	未
未	命	未	申	酉	戌	亥	子	丑	寅	卯	辰	巳	午
	身	酉	戌	亥	子	丑	寅	卯	辰	巳	午	未	申
申	命	午	未	申	酉	戌	亥	子	丑	寅	卯	辰	巳
	身	戌	亥	子	丑	寅	卯	辰	巳	午	未	申	酉
酉	命	巳	午	未	申	酉	戌	亥	子	丑	寅	卯	辰
	身	亥	子	丑	寅	卯	辰	巳	午	未	申	酉	戌
戌	命	辰	巳	午	未	申	酉	戌	亥	子	丑	寅	卯
	身	子	丑	寅	卯	辰	巳	午	未	申	酉	戌	亥
亥	命	卯	辰	巳	午	未	申	酉	戌	亥	子	丑	寅
	身	丑	寅	卯	辰	巳	午	未	申	酉	戌	亥	子

* 자시와 오시는 명·신궁이 동궁한다.

(2) 십이궁 찾는 법

명궁을 기준으로 나머지 열한 개 궁을 찾으면 된다. 명궁 기준에 역행으로 형제궁(兄弟宮)·부처궁(夫妻宮)·자녀궁(子女宮)·재백궁(財帛宮)·질액궁(疾厄宮)·천이궁(遷移宮)·노복궁(奴僕宮)·관록궁(官祿宮)·전택궁(田宅宮)·복덕궁(福德宮)·부모궁(父母宮)의 순으로 기입한다.

身·財帛宮 己巳	子女宮 庚午	夫妻宮 辛未	兄弟宮 壬申
疾厄宮 戊辰	甲辰年 12月 9日 辰時生		命宮 癸酉
遷移宮 丁卯			父母宮 甲戌
奴僕宮 丙寅	官祿宮 丁丑	田宅宮 丙子	福德宮 乙亥

십이궁의 순서를 명(命)·형(兄)·부(夫)·자(子)·재(財)·질(疾)·천(遷)·노(奴)·관(官)·전(田)·복(福)·부(父)로 줄여서 외우고, 표시할 때도 줄여서 쓰는 경우가 많다.

(3) 오행국(五行局) 정하는 법

자미성이 어디에 있는지를 알려면 명궁간지의 납음오행(納音五行)이 무엇인지 알아야 하고, 납음에 따른 납음수를 반드시 기억해야 한다. 자미를 찾는 데 필요할 뿐만 아니라 대운수의 기준이 되기 때문이다. 납음이 木이면 木3局, 火이면 火6局, 土이면 土5局, 金이면 金4局, 水이면 水2局이 된다.

육십갑자 납음표

갑자·을축	병인·정묘	무진·기사	경오·신미	임신·계유	갑술·을해
해중금(海中金)	노중화(爐中火)	대림목(大林木)	노방토(路傍土)	검봉금(劍鋒金)	산두화(山頭火)
병자·정축	무인·기묘	경진·신사	임오·계미	갑신·을유	병술·정해
윤하수(潤下水)	성두토(城頭土)	백랍금(白蠟金)	양류목(楊柳木)	정천수(井泉水)	옥상토(屋上土)
무자·기축	경인·신묘	임진·계사	갑오·을미	병신·정유	무술·기해
벽력화(霹靂火)	송백목(松柏木)	장류수(長流水)	사중금(砂中金)	산하화(山下火)	평지목(平地木)
경자·신축	임인·계묘	갑진·을사	병오·정미	무신·기유	경술·신해
벽상토(壁上土)	금박금(金箔金)	복등화(覆燈火)	천하수(天河水)	대역토(大驛土)	차천금(叉釧金)
임자·계축	갑인·을묘	병진·정사	무오·기미	경신·신유	임술·계해
상석목(桑柘木)	대계수(大溪水)	사중토(沙中土)	천상화(天上火)	석류목(石榴木)	대해수(大海水)

앞에서 살펴본 갑진년생은 명궁이 酉宮으로 癸酉라 검봉금(劍鋒金)이 된다. 따라서 납음오행국은 金局으로 金4局이 된다.

(4) 육십갑자(六十甲子) 납음 쉽게 찾는 법

손으로 짚어서 납음오행을 찾는 방법도 있다. 이 방법을 사용하려면 다음의 그림에 표시된 천간과 그에 따른 납음오행을 기억하고 있어야 한다. 먼저 천간을 찾은 다음 해당되는 천간에서 다시 지지를 찾아 표시된 납음을 찾아가면 된다.

예를 들어보면 다음과 같다. 명궁의 간지가 庚辰이라고 하자. 먼저 천간인 庚을 찾아야 하는데, 그것은 간단하다. 네 번째 손가락 끝에 庚·辛 표시가 되어 있기 때문이다. 천간 庚을 찾았으니 다음에는 지지 辰을 찾아야 한다. 그런데 지지를 찾는 방법은 좀 독특하다.

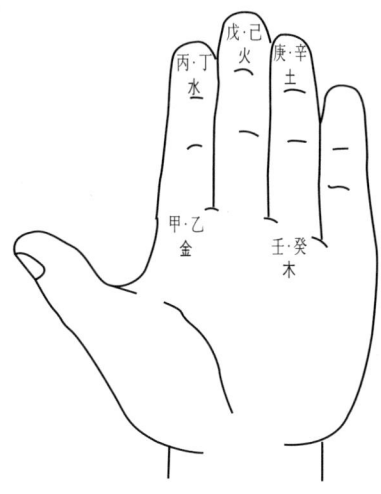

먼저 지지가 어디에 속해 있는지 알아야 한다.

- 1그룹 : 子·丑, 寅·卯, 辰·巳
- 2그룹 : 午·未, 申·酉, 戌·亥

지지가 1그룹에 속하는지 2그룹에 속하는지를 파악해보면 庚辰의 辰은 1그룹에 속한다. 그런데 먼저 찾은 천간이 네 번째 손가락 끝에 있었으므로, 이 자리에서 두 개의 지지를 한 번에 같이 움직여서 해당되는 지지가 있는 데까지 시계방향으로 짚어간다. 즉 子·丑은 土, 寅·卯는 木, 辰·巳는 金……. 따라서 庚辰의 납음오행은 金4局이 된다.
한 가지 주의할 점은, 지지를 찾을 때 항상 1그룹은 子·丑에서,

2그룹은 午·未에서 시작해야 한다는 것이다.

앞에서 살펴본 癸酉의 납음을 이 방법으로 찾아보자. 천간 癸는 네 번째 손가락 셋째 마디에 있고, 지지 酉는 2그룹에 속한다. 천간이 있는 네 번째 손가락 셋째 마디에서 2그룹의 시작 午·未부터 시계방향으로 순행하면, 酉는 두 번째 손가락 셋째 마디에 닿게 된다. 따라서 癸酉의 납음은 金4局이 된다.

이렇게 찾는 방법이 더 어렵다고 생각되면 그냥 납음표를 보고 확인하면 된다.

(5) 자미 찾는 법

자미두수의 십사정성을 배치하려면 먼저 자미(紫微)를 찾아야 한다. 자미는 북극성으로서 십사정성의 기준점이 된다.

자미성(紫微星)을 찾을 때는 자기의 局과 생일이 기준이 된다.

공식 : 몫수=(생일+더하는 수)÷오행국수

더하는 수의 값은 항상 0보다 크거나 같아야 하고, 몫수는 반드시 정수여야 한다.

- 예1) 土5局에 생일이 23일인 경우

    5=(23+2)÷5

생일 23이 5로 나누어 떨어지려면 3을 빼거나 2를 더해서 5의 배수로 만들어야 한다. 그런데 더하는 수는 0보다 크거나 같아야 되므로 생일 23에 2를 더해야 한다. 그렇게 해서 나온 수 25를 오행국수인 5로 나누면 5가 된다. 따라서 더하는 수는 2, 몫수는 5가 된다.

이제 자미를 찾아야 하는데, 일단 인궁(寅宮)에서 몫수까지 세어간다. 예1)에서는 몫수가 5이므로 인궁이 1, 묘궁이 2, 진궁이 3, 사궁이 4, 오궁이 5가 된다.

그런 다음 더하는 수를 반영해야 하는데, 더하는 수가 짝수이면 앞 즉 순행으로 나아가고 더하는 수가 홀수이면 뒤 즉 역행으로 후퇴한다.

예1)은 더하는 수 2가 짝수이므로, 인궁에서 다섯 칸을 진행한 자리인 오궁 다음 칸부터 두 칸을 순행으로 세어간 자리에 자미가 위치하게 된다. 오궁 다음 칸은 미궁, 그 다음 칸은 신궁이므로 자미는 신궁에 있는 것이다.

- 예2) 火6局에 생일이 7일인 경우

$$2=(7+5)\div 6$$

7에 임의의 수를 더해서 6으로 나누어 떨어지려면 5를 더해 12가 되어야 한다. 12를 오행국수 6으로 나눈 몫은 2가 되므로, 더하는 수는 5, 몫수는 2가 된다.

이제 자미를 찾아보자. 인궁에서 몫수 2까지 진행하면 인궁이 1, 묘궁이 2가 된다. 그런데 더하는 수 5가 홀수이므로 묘궁에서 역행으로 다섯 칸 뒤로 가야 한다. 즉 인궁이 1, 축궁이 2, 자궁이 3, 해궁이 4, 술궁이 5가 되므로 술궁에 자미가 배치되는 것이다.

- 예3) 金4局에 생일이 20일인 경우

$$5=(20+0)\div 4$$

이 경우에는 더하는 수가 없으므로 인궁에서 몫수 5만큼 순행한 곳, 즉 오궁에 자미가 배치된다.

이 방법이 귀찮으면 다음 표를 참고해서 찾으면 된다.

생일 국	1	2	3	4	5	6	7	8	9	10	11	12	13	14	15	16	17	18	19	20	21	22	23	24	25	26	27	28	29	30
水	丑	寅	寅	卯	卯	辰	巳	巳	午	午	未	未	辛	辛	酉	戌	亥	亥	子	子	丑	丑	寅	卯	卯	辰
木	辰	丑	寅	巳	寅	卯	午	辰	未	辰	辛	巳	午	酉	午	未	戌	未	亥	辛	酉	子	戌	酉	戌	丑	戌	亥
金	亥	辰	丑	寅	子	巳	卯	丑	午	寅	巳	未	巳	卯	辛	巳	午	辰	酉	午	未	戌	未	辛	午	亥
土	午	亥	辰	丑	寅	未	子	巳	寅	卯	辛	丑	卯	辰	酉	申	未	巳	戌	卯	巳	午	亥	辰	酉	午	未
火	酉	午	亥	辰	丑	寅	戌	未	子	巳	寅	卯	亥	辛	丑	卯	辰	子	酉	寅	未	辰	巳	丑	戌	卯	辛	巳	午

3) 십사정성을 찾는다

십사정성은 크게 자미성계와 천부성계로 나뉜다.

자미성계 : 자미성(紫微星), 천기성(天機星), 태양성(太陽星), 무곡성(武曲星), 천동성(天同星), 염정성(廉貞星)

천부성계 : 천부성(天府星), 태음성(太陰星), 탐랑성(貪狼星), 거문성(巨門星), 천상성(天相星), 천량성(天梁星), 칠살성(七殺星), 파군성(破軍星)

(1) 자미성계 찾는 법
자미성을 기준으로 하여 역행으로 다음 순서에 따라 배치한다. ○ 표시는 한 宮 건너뛴다는 표시이다.

• 자미 천기 ○ 태양 무곡 천동 ○○ 염정

(2) 천부성계 찾는 법

천부성 역시 자미성을 기준으로 찾는다.

자미가 子에 있으면 천부는 辰, 丑에 있으면 卯, 寅에 있으면 같은 궁, 卯에서는 丑, 辰에서는 子, 巳에서는 亥, 午에서는 戌, 未에서는 酉, 申에서는 같은 궁, 酉에서는 未, 戌에서는 午, 亥에서는 巳에 천부가 있게 된다.

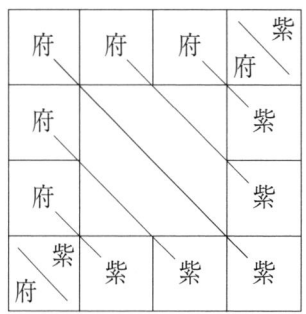 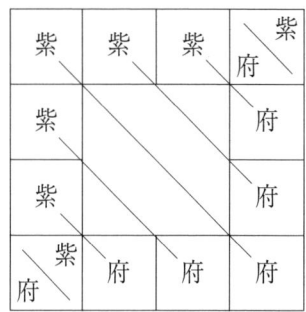

위의 그림을 살펴보면 쉽게 알 수 있겠지만, 자미성계와 천부성계는 인(寅)-신(申)궁을 축으로 해서 항상 대각선 방향에 위치하게 된다.

천부성을 찾았으면 다음 순서에 따라 순행으로 표시해나가면 된다.

• 천부 태음 탐랑 거문 천상 천량 칠살 ○○○ 파군

지금까지 배운 방법으로 자미성계와 천부성계를 배치해보면 다음 그림과 같다.

廉貪 貞狼 身·財帛宮 己巳	巨 門 子女宮 庚午	天 相 夫妻宮 辛未	天天 同梁 兄弟宮 壬申
太 陰 疾厄宮 戊辰	甲辰年 12月 9日 辰時生		武七 曲殺 命宮 癸酉
天 府 遷移宮 丁卯			太 陽 父母宮 甲戌
奴僕宮 丙寅	紫破 微軍 官祿宮 丁丑	天 機 田宅宮 丙子	福德宮 乙亥

　자미성계에 해당되는 별은 여섯 개이고 천부성계에 해당되는 별은 여덟 개이다. 자미성계와 천부성계의 별 열네 개가 자미두수의 가장 중요한 별이라고 할 수 있는데, 이 별들에 '정(正)'자를 붙여서 십사정성(十四正星)이라고 한다.

　십자정성 중에서도 기준으로 삼는 자미는 특별히 '주성(主星)'이라고 부르며, 자미 외에 천부, 낮시간에 태어난 태양, 밤시간에 태어난 태음도 주성이라고 부른다.

　자미두수를 추론할 때는 십사정성이 기준이 된다. 집으로 비유하면 대들보에 해당한다고 하겠다. 그 집이 부실한지 튼튼한지를 보려면 대들보를 가장 먼저 살피듯이, 자미두수에서 운을 추론하거나 선천적인 그릇의 크기를 알고자 할 때에는 가장 먼저 십사정성을 고려하게 된다.

자미두수와 친해지려면 십사정성이 갖고 있는 각각의 개성을 잘 알아야 한다. 연애를 할 때 상대방의 개성을 잘 알아야 순조롭듯이, 자미도 열네 명 식구들의 개성을 알고 있어야 전체적인 파악이 잘 될 수 있다.

4) 생시 기준으로 찾는 성

문창(文昌)·문곡(文曲)·지겁(地劫)·지공(地空)·태보(台輔)·봉고(封誥)·화성(火星)·영성(鈴星)이 생시(生時) 기준으로 찾는 성이다.

도표로 정리하면 다음과 같다.

地空	亥宮에서 생시까지 역행
地劫	亥宮에서 생시까지 순행
文昌	戌宮에서 생시까지 역행
文曲	辰宮에서 생시까지 순행
台補	文曲에서 순행으로 삼위(문곡 포함)
封誥	文曲에서 역행으로 삼위(문곡 포함)

生年支	寅·午·戌年	申·子·辰年	巳·酉·丑年	亥·卯·未年
火星	丑	寅	卯	酉
鈴星	卯	戌	戌	戌

화성과 영성은 표시된 지지의 궁부터 생시까지 무조건 순행한다.

가령 寅·午·戌년생의 경우, 화성은 축궁에서 생시까지 순행, 영성은 묘궁에서 생시까지 순행하여 찾으면 된다.

'갑진년 12월 9일 진시생'의 지공성을 한번 찾아보자. 지공성은 해궁에서 생시까지 역행하므로 해궁에 子, 술궁에 丑, 유궁에 寅, 신궁에 卯, 미궁에 辰이 된다. 따라서 이 명의 지공성은 미궁에 있게 된다.

나머지 별들도 이와 같은 방법으로 찾으면 된다. 다음의 명반을 보고 맞는지 확인해보자.

貞貪 身宮 財帛宮 己巳	巨 火星 文昌 封詰 子女宮 庚午	相 地空 夫妻宮 辛未	同梁 文曲 兄弟宮 壬申
陰 疾厄宮 戊辰	甲辰年 12月 9日 辰時生		武殺 命宮 癸酉
府 地劫 遷移宮 丁卯			陽 台輔 父母宮 甲戌
鈴星 奴僕宮 丙寅	紫破 官祿宮 丁丑	機 田宅宮 丙子	 福德宮 乙亥

5) 생월 기준으로 찾는 성

좌보(左輔) · 우필(右弼) · 천형(天刑) · 천요(天姚) · 천무(天巫) · 음살(陰煞) · 천월(天月) · 해신(解神)이 생월(生月)을 기준으로 찾는 성이다.

이것을 도표로 정리하면 다음과 같다.

左輔	辰宮에서 생월까지 순행
右弼	戌宮에서 생월까지 역행
天刑	酉宮에서 생월까지 순행
天姚	丑宮에서 생월까지 순행

解神	5·6月	7·8月	9·10月	11·12月	1·2月	3·4月
	子	寅	辰	午	申	戌
年解	戌宮에서 역행으로 生年支까지					
天月	4·9·12月	5·8月	2·3月	6·7月	10月	1·11月
	寅	未	巳·辰	卯·亥	午	戌
陰煞	1·7月	2·8月	3·9月	4·10月	5·11月	6·12月
	寅	子	戌	申	午	辰
天巫	寅·午·戌月		申·子·辰月		巳·酉·丑月	亥·卯·未月
	巳		寅		亥	申

해신(解神)은 월을 기준으로 찾는 해신과 연을 기준으로 찾는 해신 둘이 있는데, 여기서는 편의상 월로 찾는 해신을 解神이라고 표시하고 연으로 찾는 해신은 年解라고 표시하기로 한다.

월로 찾는 해신의 표에서 5·6월 밑에 子라고 되어 있는 것은, 생월이 5월이나 6월이면 무조건 자궁에 해신이 들어간다는 뜻이다. 천월도 마찬가지이다. 가령 생월이 4월이나 9월 또는 12월이라면 인궁에 천월이 들게 된다. 나머지도 같은 방법으로 찾으면 된다.
이것을 다시 명반에 넣어보자.

廉貪 貞狼 身·財帛宮 己巳	解年封文火巨 神解詰昌星門 子女宮 庚午	地天 空相 夫妻宮 辛未	天文天天 刑曲梁同 兄弟宮 壬申
陰太 煞陰 疾厄宮 戊辰	甲辰年 12月 9日 辰時生		武七 曲殺 命宮 癸酉
地左天 劫輔府 遷移宮 丁卯			台太 輔陽 父母宮 甲戌
天鈴 月星 奴僕宮 丙寅	破紫 軍微 官祿宮 丁丑	天天 姚機 田宅宮 丙子	天右 巫弼 福德宮 乙亥

음이 있으면 양이 있고, 작용이 있으면 반작용이 있고, 남자가 있으면 여자가 있듯이 자미두수에서도 길성과 흉성이 있다.

생시 기준으로 찾는 星과 생월 기준으로 찾는 星 중에 '문창·문곡, 좌보·우필, 천괴·천월(연간 기준으로 찾는 星)'은 육길성(六吉星), '지공·지겁, 화성·영성, 경양·타라(연간 기준으로 찾는 星)'를 육살성(六殺星)이라고 한다.

육길성과 육살성은 자미두수 전체 별들 중 십사정성 다음인 서열 2위에 해당하는 그룹이다. 육길성은 '보필(輔弼)·괴월(魁鉞)·창곡(昌曲)'으로, 육살성은 '양타(羊陀)·화령(火鈴)·공겁(空劫)'으로 줄여서 부르기도 한다.

이 별들이 명궁에 비치는 정도로 운명의 선악과 희기를 대략 알 수 있는데, 육길성이 많이 비치면 좋고 육살성이 많이 비치면 나쁘다.

자미두수에는 다른 역학에 비해 월등히 명확한 부분이 있다. 앞으로 살펴보겠지만 사화(四化)라는 것이 있는데, 그 중 화기(化忌)가 육살성과 함께 보이면 그 운은 나쁘다고 판단해도 무리가 없으며, 또 사화 중의 화록(化祿)·화권(化權)·화과(化科)와 육길성이 같이 비치면 좋은 운이라고 해도 역시 무리가 없다.

따라서 십사정성을 살핀 다음에는 육길성과 육살성이 어디에 있는지를 살펴야 한다. 이것만으로도 대운의 희기를 대충이나마 가려낼 수 있기 때문이다. '육길성이 많이 비치면 좋은 운, 육살성이 많이 비치면 나쁜 운'이라고 해도 큰 실수는 범하지 않을 것이다.

생월 기준의 틀 중에서 천형과 천요는 육길성 다음으로 중요하지만, 나머지 별은 잡성으로 분류해도 무리가 없다. 천형과 천요의 서열을 갑·을·병으로 구별해보면 병 정도로, 우리나라 군대식으로 표현하면 장성급과 영관급 아래인 위관급 정도에 해당될 것이다. 천형은 주로 관재소송을 볼 때, 천요는 도화를 볼 때 사용된다.

6) 생일로 찾는 성

삼태(三台)·팔좌(八座)·은광(恩光)·천귀(天貴)가 있다.

三台	좌보에서 1일 시작, 생일까지 순행
八座	우필에서 1일 시작, 생일까지 역행
恩光	문창에서 1일 시작, 생일까지 순행 후 1보 후퇴
天貴	문곡에서 1일 시작, 생일까지 순행 후 1보 후퇴

은광의 예를 들어보자. 문창이 오궁에 있고 생일이 9일이라면 오궁부터 1일, 미궁은 2일, ……, 9일은 인궁이 되며, 인궁에서 한 칸 뒤로 간 축궁에 은광이 있게 된다. 천귀도 마찬가지 방법으로 배치한다.

이 별들은 모두 잡성에 해당한다. 자세한 뜻은 나중에 설명하도록 하겠다.

지금까지 배운 것을 찾아 넣어보자.

貪廉 狼貞 身·財帛宮 己巳	解年封文火巨 神解詰昌星門 子女宮 庚午	地天 空相 夫妻宮 辛未	天文天天 刑曲梁同 兄弟宮 壬申
陰太 煞陰 疾厄宮 戊辰	甲辰年 12月 9日 辰時生		七武 殺曲 命宮 癸酉
八天地左天 座貴劫輔府 遷移宮 丁卯			台太 輔陽 父母宮 甲戌
天鈴 月星 奴僕宮 丙寅	恩破紫 光軍微 官祿宮 丁丑	天天 姚機 田宅宮 丙子	三天右 台巫弼 福德宮 乙亥

7) 연간 기준으로 찾는 성

천괴(天魁)·천월(天鉞)·녹존(祿存)·경양(擎羊)·타라(陀羅)·천관(天官)·천복(天福)·천주(天廚)·화록(化祿)·화권(化權)·화과(化科)·화기(化忌)·절로공망(截路空亡) 등이 연간(年干) 기준으로 찾는 성이다.

(1) 사화

年干 四化	甲年	乙年	丙年	丁年	戊年	己年	庚年	辛年	壬年	癸年
化祿	廉貞	天機	天同	太陰	貪狼	武曲	太陽	巨門	天梁	破軍
化權	破軍	天梁	天機	天同	太陰	貪狼	武曲	太陽	紫微	巨門
化科	武曲	紫微	文昌	天機	右弼	天梁	太陰	文曲	左輔	太陰
化忌	太陽	太陰	廉貞	巨門	天機	文曲	天同	文昌	武曲	貪狼

화록(化祿)·화권(化權)·화과(化科)·화기(化忌)를 사화(四化)라고 하는데, 이 네 개의 별은 독립적으로 존재하는 별이 아니다. 십사정성이나 육길성에 붙어서 말 그대로 본질적인 성향을 化하게, 즉 변하게 해주는 촉매제 역할을 한다. 흔히 자미두수에서의 용신은 사화라고 할 정도로 매우 중요한 역할을 담당하고 있다.

자동차에 비유해서 설명해보자. 앞에서 말한 100여 개에 이르는 별들이 자동차의 몸체라면, 사화는 이 자동차를 움직이게 하는 기름과 같다. 아무리 좋은 차라고 해도 휘발유가 없으면 1미터도 가지 못한다는 것은 너무나 당연한 사실이다. 자미두수에서 사화는 그 정도로 중요하다고 할 수 있다.

運을 좌우하는 것도 바로 이 사화이기 때문에 복잡하게 여겨지더라도 반드시 외워야 한다. 사화를 모르면 자미두수에 대한 설명을 이해하기 어려울 뿐만 아니라 추론도 할 수 없게 된다.

앞의 표를 보는 방법은, 甲 연간이면 염정(廉貞)이란 별에 화록이 붙고, 파군(破軍)에 화권, 무곡(武曲)에 화과, 태양(太陽)에 화기가 붙는다고 보는 것이다.

아래처럼 약자로 외우면 편하다.

甲 : 廉 破 武 陽
乙 : 機 梁 紫 月
丙 : 同 機 昌 廉
丁 : 月 同 機 巨
戊 : 貪 月 弼 機
己 : 武 貪 梁 曲
庚 : 日 武 陰 同
辛 : 巨 陽 曲 昌
壬 : 梁 紫 輔 武
癸 : 破 巨 陰 貪

'갑 염파무양, 을 기량자월, 병 동기창염, 정 월동기거, 무 탐월필기, 기 무탐량곡, 경 일무음동, 신 거일곡창, 임 양자보무, 계 파거음탐' 하는 식으로 운율을 붙여 외우면 훨씬 수월하다. (외우기 편하게 태양을 日로, 태음을 月로 표시했다.)

다음에 이어지는 그림은 甲年生의 명에 사화가 붙는 것을 표시한 것이다. 흔히 시간을 절약하기 위해서 祿·權·科·忌의 약자로 표시하여 작성한다.

太陰 巳	貪狼 午	巨天 門同 未	天武 相曲 科 申
廉貞祿 辰	甲年生		天太 梁陽 忌 酉
  卯			七殺 戌
破軍權 寅	 丑	紫微 子	天機 亥

이 사화표는 가장 대중적인 것을 기준으로 하였다.

그러나 중국의 중주파에서는 이것과 조금 다르게 쓰고 있으므로 한번 살펴보도록 하자. 중주파의 견해는 단지 참고하는 정도로만 알고 있으면 된다.

戊年 : 右弼化科를 太陽化科로,
庚年 : 太陰化科를 天府化科로,
壬年 : 左輔化科를 天府化科로 쓴다.

사화에 대해서는 학파마다 이견이 아주 분분하다. 그 대표적인 예가 庚干 사화인데, 전통적인 견해는 천동화기(天同化忌)를 사용하지만 학파에 따라 태음화기(太陰化忌) 또는 천상화기(天相化忌)

를 사용하는 경우도 있다.

필자는 전통적인 견해에 따라 천동화기를 쓰지만, 천상화기의 관점도 경우에 따라서 맞는 경우가 있었으므로 참고하고 있다.

(2) 타라 · 녹존 · 경양

年干 星	甲年	乙年	丙·戊年	丁·己年	庚年	辛年	壬年	癸年
陀羅	丑	寅	辰	巳	未	申	戌	亥
祿存	寅	卯	巳	午	申	酉	亥	子
擎羊	卯	辰	午	未	酉	戌	子	丑

타라(陀羅)와 경양(擎羊)은 앞에서 언급한 육살성이고, 녹존(祿存)은 자미두수의 대표적인 재성(財星)으로, 셋 모두 아주 중요하다.

찾는 법을 살펴보자. 예를 들어 연간이 甲이라면 녹존은 인궁, 경양은 묘궁, 타라는 축궁에 있게 되는데 녹존을 먼저 찾는 게 편리하다. 녹존 한 칸 뒤에 타라, 한 칸 앞에 경양이 배치되기 때문이다. 항상 시계방향으로 타라 · 녹존 · 경양 하는 식으로 배치된다고 보면 된다.

이러한 사실은 星의 배치와 관련하여 재미있는 부분인데, 재물에는 늘 어두운 면이 따라다니는 현실과 비슷하다. 녹존은 언제나 경양과 타라의 영향을 받게 된다. 財를 의미하는 길성 녹존은 항상 흉한 작용을 끌고 다니는 셈이다.

(3) 천괴 · 천월

천괴(天魁)와 천월(天鉞)은 앞에서 언급했던 육길성 중의 하나다.

年干\星	甲·戊·庚年	乙·己年	丙·丁年	辛年	壬·癸年
天魁	丑	子	亥	午	卯
天鉞	未	申	酉	寅	巳

(4) 천관 · 천복 · 천주 · 절공 · 순공

年干\星	甲年	乙年	丙年	丁年	戊年	己年	庚年	辛年	壬年	癸年
天福	酉	申	子	亥	卯	寅	午	巳	午	巳
天官	未	辰	巳	寅	卯	酉	亥	酉	戌	午
截空	申酉	午未	辰巳	寅卯	子丑	申酉	午未	辰巳	寅卯	子丑
旬空	아래 설명 참조									

天廚	甲·丁年	己·癸年	乙·戊·辛年	庚·丙年	壬年
	巳	申·亥	午	寅·子	酉

  천관(天官)과 천복(天福)은 잡성으로 나중에 언급할 사선성(四善星)에 해당하는 길성이며, 천주(天廚)는 음식을 주로 관장하는 잡성이다.

■ 절로공망과 순중공망에 대해서

  절로공망(截路空亡)과 순중공망(旬中空亡)은 잡성에 해당하는 공망성으로, 정공(正空)과 방공(傍空)이 있다.
  위 표의 甲·己年을 보면 절공(즉 절로공망)은 申酉지만, 생년간이 양간(陽干)이면 양의 지지에 해당하는 것이, 음간(陰干)이면 음의 지지에 해당하는 것이 정공이 된다.
  생년간이 양간일 때 음지는 방공, 음간일 때 양지는 방공이 되는

데, 정공을 중요하게 보고 정공만 쓴다. (앞의 표에서는 申酉라면 '申酉' 하는 식으로 正空을 알아보기 쉽게 표시했다.)
연지 기준으로 찾는 순공도 정공만 역량이 있으므로, 흔히 정공에 해당하는 순중공망만 표시한다.

■ 순중공망 찾는 법
자기의 생년간지를 기준으로 하여 찾으면 된다.

- 甲子, 乙丑, 丙寅, 丁卯, 戊辰, 己巳, 庚午, 辛未, 壬申, 癸酉生 은 戌·亥宮이 旬中空亡
- 甲戌, 乙亥, 丙子, 丁丑, 戊寅, 己卯, 庚辰, 辛巳, 壬午, 癸未生 은 申·酉宮이 旬中空亡
- 甲申, 乙酉, 丙戌, 丁亥, 戊子, 己丑, 庚寅, 辛卯, 壬辰, 癸巳生 은 午·未宮이 旬中空亡
- 甲午, 乙未, 丙申, 丁酉, 戊戌, 己亥, 庚子, 辛巳, 壬寅, 癸卯生 은 辰·巳宮이 旬中空亡
- 甲辰, 乙巳, 丙午, 丁未, 戊申, 己酉, 庚戌, 辛亥, 壬子, 癸丑生 은 寅·卯宮이 旬中空亡
- 甲寅, 乙卯, 丙辰, 丁巳, 戊午, 己未, 庚申, 辛酉, 壬戌, 癸亥生 은 子·丑宮이 旬中空亡

순중공망을 쉽게 찾으려면 먼저 생년간지를 살펴야 한다. 해당되는 간지에서 다음 甲乙이 나오는 지지가 바로 순중공망이 되기 때문이다.
예를 들어 庚午年생이면 庚午·辛未·壬申·癸酉·甲戌·乙亥, 그리고 새로운 甲乙이 나오는 戌亥宮이 순중공망이 된다.
순중공망 역시 절로공망처럼 정공과 방공이 있으며, 정공이 중요하다. 연간 기준의 星을 명반으로 정리해보았다.

天貪廉 廚狼貞 　　祿 身·財帛宮 己巳	年封文火巨 解詁昌星門 子女宮 庚午	天天地天 鉞官空相 夫妻宮 辛未	截天文天天 空刑曲梁同 兄弟宮 壬申
陰太 煞陰 疾厄宮 戊辰	甲辰年 12月 9日 辰時生		天武七 福曲殺 　　科 命宮 癸酉
擎地左天 羊劫輔府 　　座貴 遷移宮 丁卯			台太 　輔陽 　　忌 父母宮 甲戌
旬祿天鈴 空存月星 奴僕宮 丙寅	天陀恩破紫 魁羅光軍微 　　　　權 官祿宮 丁丑	天天 姚機 田宅宮 丙子	三天右 台巫弼 福德宮 乙亥

8) 연지 기준으로 찾는 성

천마(天馬) · 함지(咸池) · 겁살(劫煞) · 화개(華蓋) · 고진(孤辰) · 과숙(寡宿) · 천허(天虛) · 천곡(天哭) · 홍란(紅鸞) · 천희(天喜) · 용지(龍池) · 봉각(鳳閣) · 천재(天才) · 천수(天壽) · 천상(天傷) · 천사(天使) · 천공(天空) · 대모(大耗) · 파쇄(破碎) · 천덕(天德) · 월덕(月德)이 연지(年支) 기준으로 찾는 성이다.

역시 다음과 같이 도표로 정리해보았다.

天馬	三合 첫자 沖, 예) 寅·午·戌年生은 申이 천마
咸池	三合 첫자 뒤, 예) 寅·午·戌年生은 卯가 함지
劫煞	三合 끝자 뒤, 예) 寅·午·戌年生은 亥가 겁살
華蓋	三合 끝자, 예) 寅·午·戌年生은 戌이 화개

孤辰	方合 앞자, 예) 寅·卯·辰은 巳가 고진
寡宿	方合 뒷자, 예) 寅·卯·辰은 丑이 과숙

天虛	午宮에서 연지까지 순행
天哭	午宮에서 연지까지 역행
紅鸞	卯宮에서 연지까지 역행
天喜	홍란대궁 즉 홍란이 午宮이라면 子宮이 천희
龍池	辰宮에서 연지까지 순행
鳳閣	戌宮에서 연지까지 역행
天才	命宮起子 연지까지 순행
天壽	身宮起子 연지까지 순행
天傷	노복궁 *중주파 : 양남음녀 천상노복궁, 천사질액궁
天使	질액궁 *중주파 : 음남양녀 천사노복궁, 천상질액궁

天空	연지 다음자, 예) 未年이면 申이 천공
大耗	子·寅·辰·午·申·戌 沖前一位, 예) 子沖午前一未 丑·卯·巳·未·酉·亥 沖後一位, 예) 子沖午後一巳 *중주파 : 子·未, 丑·午, 辰·亥, 巳·戌, 寅·酉, 卯·申
破碎	子·午·卯·酉/巳, 寅·申·巳·亥/酉, 辰·戌·丑·未/丑
天德	酉宮에서 起子하여 연지까지 순행. 歲前12神 중에 있다.
月德	巳宮에서 起子하여 연지까지 순행

천마를 생월 기준으로 찾는 학자도 있지만, 전통적인 견해는 연지를 기준으로 찾는 것이다.

천상·천사는 누구나 질액궁(疾厄宮)에 천사가, 노복궁(奴僕宮)에 천상이 들어간다고 본다. 단 중주파에서는 위에 표시한 대로 찾는다.

연지 기준의 星은 다음에 설명할 성들과 일괄해서 최종적인 명반으로 예를 들겠다.

9) 박사 · 태세 · 장전십이신 · 십이운성

(1) 박사십이신 찾는 법
자기 명반에서 녹존이 있는 궁에 박사가 들어가며, 박사를 시작으로 하여 양남음녀는 순행, 음남양녀는 역행의 순으로 배치된다.

박사(博士) · 역사(力士) · 청룡(青龍) · 소모(小耗) · 장군(將軍) · 주서(奏書) · 비렴(飛廉) · 희신(喜神) · 병부(病符) · 대모(大耗) · 복병(伏兵) · 관부(官府 : 생년태세십이신에 있는 官符와는 글자가 다르다)가 박사십이신이다.

양남음녀에서 양과 음은 생년천간의 음양이고, 남녀란 남자와 여자의 구분이다. 박사십이신 역시 원국의 녹존을 기준으로 찾는 것과, 유년에서 유년운(流年運)을 볼 때 쓰는 유년박사십이신이 있다.
유년박사십이신은 유년 녹존에서부터 일으킨다. 가령 무인유년(戊寅流年)이라면, 戊 천간의 녹존은 사궁에 있으므로 여기에 유년박사가 붙게 된다.

그러나 주의할 점이 있는데, 생년박사십이신과 달리 유년박사십이신을 붙일 때는 양남음녀의 구별 없이 그냥 양년(예를 들어 庚辰 流年이라면 양간이므로 양년이 된다)은 순행, 음년은 역행으로 배치된다는 것이다.

(2) 생년태세십이신 찾는 법

자기의 생년지를 기준하여 순행방향으로 태세(太歲, 혹은 歲建)·회기(晦氣, 혹은 太陽)·상문(喪門)·관색(貫索, 혹은 太陰)·관부(官符)·소모(小耗, 혹은 死符)·세파(歲破, 혹은 大耗)·용덕(龍德)·백호(白虎)·천덕(天德, 혹은 福德)·조객(弔客)·병부(病符) 순서로 배치한다.

즉 생년지가 午라면 오궁이 태세가 되고, 순행방향이라고 했으므로 미궁이 회기, ……, 사궁이 병부가 되는 것이 된다.

자미두수의 원서인 『자미두수전집』과 『전서』 모두에 기재된 명칭의 순서는 태세·태양·상문·태음·관부·사부·세파·용덕·백호·복덕·조객·병부로, 남녀를 막론하고 생년지에서 순행으로 배치한다.

이 星은 유년운(流年運)을 볼 때도 배치된다. 즉 원국에도 배치되고 유년(流年)을 볼 때에도 유년 기준으로 추가로 배치된다.

(3) 장전십이신 찾는 법

장전십이신(將前十二神)은 자기가 태어난 생년지 삼합(三合)의 왕지(旺地)에 해당하는 宮에서부터 시작한다. 즉 寅·午·戌年生은 기오(起午), 申·子·辰年生은 기자(起子), 巳·酉·丑年生은 기유

(起酉), 亥·卯·未年生은 기묘(起卯) 등이 된다.
 자기가 卯年生이라면 亥卯未의 왕지는 卯이니 卯에서부터 장성(將星)이 들어간다. 亥年生이나 未年生이라고 해도 역시 묘궁에서부터 시작한다. 이 또한 남녀를 막론하고 순행으로 배치된다.
 생년의 장전십이신, 유년의 장전십이신 모두 유년에서도 배치되어야 하는 성이다. 순서는 다음과 같다.

 장성(將星)·반안(攀鞍)·세역(歲驛)·식신(息神)·화개(華蓋)·겁살(劫煞)·재살(災煞)·천살(天煞)·지배(指背)·함지(咸池)·월살(月煞)·망신(亡神).

(4) 십이운성 배치법
 십이운성(十二運星)이란 장생(長生)·목욕(沐浴)·관대(冠帶)·임관(臨官)·제왕(帝旺)·쇠(衰)·병(病)·사(死)·묘(墓)·절(絶)·태(胎)·양(養)을 말한다.
 물질의 생성변화 과정을 열두 개로 구분해 놓은 것으로, 자미두수에서는 오행국을 기준으로 찾으며, 양남음녀·음남양녀에 따라 순역이 결정된다.
 명반을 작성할 때 십이운성은 生·浴·帶·冠·旺·衰·病·死·墓·絶·胎·養의 순서로 쓰는데 시작은 다음과 같다.

 水2局은 장생이 申宮에서 시작
 木3局은 장생이 亥宮에서 시작
 金4局은 장생이 巳宮에서 시작
 土5局은 장생이 申宮에서 시작
 火6局은 장생이 寅宮에서 시작

水 2局의 장생은 신궁에서 시작하는데, 양남음녀(생년간 기준)는 순행하고, 음남양녀는 역행하여 십이궁에 배치하게 된다. 나머지도 모두 이와 같이 배치한다.

• 예) 火 6局의 십이운성

冠 己巳	旺 庚午	衰 辛未	病 壬申
帶 戊辰	男子 甲寅生 5月 10日 辰時 火 6局		死 癸酉
浴 丁卯			墓 甲戌
生 丙寅	養 丁丑	胎 丙子	絶 乙亥

10) 대한 · 소한 · 두군 찾는 법

(1) 대한 찾는 법

대한(大限)은 10년의 運을 보는 것으로, 자평명리에서의 대운과 같다. 대한은 국수(局數)를 기준으로 찾는데, 자기의 局이 水 2局이면 2, 木 3局이면 3, 金 4局이면 4, 土 5局이면 5, 火 6局이면 6이 대운수에 해당된다. 모두 명궁에서 시작하며 양남음녀는 순행, 음남양녀는 역행한다.

예를 들어 水2局인 양년 남자의 경우, 명궁(命宮)은 2세~11세, 부모궁(父母宮)은 12세~21세, 복덕궁(福德宮)은 22세~31세……가 대한이다. 그리고 해당되는 대한이 명궁이 되고 그 궁을 중심으로 십이궁을 표시하여 10년의 운을 살피게 된다.

일부에서는 대한이 명궁이 아니라 형제궁(兄弟宮)이나 부모궁에서 시작한다고 주장하는 경우도 있다. 자세한 것은 2권의 내용을 참고하기 바란다.

■ 宮의 가차(假借) 문제에 대해서

앞에서 살펴본 십이궁 命·兄·夫·子·財·疾·遷·奴·官·田·福·父는 선천적으로 고정된 것이어서, 해당되는 宮의 선천적인 암시〔命〕를 볼 때 사용하며 평생 고정적이다. 그러나 대한이나 소한, 유년 등은 소위 말하는 운으로서 해당 시기마다 변하게 된다.

그렇다면 선천의 십이궁은 어떻게 될까? 당연히 운이 변화함에 따라 변화한다. 이것은 마치 김씨 성을 가진 사람이 태어날 때도 김씨이고 여든 살이 되어도 김씨인 사실에는 변함이 없지만〔命〕, 그 모습은 세 살 때와 여든 살 때가 서로 다른 것〔運〕과 같다.

김씨로 태어난 이상 여든 살이 되어도 김씨인 것은 선천적인 명에 해당한다(십이궁 포함). 선천명은 바뀌지 않는다. 선천명이 자미였는데 어느 순간 천부로 바뀐다거나 하는 일은 없다는 것이다. 태어날 때는 히틀러였는데 커서는 맥아더가 될 수 없는 것과 같다. 히틀러는 살아서도 죽어서도 히틀러이다.

그러나 나이가 들어감에 따라 사람의 모습이 달라지고 환경이 달라지는 것처럼 운은 10년, 혹은 1년 주기로 바뀐다. 이렇게 시간이 지나감에 따라 바뀌는 김씨의 체(體)가 운에 따라 어떻게 쓰여지느냐[用]를 살피는 것이 대운·소한·유년을 찾는 이유이다.

이 운을 살필 때 '궁의 가차(假借)'가 필요하게 된다. 가차란 빌려쓴다는 말이다. 다시 말해서 선천에 있는 십이궁을 운에서도 그대로 빌려쓴다는 것으로, 중화민국 초기에 『두수선미(斗數宣微)』를 쓴 관운주인(觀雲主人)이라는 분이 제기한 것인데, 매우 탁월한 관점이라고 생각된다.

명반을 보고 설명하기로 하겠다.

天破孤天三天天天天 福碎辰使台巫刑馬鉞同 蜚旬　　　　　　平旺廟 廉　　　　　　　　　空 喜歲喪 52~61 39丁 神驛門【疾厄】　冠巳	天台天天武 官輔喜府曲 　　　旺旺 飛息貫 42~51 40戊 廉神索【財帛】　帶午	年鳳龍太太 解閣池陰陽 　　　平平 　　　　科 奏華官 32~41 41己 書蓋符【子女】　浴未	紅大天貪 艶耗貴狼 　　　平 　　　忌 將劫小 22~31 42庚 軍煞耗【夫妻】　生申
解天文破 神空曲軍 廟旺 祿 病攀晦 62~71 38丙 符鞍氣【遷移】　旺辰	음력 1963년 9월 ○일 자시 남자 命局：水2局 命主：祿尊 身主：天同		天八天火巨天 虛座姚星門機 陷廟旺 權 小災歲 12~21 43辛 耗煞破【兄弟】　養酉
天天天 傷哭魁 廟 大將太 72~81 49乙 耗星歲【奴僕】　衰卯			陰鈴文天紫 煞星昌相微 廟陷閑閑 青天龍 2~11 44壬 龍煞德【身·命】胎戌
天封恩右廉 月誥光弼貞 廟廟 伏亡病 82~91 48甲 兵神符【官祿】　病寅	截寡天天擎 空宿壽才羊 　　　　廟 官月弔 92~ 47乙 府煞客【田宅】　死丑	紅祿左七 鸞存輔殺 　旺旺旺 博咸天 46甲 士池德【福德】　墓子	天地地陀天 廚劫空羅梁 　旺陷陷陷 力指白 45癸 士背虎【父母】　絶亥

선천의 명궁은 술궁(戌宮)의 자미천상이며, 형제궁은 유궁(酉宮)의 천기거문, 부처궁(夫妻宮)은 신궁(申宮)의 탐랑화기, ……, 부모궁은 해궁(亥宮)의 천량이다. 이것은 선천적으로 정해진 이 사람의 복그릇으로 바뀌지 않는다. 이는 수박씨가 수박이 되는 것과 같은 이치이다.

그러나 수박씨를 일단 심어놓으면 하루가 지나고 이틀이 지남에 따라 자라게 되는데, 운이란 이러한 성장의 시간대 속성을 파악하는 것이라고 하겠다.

즉 이 사람의 22세~31세까지 10년의 속성을 파악하려면 그 시간대(대한)의 경신대운(선천의 부처궁)을 기준점으로 삼고, 선천의 십이궁을 가차하여 씀으로써 이 10년 동안 일어날 일들을 파악하게 된다. 다시 말해서 선천의 부처궁이 대한의 명궁이 되고, 선천의 자녀궁인 미궁은 대한의 형제궁, 오궁(선천의 재백궁)은 대한의 부처궁, 사궁(선천의 질액궁)은 대한의 자녀궁, ……, 유궁(선천의 형제궁)은 대한의 부모궁이 되는 것이다.

유년이나 소한도 대한과 마찬가지로 십이궁을 가차해서 쓴다.

유년의 경우, 가령 경진년이라면 이 사람의 파군이 있는 선천의 천이궁(遷移宮) 진궁이 유년의 명궁이 되고, 선천의 노복궁(奴僕宮) 묘궁이 유년의 형제궁이 되며, 선천의 관록궁(官祿宮)은 유년의 부처궁이 되고, ……, 선천의 질액궁(疾厄宮)은 유년의 부모궁이 된다.

소한의 경우, 만약 37세의 소한을 본다면, 축궁이 37세가 되므로 소한의 명궁이 되고, 자궁이 소한의 형제궁, 인궁이 소한의 부모궁이 된다.

자미두수에서 이러한 궁의 가차는 아주 탁월한 부분이지만 한편으로는 가장 난해한 부분이기도 하다.

탁월한 것은 宮의 중첩을 통하여 어떤 일의 인과와 사건의 길흉을 분명히 알 수 있다는 점이고, 난해한 것은 대한·소한·유년 모두에서 宮을 가차하여 사용하기 때문에 宮이 여러 번 중첩된다는 것이다. 선천 십이궁, 대한 십이궁, 유년 십이궁, 소한 십이궁을 다 쓰면 宮이 48개나 되어 아주 복잡해 보이기 쉽다.

운을 해석하는 부분은 2권에서 상세히 다루도록 하겠다.

(2) 유년과 소한 찾는 법

자미두수에서 1년운을 보는 방법으로는 유년(流年)으로 보는 방법, 소한(小限)으로 보는 방법, 유년과 소한을 같이 쓰는 방법 등 여러가지가 있는데, 필자는 주로 유년만 취용하고 있다.

유년은 해당되는 해(年)의 지지에 해당되는 宮이 그대로 유년궁이 되는데, 이 宮을 명궁으로 삼아 십이궁을 배치하면 된다. 가령 2000년 경진년이라면 진궁이 유년의 명궁이 되고, 1999년 기묘년의 유년 명궁은 묘궁이 된다.

이제 소한 찾는 법을 살펴보도록 하자. 먼저 자기의 생년지를 살펴야 한다.

寅·午·戌年生은 辰宮에서 1세가 되고,
申·子·辰年生은 戌宮에서 1세가 되며,
巳·酉·丑年生은 未宮에서 1세가 되고,
亥·卯·未年生은 丑宮에서 1세가 된다.

양남음녀·음남양녀를 가리지 않고 남자는 무조건 순행으로, 여자는 무조건 역행으로 진행한다.

寅·午·戌年生 남자의 경우를 예로 들면 한 살 때는 진궁이 소한이 되고, 두 살 때는 사궁에서, 세 살 때는 오궁에서 1년의 변화를 보는 것이다. 대한과 마찬가지로 해당되는 宮이 명궁이 되며, 명궁을 기준으로 다시 십이궁을 배치하여 그 해에 해당되는 시기의 상황을 파악한다.

소한 찾는 표

연지 \ 소한세수 \ 남녀		1	2	3	4	5	6	7	8	9	10	11	12
		13	14	15	16	17	18	19	20	21	22	23	24
		25	26	27	28	29	30	31	32	33	34	35	36
		37	38	39	40	41	42	43	44	45	46	47	48
		49	50	51	52	53	54	55	56	57	58	59	60
		61	62	63	64	65	66	67	68	69	70	71	72
		73	74	75	76	77	78	79	80	81	82	83	84
		85	86	87	88	89	90	91	92	93	94	95	96
		97	98	99	100	101	102	103	104	105	106	107	108
		109	110	111	112	113	114	115	116	117	118	119	120
인오술	남	진	사	오	미	신	유	술	해	자	축	인	묘
	녀	진	묘	인	축	자	해	술	유	신	미	오	사
신자진	남	술	해	자	축	인	묘	진	사	오	미	신	유
	녀	술	유	신	미	오	사	진	묘	인	축	자	해
사유축	남	미	신	유	술	해	자	축	인	묘	진	사	오
	녀	미	오	사	진	묘	인	축	자	해	술	유	신
해묘미	남	축	인	묘	진	사	오	미	신	유	술	해	자
	녀	축	자	해	술	유	신	미	오	사	진	묘	인

(3) 두군과 유월·유일·유시 찾는 법

한 달의 運을 살피려면 정월(1월)이 시작되는 곳을 알아야 하는데, 이 정월이 시작되는 곳을 두군(斗君)이라고 한다. 유년태세궁(명궁)에서(유년이 기묘년이라면 묘궁) 자기의 생월까지 역행한 다음, 그 궁에서 다시 생시까지 순행한 궁이 두군이 된다.

• 예) 1953년(癸巳年) 3월 16일 辰時生의 1994년(甲戌年) 두군 찾는 법

유년이 갑술년이므로 술궁에서 자기의 생월인 3까지 역행하면 신궁에 닿고, 신궁에서 다시 생시까지 순행하면 자궁이 두군이 된다. 그러므로 자궁이 1월, 축궁이 2월, ……, 자궁이 12월이 된다.

이보다 더 쉽게 두군을 찾는 방법이 있는데, 인궁에 해당하는 선천의 십이사항궁이 유년(流年) 십이사항궁과 같은 宮이 두군이 된다. 예를 들어 인궁이 선천의 관록궁이라면 매유년의 유년관록궁이 두군이 되며, 인궁이 선천의 노복궁이라면 매유년의 유년노복궁이 두군이 되는 것이다.

두군을 정한 다음에는 나머지 열한 개의 달을 찾아야 하는데, 두군이 한 해의 1월이 되고 두군을 기점으로 순행하여 2월, 3월, ……, 12월이 적용된다. 만약 두군이 오궁이었다면 오궁이 1월, 미궁이 2월이 되는 것이다.

유일(流日)은, 유월(流月)의 궁에서부터 초하루가 시작되어 순행으로 하루씩 날짜가 증가한다.

유시(流時)도 마찬가지로 해당되는 날짜의 유일궁에서 자시가 시작하여 순행으로 축시, 인시, ……, 해시가 된다.

홍콩이나 대만에서는 유일, 심지어는 유시까지 중요하게 여기지만, 필자의 개인적인 생각으로는 유일과 유시는 별로 의미가 없어 보인다.

2000년 3월 유월 명반 실례

奏天孤火天孤天天貪廉 書喜辰血蔚天喜狼貞 　　　　　　空　陷陷 　　　　　　辰　　祿 大劫晦 耗煞氣 大劫晦　　44~53　38己 耗煞氣　【身財帛】 生巳 　　　　【大兄】【流父】	解紅解蜚年封鳳火文巨 神艶神廉解詰閣星昌門 　　　　　　　　廟陷旺 伏災喪 兵煞門 伏災喪　　34~43　39庚 病災喪　【子女】　養午 符煞門　【大命】【流福】	月月勾流流大大天地天天 鉞陀紋鉞陀鉞陀官空鉞相 　　　　　　　　平旺閑 官天貫 府煞索 喜天貫　　24~33　40辛 神煞索　【夫妻】　胎未 　　　　【大父】【流田】	月血流大大截龍天文天天 祿蠱祿馬祿空池刑曲梁同 　　　　　　　平陷旺 博指官 士背符 飛指官　　14~23　41壬 廉背符　【兄弟】　絶申 　　　　【大福】【流官】　忌 　　　　　　　　　　　　忌
天陰太 使煞陰 　　　閑 病華太 符蓋歳 伏華太　　54~63　37戊 兵蓋歳　【疾厄】　浴辰 　　　　【大夫】【流命】	甲辰年 12月 9일 辰時生 여자 命局 : 金4局 命主 : 文曲 身主 : 文昌		月將流大天天七武 羊軍羊羊福壽殺曲 　　　　　　閑旺 　　　　　　　科 力咸小　　　　　權權 士池耗　　　　　　權 奏小　　　4~13　42癸 書池耗　【命】　墓酉君 　　　　【大田】【流奴】
月流大天天八地擎左天 曲曲曲貴座劫羊輔府 　　　　　　平陷陷平 　　　　　　　　科 喜息病　　　　　　　科 神神符　　　　　　　科 官息病　　64~73　48丁 府神符　【遷移】　帶卯 　　　　【大子】【流兄】			飛天台太 財虛輔陽 　　　　陷 　　　　　忌 　　　　　祿祿 青月歳　　　　　　祿 龍煞破 將月歳　　　　　43甲 軍煞破　【父母】　死戌 　　　　【大官】【流遷】
月血流旬天天祿天天鈴 馬刃哭馬空月傷哭存馬星 　　　　　　　　廟旺廟 飛歳弔 廉驛客 博歳弔　　74~83　47丙 士驛客　【奴僕】　冠寅 　　　　【大財】【流夫】	月流大破寡天恩陀天破紫 魁魁魁碎宿才光羅魁軍微 券寡直　　廟旺旺廟 舌宿符　　　　　　權 奏攀天 書鞍德 力攀天　　84~93　46丁 士鞍德　【官祿】　旺丑 　　　　【大疾】【流子】	天天 姚機 　廟 將將白 軍星虎 青將白　94~　45丙 龍星虎　【田宅】　衰子 　　　　【大遷】【流財】	月暴紅流大大三天紅右 昌敗鸞昌耗台巫鸞弼 　　　　　　　　閑 小亡龍 耗神德 小亡龍　　　　　　44乙 耗神德　【福德】　病亥 　　　　【大奴】【流疾】

11) 유성법

대한이나 유년·유월·유일·유시를 볼 때 붙이는 星을 통틀어 유성(流星)이라고 한다. (어떤 학자는 대한의 유성은 사화 외에는 쓰지 않는다.)

① 천괴 · 천월 : 대한 · 유년 · 유월 · 유일 · 유시에 모두 붙인다. 즉 해당 천간을 기준으로 한다. 예를 들어 대한의 천간이 甲이면 축미궁에 천괴가 붙는다. 유월도 마찬가지이다.
② 녹존 · 타라 · 경양 : 대한 · 유년 · 유월 · 유일 · 유시에 모두 붙인다.
③ 문창 · 문곡 : 대한 · 유년 · 유월 · 유일 · 유시에 모두 붙인다. 그러나 선천의 창곡과는 배치법이 약간 다르다.

流干	甲	乙	丙	丁	戊	己	庚	辛	壬	癸
流昌	巳	午	申	酉	申	酉	亥	子	寅	卯
流曲	酉	申	午	巳	午	巳	卯	寅	子	亥

④ 사화(화록 · 화권 · 화과 · 화기) : 대한 · 유년 · 유월 · 유일 · 유시에 모두 붙인다.
⑤ 천마 : 대한 · 유년 · 유월 · 유일 · 유시에 모두 붙인다. 해당 지지를 기준으로 戊子대한이면 인궁이 대한천마, 戊午月이면 신궁이 유월천마가 된다.

이상으로 명반을 작성하는 방법을 모두 살펴보았다.

2. 기본적인 용어의 이해

1) 삼방사정과 본궁 · 대궁 · 합궁 · 협궁

협궁 巳	본궁 午 명궁	협궁 未	申
辰			酉
卯			삼합 戌 관록궁
삼합 寅 재백궁	丑	대궁 子 천이궁	亥

먼저 기본 용어에 대한 이해를 확실하게 한 뒤에 내용을 진행하도록 하자.

삼방사정이란 삼방(명궁·재백궁·관록궁)과 사정(천이궁)을 통틀어 지칭한다. 삼방이란 명리에서 말하는 삼합, 즉 寅午戌·申子辰·巳酉丑·亥卯未를, 사정이란 명리에서 말하는 육충궁(六沖宮)을 말한다. 자궁이면 오궁이 사정, 축궁이면 미궁이 사정,……. 이런 식이 되는 것이다.

명리에서처럼 삼합·충과 같은 직접적인 길흉의 의미는 없으나, 명궁을 중심으로 볼 때 천이궁은 직접적으로 마주보고 있으므로 길이든 흉이든 명궁에 가장 큰 영향을 주고, 재백궁과 관록궁은 양쪽으로 나뉘어 비치므로 그보다 약하게 영향을 준다는 차이는 있다.

이러한 영향력의 강약을 수치화할 수는 없지만, 억지로라도 해본다면 본궁이 50퍼센트, 대궁이 30퍼센트, 삼합궁이 각 15퍼센트 정도로 생각하면 큰 무리가 없다. 하지만 상황에 따른 변수가 많으므로 수치를 고집할 것이 아니라 융통성 있게 활용하는 것이 중요하다.

자미두수는 기본적으로 본명과 운(대운·유년·유월·유일·유시)을 판단할 때 삼방사정을 기준으로 한다. 본명을 보는 것을 예로 든다면, 명궁의 삼방사정에 있는 별들이 좋으면 길하고 나쁘면 흉하다는 식으로 판단하게 된다.

어떤 격국이나 사건을 판단할 때 어느 한 궁만을 보고 판단할 수는 없다. 자미두수의 십이궁은 독특하고 유기적인 성격을 가지고 있어 서로간에 영향을 끼치므로, 전체적인 상황을 고려하지 않으면 제대로 판단할 수 없기 때문이다.

가끔 "부처궁에 기량이 있는데 좋은가요 나쁜가요?" 하고 질문하는 사람을 만나게 되는데, 이것은 자미두수를 제대로 모르고 하는 이야기이다.

　삼방사정이란 반드시 명궁의 삼방사정만을 이야기하는 것이 아니다. 형제궁이라면 형제궁의 삼방사정이 있고 부처궁이라면 부처궁의 삼방사정이 있다. 예를 들어 형제궁의 삼방사정을 이야기해보자. 명궁은 형제궁이 되고, 재백궁은 질액궁, 관록궁은 전택궁, 천이궁은 노복궁이 된다. 따라서 형제궁의 삼방사정은 형제궁, 노복궁, 질액궁, 전택궁의 네 궁이 된다.

　그러므로 해당사항 궁의 길흉은 그 궁의 삼방사정을 중심으로 판단해야 하는 것이다.

　본궁이란 해당사항 궁을 말한다. 명궁을 본다면 명궁이 본궁이고, 재백궁을 본다면 재백궁이 본궁이 된다.

　대궁은 대충궁(사정이라고 한다)이다. 가령 명궁을 본다면 대궁은 천이궁이 되고, 관록궁을 본다면 대궁은 부처궁이 된다.
　대궁의 개념은 머릿속에 외우고 있어야 한다. 자녀궁의 대궁은 전택궁, 부처궁의 대궁은 관록궁, 형제궁의 대궁은 노복궁, 재백궁의 대궁은 복덕궁, 부모궁의 대궁은 질액궁······. 그 반대도 역시 마찬가지이다.

　짐작하고 있겠지만 합궁은 삼합궁을 말한다. 가령 명궁의 합궁 즉 삼합궁(이것을 명궁과 합쳐 삼방이라고 한다)은 재백궁과 관록궁이다.
　부처궁의 삼합궁은 천이궁과 복덕궁이 된다. 마찬가지로 천이궁 입장에서 또는 복덕궁 입장에서도 삼방사정을 따져볼 수 있다. 자녀궁의 삼합궁은 노복궁과 부모궁, 질액궁의 삼합궁은 형제궁과 전택궁…… 하는 식으로 머릿속에서 빨리빨리 떠올라야 한다.
　이와 같이 본궁과 대궁과 합궁을 합쳐서 삼방사정이라고 한다.

　『전집』에는 암합(暗合)에 대한 이론이 나온다. 자궁은 축궁과, 인궁은 해궁과, 묘궁은 술궁과, 진궁은 유궁과, 오궁은 미궁과 암합한다. 즉 명리에서 보는 육합을 암합이라는 명칭으로 쓰면서 중요하게 다루는 것이다(우리나라 자미두수의 고전인 『심곡비결』에서도 암합을 중요하게 다루고 있다).
　그러나 대만이나 홍콩에서 활동하는 자미두수 명가 자운·요무거사·혜심제주·왕정지 등은 암합을 무시한다. (다만 반자어는 암합을 중시한다.) 필자도 암합은 취용하지 않고 있다. 개인적인 생각으로, 암합은 자평명리의 관점이 자미두수에 녹아들어온 것이 아닌가 한다.

　다음으로, 협궁이란 양옆의 궁을 말한다. 명궁이라면 부모궁과 형제궁이 협궁이 되는 것이다.
　협궁은 본궁·대궁·합궁만큼 중요한 역할을 하는데, 경우에 따라서는 본궁과 상응할 정도로 중요한 위치를 차지하기도 한다.
　자미두수에는 짝성이 많이 있다. 십사정성으로는 천부·천상, 태양·태음이 있고(이중에서 협궁을 고려해야 하는 별은 태양과 태음뿐이다. 천부와 천상은 반드시 서로의 관록궁이나 재백궁에서만 만나게 되어 있기 때문이다), 보필·창곡·괴월·화령·공겁·양타의 육길·육살성을 비롯하여 삼태·팔좌, 은광·천귀, 태보·봉고, 천곡·천허 등 잡성에도 헤아릴 수 없이 많다.
　그런데 이런 짝성들은 협궁에서 영향을 주는 경우가 많다. 특히 육살성 중에서 양타협, 공겁협, 화령협 등은 매우 중요하게 살펴야 할 星들이다. 또 정성 중에서 일월이 협이 되는 경우는 유심히 살펴야 한다.

따라서 본궁과 삼방사정만 살펴서 판단했다가는 판단착오를 할 가능성이 높다. 협궁은 아무리 강조해도 지나치지 않다고 하겠다.

2) 십이궁과 십이사항궁

일반적으로 십이궁과 십이사항궁(十二事項宮)은 십이궁이라고 통칭해서 쓰고 있는데, 필자는 이것을 구분하여 사용해야 한다고 생각한다.

巳 전택궁	午 관록궁	未 노복궁	申 천이궁
辰 복덕궁			酉 질액궁
卯 부모궁			戌 재백궁
寅 명궁	丑 형제궁	子 부처궁	亥 자녀궁

일반적으로는 子·丑·寅·卯······亥도 십이궁, 명궁·형제궁·부처궁······부모궁도 십이궁이라고 부른다. 그러나 필자는 전자를

십이궁, 후자는 십이사항궁으로 구별해야 한다고 생각한다. (이 책의 뒷부분에서는 일관성을 유지하기 위해 '십이궁'으로 표기한 부분이 있다. 이 경우에도 의미는 '십이사항궁'임을 염두에 두기 바란다.)

십이사항궁이라는 용어는 대만의 자운 선생이 처음 사용한 것으로, 일정한 규칙이 있다. 그것에 관한 복잡한 이론은 다음에 설명하기로 하고, 우선 번호를 붙여 설명해보겠다.

① 명궁(命宮) ② 형제궁(兄弟宮) ③ 부처궁(夫妻宮)
④ 자녀궁(子女宮) ⑤ 재백궁(財帛宮) ⑥ 질액궁(疾厄宮)
⑦ 천이궁(遷移宮) ⑧ 노복궁(奴僕宮) ⑨ 관록궁(官祿宮)
⑩ 전택궁(田宅宮) ⑪ 복덕궁(福德宮) ⑫ 부모궁(父母宮)

그중에서 ① ⑤ ⑦ ⑨, 즉 명궁 · 재백궁 · 천이궁 · 관록궁은 삼방사정으로 만나게 된다. ⑤번 하면 재백궁, ⑦번 하면 천이궁, ⑨번 하면 관록궁이 바로 떠오를 수 있도록 확실하게 기억하고 있어야 한다.

① ③ ⑤ ⑦ ⑨ ⑪번은 홀수이며 양수(陽數)에 해당한다. 陽은 강하고 적극적이어서 겉으로 드러나는 성질이 있고, 陰은 약하고 소극적이며 안으로 가려지는 성질이 있는데, 특이한 것은 양수로 된 궁에만 신궁(身宮)이 붙는다는 것이다. 따라서 신궁은 무조건 ① 명궁 ③ 부처궁 ⑤ 재백궁 ⑦ 천이궁 ⑨ 관록궁 ⑪ 복덕궁에만 붙는다는 점을 알아두어야 한다.

그리고 앞의 표에서 보듯이 명궁의 대궁에는 천이궁, 형제궁의 대궁에는 노복궁, 부처궁의 대궁에는 관록궁, 자녀궁의 대궁에는 전택궁, 질액궁의 대궁에는 부모궁, 재백궁의 대궁에는 복덕궁이 반드시 있게 되는데, 이것을 다음과 같이 사용한다.

- 명천선(命遷線)
- 형노선(兄奴線)
- 부관선(夫官線)
- 자전선(子田線)
- 부질선(父疾線)
- 재복선(財福線)

이 용어는 십이사항궁 중에서 서로 사정으로 상응되는 두 궁을 뜻한다는 점을 알아두자.

3) 성의 분포와 묘왕리함

이제 십사정성이 분포되는 열두 가지 양식과, 명반에 배치되는 星들의 힘의 강약[廟旺利陷]에 대해서 알아보자. 어떤 사람이든 십사정성이 배치되는 열두 가지 양식 중 하나에 해당되므로 반드시 기억해두어야 한다. 그러나 십사정성의 배치 양식을 기억하기 전에, 먼저 십사정성과 보좌성·살성의 힘의 강약을 나타내는 묘왕리함(廟旺利陷)에 대해 알아보기로 하자.

십사정성의 묘왕리함에 대한 이론은 학자마다 혹은 파마다 분분하고, 그것을 표시하는 용어도 각인각색인데, 필자는 가장 정통이라고 할 수 있는 중주파에서 쓰는 묘왕리함표를 근거로 삼고 있다. 또 실제로도 중주파에서 사용하는 표가 임상에서 가장 잘 들어맞았던 경험도 갖고 있다.

묘(廟)·왕(旺)·지(地)·평(平)·한(閑)·함(陷) 등이 星의 힘

의 강약을 나타내는 용어이다.

廟는 별의 힘이 가장 강하고 밝은 상태를 말한다. 별이 묘지(廟地)에 있으면 살성에 대해서는 저항력을 갖고, 길성에 대해서는 긍정적인 면을 증가시키고 부정적인 특성은 약화시키기 때문에 어느 宮이든 별이 묘지에 있는 것이 좋다.

旺은 묘지 다음으로 힘이 있고 빛이 강하다. 地 — 平 — 閑 순으로 힘이 약해지고 빛도 약해진다.

마지막 함지(陷地)가 되면 별의 힘이 가장 약하고 빛도 없는 어두운 상태가 되어, 별이 가지고 있는 길함은 최소화되고 부정적인 면은 최대로 부각된다.

별이 함지에 있으면 명격 자체에도 치명적인 영향을 미치고 여러 가지 부작용이 생기므로, 명반을 작성하면 우선 명신궁(命身宮)의 정성이 묘왕지인가 함지인가부터 확인하는 것이 좋다. 이것은 아이를 낳으면 가장 먼저 질병이나 장애가 있는지를 확인해보는 것과 같다.

이렇듯 명을 판단하는 데 있어 묘왕리함이 아주 중요한 기준점이 되는 것은 사실이지만, 그렇다고 이것이 전부는 아니다. 어떤 별이 묘왕지에 있느냐, 함지에 있느냐 하는 것 외에 육길성 · 육살성이 비치는지, 사화는 어떻게 붙는지에 따라서 함지라도 길하게 변하는 경우가 있고, 묘왕지라도 흉하게 변하는 경우가 있기 때문이다.

또한 廟 · 旺 · 地 · 平 · 閑 · 陷의 여섯 가지 용어를 다 기억하고 있을 필요도 없다. 묘지 · 왕지 · 함지만 기억해두고, 나머지는 중간 정도라는 것만 이해하고 있으면 큰 불편은 없다. 이것을 줄여서 묘왕지 · 함지 하는 식으로 통칭해서 쓰기도 한다.

예를 든 모든 별의 묘왕리함을 다 기억할 수는 없겠지만, 십사정성의 묘왕리함은 가능한 한 기억해두는 것이 좋다.

자미두수를 오래 공부하면 할수록 별의 묘왕리함에 따른 차이를 실감하게 된다. 명반이 특별히 좋은 구조가 아닌데도 잘살거나, 아주 좋은데 삶은 그리 대단치 않거나 하는 것은 묘왕리함과 관계가 있는 경우이다.

아래에서는 대표적인 십사정성과 보좌살성, 사화의 묘왕리함의 예를 들어보았다. 잡성에 해당하는 별도 묘왕리함이 있지만 특별한 의미가 없기 때문에 잡성은 표시하지 않았다.

(1) 십사정성의 묘왕리함

星宮	紫微	天機	太陽	武曲	天同	廉貞	天府	太陰	貪狼	巨門	天相	天梁	七殺	破軍
子	平	廟	陷	旺	旺	平	廟	廟	旺	旺	廟	廟	旺	廟
丑	廟	陷	陷	廟	陷	旺	廟	廟	廟	旺	廟	旺	廟	旺
寅	廟	旺	旺	閑	閑	廟	廟	閑	平	廟	廟	廟	廟	陷
卯	旺	旺	廟	陷	廟	閑	平	陷	地	廟	陷	廟	陷	旺
辰	陷	廟	旺	廟	平	旺	廟	閑	廟	平	旺	旺	旺	旺
巳	旺	平	旺	平	廟	陷	平	陷	平	平	陷	平	閑
午	廟	廟	廟	旺	陷	平	旺	陷	旺	旺	旺	廟	旺	廟
未	廟	陷	平	廟	陷	廟	廟	平	廟	陷	閑	旺	旺	廟
申	旺	平	閑	平	旺	廟	平	平	平	廟	廟	廟	廟	陷
酉	平	旺	閑	旺	平	平	陷	旺	平	廟	陷	地	閑	陷
戌	閑	廟	陷	廟	平	旺	廟	旺	廟	旺	閑	旺	廟	旺
亥	旺	平	陷	平	廟	陷	旺	廟	陷	旺	平	陷	平	平

(2) 보좌성 · 살성 · 사화의 묘왕리함

星宮	輔佐吉星								煞星						四化			
	天魁	天鉞	左輔	右弼	文昌	文曲	祿存	天馬	擎羊	陀羅	火星	鈴星	地空	地劫	化祿	化權	化科	化忌
子	旺	/	旺	廟	旺	廟	旺	/	陷	/	平	陷	平	陷	平	閑	旺	旺
丑	旺	/	廟	廟	廟	廟	/	/	廟	廟	旺	陷	陷	陷	廟	廟	旺	廟
寅	/	旺	廟	旺	陷	平	廟	旺	/	陷	廟	廟	陷	平	平	旺	旺	陷
卯	廟	/	陷	陷	平	旺	旺	/	陷	/	平	廟	平	平	陷	旺	廟	旺
辰	/	/	廟	廟	旺	廟	/	/	廟	廟	閑	旺	陷	陷	廟	平	廟	閑
巳	/	旺	平	平	廟	廟	廟	平	/	陷	旺	旺	廟	閑	地	平	閑	陷
午	廟	/	旺	旺	陷	陷	旺	/	平	/	廟	廟	廟	廟	平	廟	廟	陷
未	/	旺	廟	廟	平	旺	/	/	廟	廟	閑	旺	平	平	廟	旺	旺	旺
申	/	廟	平	閑	旺	平	廟	旺	陷	陷	旺	廟	廟	閑	廟	廟	廟	陷
酉	/	廟	陷	陷	廟	廟	旺	/	陷	/	陷	廟	平	平	平	平	平	陷
戌	/	/	廟	廟	陷	陷	/	/	廟	廟	廟	陷	平	廟	平	廟	旺	陷
亥	旺	/	閑	平	旺	旺	廟	平	/	陷	平	廟	陷	旺	廟	旺	旺	陷

(3) 십사정성의 분포와 묘왕리함

다음은 십사정성이 분포되는 열두 가지 유형을 도표로 그려놓은 것이다.

이 열두 가지 유형은 가능한 한 외워두는 것이 여러모로 유익할 것이다.

紫微在寅

巨平	貞相 平旺	梁旺	殺廟
貪廟	紫微在寅		同平
陰陷			武廟
紫府 廟廟	機陷	破廟	陽陷

紫微在卯

相平	梁廟	貞殺 廟旺	
巨陷	紫微在卯		同平
紫貪 旺平			
機月 旺閑	府廟	陽陷	武破 平平

紫微在申

陽旺	破廟	機陷	紫府 旺平
武廟	紫微在申		陰旺
同廟			貪廟
殺廟	梁旺	貞相 平廟	巨旺

紫微在酉

武破 平閑	陽廟	府廟	機月 平平
同平	紫微在酉		紫貪 平平
			巨陷
	貞殺 旺廟	梁廟	相平

紫微在子

陰陷	貪旺	巨同 陷陷	武相 平廟
貞府 旺廟	紫微在子		陽梁 閑平
			殺廟
破陷		紫平	機平

紫微在丑

貞貪 陷陷	巨旺	相閑	同梁 旺陷
陰陷	紫微在丑		武殺 旺閑
府平			陽陷
	紫破 廟旺	機廟	

機平	紫廟		破陷
殺旺	紫微在午		
陽梁廟廟			貞府旺廟
武相閑廟	巨同旺陷	貪旺	陰廟

	機廟	紫破廟廟	
陽旺	紫微在未		府陷
武殺陷陷			陰廟
同梁閑廟	相廟	巨旺	貞貪陷陷

梁陷	殺旺		貞廟
紫相陷旺	紫微在辰		
機巨旺廟			破旺
貪平	日月陷廟	武府旺廟	同廟

紫殺旺平			
機梁廟旺	紫微在巳		貞破平陷
相陷			
巨日廟旺	武貪廟廟	同月旺廟	府旺

同廟	武府旺旺	日月平平	貪平
破旺	紫微在戌		機巨旺廟
			紫相陷閑
貞廟		殺旺	梁陷

府平	同月陷陷	武貪廟廟	巨日廟陷
	紫微在亥		相陷
貞破閑旺			機梁廟旺
			紫殺旺平

표 가운데 있는 '자미재자(紫微在子)'라는 말은 자미가 자궁에 있을 때 남두성계와 북두성계가 공식에 따라 배치되는 것을 줄여서

표시한 것이다.

우선 자기 명반을 짜서 명궁의 배치 상태를 기억하고, 명반의 조합이 다른 가까운 사람 열두 명을 뽑아서 기억하면 좋을 것이다.

陰 巳	貪 午	巨同 未	武相 申
貞府 辰	紫微가 子宮에 있을 때		陽梁 酉
卯			殺 戌
破 寅	丑	紫 子	機 亥

자기 명반이 어디에 속하는지 알아서 형식을 기억해두어야 한다고 앞에서 설명한 것은, 쉽게 말해 자기 명반에서 자미가 어디에 배치되어 있는지 먼저 찾아보아야 한다는 의미이다.

만약 자미가 자궁에 있다면 星의 기본적인 배치가 위의 명반과 같은 구조로 되어 있을 것이다. 자미가 다른 궁에 있어도 자미가 배치되어 있는 궁의 지지를 기준으로 표를 보고 찾아보면 된다.

자미가 어느 궁에 있는지를 확인한 다음에는 십이궁, 즉 명궁·형제궁·부처궁·자녀궁·재백궁·질액궁·천이궁·노복궁·관록궁·전택궁·복덕궁·부모궁에 십사정성이 어떻게 배치되는가를 알아보아야 한다.

기본적인 명반은 자미가 자궁에 있을 때의 명반이라고 하더라도 명궁과 십이사항궁은 각기 다를 수 있다. 자미가 명궁인 사람도 있고, 천기가 명궁인 사람도 있고, 양양(陽粱 : 태양·천량)이 명궁에 있는 사람도 있을 것이다.

다만 궁이 다를지라도 자미가 자궁에 있는 사람은 위의 그림처럼 십사정성이 배치되니, 기본적인 십사정성의 배열을 기억하라는 것이다.

3. 배치의 몇 가지 원칙

별의 배치에는 몇 가지 원칙이 있다.

■규칙 하나

자미가 명궁에 있으면 반드시 재백궁에는 무곡이 있고 관록궁에는 염정이 있게 된다. 자미를 기준으로, 삼방으로 무곡·염정이 배치되는 것은 늘 고정적이다.

설혹 자미가 명궁에 있지 않고 질액궁에 있다고 하더라도, 자미가 있는 궁을 명궁으로 보았을 때 재백궁의 위치(명궁 기준으로는 전택궁)에는 반드시 무곡이, 관록궁의 위치(명궁 기준으로는 형제궁)에는 염정이 있게 된다.

이것은 이렇게도 볼 수 있다. 무곡의 재백궁에는 염정, 무곡의 관록궁에는 자미, 염정의 재백궁에는 자미, 염정의 관록궁에는 무곡……

■ 규칙 둘

칠살・파군・탐랑은 반드시 삼방에서 만나게 된다.

즉 칠살의 재백궁에는 탐랑이 있고 관록궁에는 반드시 파군이 있게 되는데, 이것을 속칭 '살파랑'이라고 한다. 칠살을 기준으로, 시계방향으로 네 칸 떨어진 곳에 파군, 파군과 네 칸 떨어진 곳에 탐랑이 항상 있게 된다.

■ 규칙 셋

천기의 재백궁에는 반드시 천동이 있다.

관록궁은 일정치 않으므로 규칙이라고 할 수 없으니, 천기의 재백궁에는 무조건 천동이 있다는 것만 알아두면 된다.

반대로 천동의 관록궁에는 반드시 천기가 있게 된다.

■ 규칙 넷

천부의 관록궁에는 반드시 천상이 있다.

천부를 볼 때는 반드시 천상을 같이 봐서 길흉을 결정하는 특성이 있다. 소위 봉부간상(逢府看相), 즉 천부를 만나면 반드시 천상을 보라는 말이 그것이다. 자세한 것은 나중에 설명하겠다.

이것은 천상의 재백궁에는 반드시 천부가 있다는 말도 된다. 역시 봉상간부(逢相看府), 즉 천상을 만나면 반드시 천부를 보라는 말이 성립될 수 있겠다.

■ 규칙 다섯

천부의 대궁에는 반드시 칠살이 있다.

역으로 칠살의 대궁에는 반드시 천부가 있다.

■ 규칙 여섯

파군의 대궁에는 반드시 천상이 있다.
천상의 대궁에는 역시 파군이 있다는 것을 알 수 있을 것이다.

■ 규칙 일곱

태음의 관록궁에는 천량이 있다.
반대로 천량의 재백궁에는 태음이 있다.

　이러한 일곱 가지 규칙을 알면 외우기가 조금 쉬워진다.
　한 번 이상은 꼭 확인을 해보자. 열두 가지 표를 외우려면 몇 년이 걸릴지 모르지만, 이러한 기본 규칙을 안다면 조금은 쉽게 외울 수 있을 것이다.

4. 기본명반의 구조

陽 巳 子	破 午 夫	機 未 兄	紫府 申 命
武 辰 財	紫微가 申宮에 있을 때		陰 酉 父
同 卯 疾			貪 戌 福
殺 寅 遷	梁 丑 奴	貞相 子 官	巨 亥 田

 원을 그릴 때는 반드시 중심점을 기준으로 해야 하는 것처럼, 명

반의 열두 가지 유형에도 중심점·기준점에 해당하는 명반이 있다.
　자미가 신궁(申宮)에 있을 때가 자미두수의 기본명반이 된다(인궁이 기준이 된다고 주장하는 학자도 있지만, 인궁이든 신궁이든 궁만 바뀌었지 그 의미는 비슷하다).
　그런데 신궁을 기준으로 한 배치를 보면 몇 가지 재미있는 점이 발견된다.

■ 명궁에 자부가 있다

　자미두수라는 이름이 자미로부터 비롯되었으니, 십이사항궁 중의 꽃인 명궁에 자미가 앉게 되는 것은 당연하다.
　그런데 천부는 왜 있을까?
　남자가 있으면 여자가 있고, 몸이 있으면 마음이 있듯이 자미가 있으니 천부가 있는 것이다.
　무슨 뜻인가 하면, 열네 개 星의 우두머리이자 십이사항궁의 핵심인 명궁에 자미가 앉아 있는 까닭은, 자미는 사람으로 치면 영혼 즉 정신에 해당되기 때문이다. 천부는 정신과 상대되는 육체라고 할 수 있다.
　그러므로 사람 안에 몸과 마음이 모두 있듯이 命의 집인 명궁에도 자미와 천부가 같이 배치되어 있는 것이다. 실제로 자미와 천부는 둘 다 주성(主星 : 자미는 북두주성, 천부는 남두주성)이지만, 둘을 비교해보면 자미는 정신적인 의미가 강하고 천부는 몸·육체·물질적인 의미가 강하다
　그래서 "자미는 기토, 천부는 무토에 해당하는데, 土는 만물을 키우는 어머니이니 당연히 명궁엔 자부가 있어야 하고, 그 土는 인궁에서 장생하니 인궁이 명궁이면서 자부가 되는 것이 기본명반이 된다"고 주장하는 학자도 있다.

■ 형제궁에는 천기가 있다

　공부를 하다 보면 알게 되겠지만, 이 기본명반에서처럼 천기는 형제를 主로 하는 별이다.

　즉 천기에는 기본적으로 형제의 의미가 있는데, 여기에서 파생되는 상징적인 의미가 매우 많다. 가령 명궁에 천기가 있으면 형제가 적고, 천기가 화기(化忌)가 되면 형제가 다친다고 한다.

　또 우리 몸으로 말하자면 형제란 지체가 되니 팔다리를 상징하고, 그래서 천기가 화기가 되거나 살을 많이 맞으면 사고가 나도 팔다리에 문제가 생긴다는 등의 의미가 있게 된다.

　신체에서 천기는 신경을 의미한다는 것, 천기가 화기가 되면 신경쇠약이나 노이로제에 걸리기 쉽다는 것 등은 모두 여기에서 나온 것이라고 할 수 있다

■ 부처궁에는 파군이 있다

　파군은 부처(夫妻)를 主로 하는 별이다. 그래서 부처에 대한 문제를 판단할 때 부처궁만 보는 것이 아니라 파군의 상황을 보는 학자도 있다.

　왜 부처궁에 파군이라는 무서운 별이 있는 것일까? 자미두수를 만든 것은 도가의 도사 진희이 선생이므로 곳곳에 도가적인 관점이 묻어 있는데, 이것도 그중의 하나이다.

　도가에서는 "한 방울의 정(精)은 세 방울의 피다"라고 한다. 精이란 쉽게 말해서 정액을 뜻한다. 즉 精을 아껴야 한다는 말이다. 그러나 부부 사이에서 아끼기 힘든 것이 바로 精이다.

　파군의 화기(化氣) 즉 별명은 '모(耗)'이다. 耗는 '줄 모'로서 줄이다·없애다·낭비하다의 의미가 있다. 파군의 별명이 耗라는 것 때문에 옛사람들은 파군을 악성으로 보았던 것이다.

破軍이라는 글자를 살펴보면 破는 '깨뜨릴 파'이고 軍은 '군사 군'이다. 군대는 명령이나 규칙이 생명인 곳이다. 그런데 이 군대를 깬다는 뜻이니, 파군은 명령이나 규칙 등을 깨는 별이라고 할 수 있겠다.

도가의 도사들은 부인을 도가의 규칙을 깨게 하는 존재로 생각했던 모양이다.

■ 자녀궁에는 태양이 있다

태양은 남자육친을 의미한다. 부모궁에 있으면 아버지, 형제궁에 있으면 남자형제, 자녀궁에 있으면 아들을 의미한다. 그래서 자녀궁에 태양이 있게 된 것이다.

그런데 왜 꼭 자녀여야 할까? 그 해답은 의외로 간단하다. 우리의 인생은 어떤 의미에서는 자식을 위해 존재하기 때문이다. 그래서 옛사람들은 여자가 자식을 낳지 못하는 것을 칠거지악의 하나라고 하여 박대했던 것이다.

명리에서 사주를 세울 때 연월일시를 흔히 근묘화실이라고 한다. 시주(時柱)는 근묘화실 중 '實' 즉 열매에 해당하는데, 이를 나름대로 해석해본다면, 인생이 나무라면 나무의 목적은 결국 열매를 맺기 위함이기 때문이 아닐까 한다. 이러한 의미로 태양을 자녀궁에 넣은 것이다.

그런데 왜 하필이면 태양일까? 그것은 자미두수에서 자미와 천부를 제외하고 가장 중요한 星이 태양이기 때문이다. (흔히 태양·태음이라고 하나, 태음은 달로서 태양빛을 받아 비추는 별이므로 핵심은 태양에 있다.) 이 말은 '나(자미)' 다음으로 중요한 존재는 '자식(태양)'이라는 말도 된다.

빛과 열을 주는 태양이 없다면 우리가 과연 존재할 수 있을까?

태양이 없는 지구를 상상할 수 있을까? 자미두수의 열네 개 정성과 심지어 자미조차도 태양이 없으면 모두 빛을 잃어버린다.

여기서 한 가지 더 언급하고 싶은 것은, 그 다음으로 중요한 별인 태음은 부모궁에 배치되어 있다는 것이다. 옛사람들은 나 이외에 가장 중요한 존재로 부모와 자식을 생각했다는 것을 이러한 배치를 통해서 추측해볼 수 있다.

태음, 즉 달은 태양의 빛을 반사하는 별이다. 직접 빛을 내는 별인 태양을 부모궁에, 반사하는 별인 태음을 자녀궁에 넣지 않고 왜 반대로 배치했을까?

그것은 자식이 있어야 조상을 빛낼 수 있기 때문이다. 즉 태양(자식)이 있어야 태음(조상, 자식의 입장에서는 조부모)이 빛날 수 있는 것이다. 이런 사실을 염두에 두면 십이사항궁의 별의 배치가 참으로 교묘하다는 생각이 든다.

■ 재백궁에는 무곡이 있다

자미두수의 기본명반 재백궁에 무곡이 있기 때문에, 무곡은 재백을 主로 한다.

무곡은 금성(金星)인데, 금성이라는 것만으로도 돈냄새가 풀풀 난다. 또 진·술·축·미궁은 고장(庫藏 : 감춰두는 창고)이라고 하는데, 돈은 창고에 감춰야 한다는 옛사람들의 의식이 배어 있음을 알 수 있다.

재백궁에 무곡이라는 금성을 넣어두고, 고장을 의미하는 궁에 배치한 것이 묘하다고 하겠다.

■ 질액궁에는 천동이 있다

몸이 편해야 만사가 편한 법이다. 몸이 불편하면 부귀가 무슨 소용이랴! 그래서 향수(享受 : 받아서 누리다)를 의미하는 천동이 질액궁에 들어간 것이 아닌가 한다.

천동은 복덕을 主로 한다. 몸 편한 것만한 복이 어디에 있겠는가!

또한 천동은 봉흉화길(逢凶化吉 : 흉을 만나도 길로 변하게 하는 것)의 의미를 가진 星인데, 질액궁에 이런 의미의 별을 넣은 것은 疾(질병)과 厄(사고·재액)을 해소하거나 피하고자 하는 바람이 포함된 것이라고 나름대로 생각해본다.

■ 천이궁에는 칠살이 있다

하필이면 왜 천이궁에 칠살이 있는 것일까?

천이궁은 명궁의 대궁이 되는 궁으로서, 말 그대로 옮기고 이동하는 것이다. 명궁을 고향이라고 본다면 명궁의 대궁 천이궁은 타향이라고 볼 수 있다.

고대사회처럼 촌락 위주의 공동생활에서 고향을 떠나는 것은 매우 위험하고 죽기보다 더한 고통이었을 것이다. 고향을 떠나는 이유는 아무것도 의지할 데가 없거나 부모가 돌아가시거나 집안이 몰락했을 때 등이었으니, 옛사람들이 고향을 떠나는 것을 두려워한 것은 당연한 일일 것이다. 객사는 오늘날에는 흔한 일이지만 옛사람들에게는 충격적인 일이었다.

그래서 천이궁, 즉 밖으로 나가는 곳엔 사망·전쟁·두려움 같은 칠살이 있다고 보았던 것이다.

■ 노복궁에는 천량이 있다

노복궁은 종이나 하인을 뜻한다. 주인의 입장에서 볼 때 종은 어떤 사람이면 좋을까?

'하늘 천 들보 량' 즉 천량(天梁), 하늘 같은 대들보가 노복궁에 있다면 얼마나 좋을까? 하늘을 떠받치는 대들보처럼 믿음이 있는 종, 신뢰가 있는 종이 있다면 말이다.

사람으로 치면 그렇게 믿음이 가는 세대는 아마 나이가 든 노인이 아닐까 싶다.

노인은 완고하지만 대신 믿음직한 면이 있다. 그런 사람이 내 일을 떠맡아준다면 그만한 덕도 없을 것이다. 그래서 노복궁에 천량을 배치한 것이다.

실제로 천량은 노인처럼 완고한 구석이 있고 고지식한 면이 있다. 그런 천량이 노복궁에 있다는 것, 이 역시 교묘하지 않은가?

■ 관록궁에는 천상과 염정이 있다

기본명반에서 보이듯 염정이 관록궁에 있으면 관록을 主로 한다고 했다. 그리고 천상도 관록을 主로 한다. 관록궁이라 함은 직장궁 또는 사업궁을 말한다. 그 궁에 천상과 염정이라는 별이 들어 있는 것은 무슨 의미있까?

염정의 화기(化氣)는 수(囚)이다. 囚는 감옥 안에 사람이 갇혀 있는 형상이다. 답답하기 이를 데 없다.

官이라는 글자에는 사람을 통제하고 다스린다는 뜻이 강하게 들어 있다. 囚를, 사람을 다스리고 통제하는 글자로 풀이한다면, 관록의 뜻과 제일 비슷하다고 할 수 있을 것이다. 그리고 囚라는 말 속에는 집중이라는 의미가 포함되어 있다고 볼 수 있다. 사업이나 직장생활은 집중해서 해야 한다.

천상은 화기가 인(印)이다. 印은 인장(도장)을 뜻하는 글자이다. 도장은 믿음을 필요로 할 때, 책임을 질 때 사용한다. 사업과 직장은 믿음과 책임이 가장 필요한 곳이라는 것 역시 옛사람들의 관점이었다고 보여진다.

■ 전택궁에는 거문이 있다

전택궁은 밭과 집을 의미하는 궁이다. 예부터 대부분의 시비는 부동산 때문에 일어났다. 한 나라가 다른 나라를 침입하는 근본적인 이유도 땅을 더 차지하려는 데 있었다. 그래서 이 기본명반의 의미대로 거문은 시비를 主로 한다.

또 하나 재미있는 것은 전택궁이 여자의 자궁을 상징한다는 것이다. 그래서인지 여자의 자궁에 문제가 있을 때 전택궁이 걸리는 경우가 많다. 역사를 돌이켜보면 시비 가운데는 또한 여자로부터 비롯된 것이 많다.

실제로 운을 해석하다 보면, 도화(桃花)가 발생할 때 전택궁이 걸리는 것을 경험하게 된다. 그러고 보면 전택궁이 여자의 자궁을 상징한다는 말이 맞는 것 같다.

■ 복덕궁에는 탐랑이 있다

『자미두수전서』에 보면 탐랑은 화복(禍福)을 主로 하는 神이라고 되어 있다. 복덕궁의 의미는 매우 다양하지만, 그 중에서도 정신과 마음을 관장하는 궁이라는 의미로 살펴본다면, 마음을 잘 다스리면 복이 되고 그렇지 않으면 화가 되는 것처럼, 탐랑은 화복을 주로 하는 신인 것이다.

복덕궁은 또 수명을 보는 궁이기도 한데, 실제로 죽는 사람을 보면 복덕궁이 깨지는 경우가 많다.

또한 탐랑은 대표적인 장수의 별로서, 『전서』에 보면 탐랑이 있으면 700년인가를 살았다는 팽조처럼 오래 산다는 말이 전해지기도 한다.

복덕궁에 탐랑을 배치한 것은 오래 살고 싶은 소망이 담겨 있는 것이 아닐까 생각된다.

■마지막으로 부모궁에는 태음이 있다

자녀궁에서 이미 설명했듯이, 나의 존재 외에 가장 중요한 두 존재가 자식과 부모이다. 그래서 태음이 부모궁에 있는 것이다.

태음은 모성(母星), 즉 어머니별에 해당한다. 오늘날에도 사람들은 대개 달을 보면서 고향과 어머니를 떠올리지 않는가?

이것으로 기본명반의 구조를 살펴보았다. 십사정성의 뜻과 십이사항궁의 의미를 대충이나마 알게 되었으리라고 믿는다.

5. 기본명반과 자미사해궁

다음의 두 명반을 자세히 살펴보자. 뭔가 다른 점이 있을 것이다.

陽 巳 子	破 午 夫	機 未 兄	紫府 申 命
武 辰 財	〈자미신궁〉 紫微가 申宮에 있을 때		陰 酉 父
同 卯 疾			貪 戌 福
殺 寅 遷	梁 丑 奴	貞相 子 官	巨 亥 田

府 巳	同月 午	武貪 未	巨日 申
辰 貞破 卯	〈자미해궁〉 紫微가 亥宮에 있을 때		相 酉 機梁 戌
寅	丑	子	紫殺 亥

 기본명반인 자미신궁(인궁도 그렇다)에는 별이 골고루 배치되어 비어 있는 궁이 없는데, 자미해궁(사궁도 그렇다)을 보니 십사정성이 들어 있지 않은 빈 궁이 무려 네 개씩이나 있다.
 바로 여기에 문제가 있다.
 명신궁(命身宮)이 기본명반처럼 되어 있다면 어느 궁이 명궁이 되든지, 또 대운이 역행이든 순행이든 각 宮마다 별이 들어와 앉아 있게 된다.
 그러나 자미해궁처럼 별이 없는 경우도 있다. 별이 없는 게 무슨 큰 문제가 되겠느냐고 질문할지도 모르겠다.
 자미두수의 고전이라고 할 수 있는 『자미두수전서』에 보면 "명무정요 고요빈(命無正曜孤夭貧 : 명궁에 정성이 없으면 요절하고 고독하고 가난하다)"이라는 말이 있다.
 이것은 명궁에서뿐만 아니라 다른 열한 개 궁에서도 그 의미를 확대해 볼 수 있다. 비유를 들어 설명하자면, 宮(집)에 星(주인)이 없으면 도둑맞기도 쉽고 집도 성하지 못하게 된다는 말이다. (2권 격국편의 명무정요격을 참고하라.)

■ 자미사해궁 명반의 특징

자미해궁 명반을 자세히 들여다보면 子·丑·寅·辰宮의 네 궁이 정성(正星)이 없이 비어 있음을 알 수 있다. 앞에서 '요절·고독·가난하다'고 표현했듯이, 정성이 없는 궁은 약하다고 할 수 있다.

반드시 기억하자.

"정성이 없는 궁은 약궁(弱宮)이다."

자살(紫殺 : 자미칠살)이 해궁이면서 명궁이 되는 명반을 보자. 게다가 공교롭게도 양남음녀라면 대한은 순행으로 흘러간다. 즉 해궁 → 자궁 → 축궁 → 인궁의 순서로 대운이 진행되는 것이다.

이 사람이 2대운이라면 12세~41세까지, 만약 火6局이어서 6대운이라면 16세~45세까지 30년 동안 정성이 없는 '약궁'으로 운이 흐르게 된다. 그렇게 30년 동안 약궁으로 흐르다가 그 다음 대한에는 염정·파군으로 주성이 있어 10년 반짝하지만, 그 다음에는 또 정성이 없는 대운으로 가게 된다.

즉 이렇게 명반이 구성된 사람은 거의 평생 동안 빛을 보지 못하고 '약궁'의 불리한 작용을 안고 살게 된다.

자미칠살이 명궁인 사람은 삼방사정인 재백궁에 정성이 두 개, 관록궁에 두 개가 있어 꿈과 야망은 크지만, 운이 공궁(약궁)으로 연속하여 흐르므로 재주가 많아도 결국 그 재주를 펼치지 못하고 인생을 보내는 경우가 많게 된다.

사궁 자미칠살이 명궁이 되면서 대운이 순행으로 흘러도 비슷한 경우가 생긴다.

반대로 음남양녀로 운이 역행으로 간다면 죽을 때까지 정성이 궁마다 있게 되니, 앞의 경우와는 정반대로 본명이 가지고 있는 역량을 마음껏 발휘할 수 있다.

배치상 궁이 없는 경우는 자미가 사해궁에 있을 때의 명반이 제일 많아서 공궁이 네 개나 된다. 자미가 인신궁에 있을 때는 공궁이 없으며, 자·오·묘·유, 진·술·축·미궁에 있을 때는 공궁이 모두 두 개씩 있게 된다.

6. 성계 조합의 특성

이제 길라잡이가 되는 이정표를 살펴보자.

자미가 子부터 亥까지 12×12궁 하면 144개의 조합이 생긴다. 144개나 되는 조합을 다 기억할 수는 없으니, 그것을 간단하게 파악할 수 있는 방법을 살펴보자는 것이다.

본격적으로 살펴보기 전에 우선 다음을 염두에 두자.

- 자(子)·오(午), 묘(卯)·유(酉)
- 인(寅)·신(申), 사(巳)·해(亥)
- 진(辰)·술(戌), 축(丑)·미(未)

그 이유는 그림 다음의 설명을 참고하면 알 수 있다.

府 巳	同月 午	武貪 未	巨日 申
辰 貞破 卯	〈자미해궁〉 紫微가 亥宮에 있을 때		相 酉 機梁 戌
寅	丑	子	紫殺 亥

紫殺 巳	午	未	申
機梁 辰 相 卯	〈자미사궁〉 紫微가 巳宮에 있을 때		貞破 酉 戌
巨日 寅	武貪 丑	同月 子	府 亥

　우선 자미가 사궁(巳宮)에 있을 때의 표와 해궁(亥宮)에 있을 때의 표를 서로 비교해보자.

자세히 보면 서로 반대로 자리바꿈을 하고 있음을 알 수 있다. 자미사궁에서는 사궁에 자살이 있고 대궁에 천부가 있는데, 자미해궁에서는 해궁에 자살이 있고 대궁에 천부가 있게 된다. 또한 자미사궁에는 무탐이 축궁에 있는데, 자미해궁에는 무탐이 미궁에 있어 서로 자리를 바꿔 앉아 있다.

이처럼 서로 대칭되는 다른 명반, 즉 자미자궁과 자미오궁, 자미묘궁과 자미유궁, 자미인궁과 자미신궁, 자미진궁과 자미술궁, 자미축궁과 자미미궁은 모두 이와 같은 구조로 되어 있다.

그런데 자미인신궁과 자미사해궁을 서로 비교해보면 여기에도 일정한 규칙이 있음을 알 수 있다.

陽 巳 子	破 午 夫	機 未 兄	紫府 申 命
武 辰 財	〈자미신궁〉 紫微가 申宮에 있을 때		陰 酉 父
同 卯 疾			貪 戌 福
殺 寅 遷	梁 丑 奴	貞相 子 官	巨 亥 田

巳 府	午 同月	未 武貪	申 巨日
辰	⟨자미해궁⟩ 紫微가 亥宮에 있을 때		酉 相
卯 貞破			戌 機梁
寅	丑	子	亥 紫殺

자미신궁과 자미해궁에는 언뜻 보아서는 규칙이 없는 것처럼 보이지만, 자세히 보면 일정한 규칙을 찾을 수 있다.

우선 자미해궁에서 미궁의 무탐을 살펴보자. 축미궁의 무탐은 항상 어느 한쪽이 공궁이 되는데, 미궁에 무탐이 들면 축궁이 비고, 축궁에 무탐이 들면 미궁이 빈다.

자미가 사해궁에 있으면 무탐이 축궁이나 미궁에 있는데, 자미가 인신궁에 있으면 무탐이 서로 떨어져 진궁과 술궁에 각기 하나씩 앉아서 서로 마주보게 된다.

그래서 이것을 두고 편의상 '진술축미궁에서는 무탐 조합'이라고 부른다.

자미신궁과 자미해궁을 또 이런 식으로 분류해보자.

자미해궁을 보면 술궁에 기량이 있는데(대궁은 비어 있다. 반대로 자미사궁에서는 진궁에 기량이 있고 술궁은 빈다). 자미신궁을 보면 천기가 미궁에, 천량이 축궁에 있으면서 기량이 서로 마주보고 앉아 있다. (자미인궁에서는 천기가 축궁, 천량이 미궁에 있다.)
　이것을 '진술축미궁에서는 기량 조합'이라고 부른다.

　또 자미해궁의 거일은 신궁에 있고, 대궁인 인궁은 비어 있다. 그런데 자미신궁에서는 사궁에 태양, 해궁에 거문이 서로 마주보고 있다. 즉 인신궁에서는 거일이 동궁하고, 사해궁에서는 거일이 서로 떨어져 마주보고 배치되어 있다.
　이것을 '인신사해궁에서는 거일 조합'이라고 부른다.

　자미해궁의 경우 오궁에 동월이 있고 대궁인 자궁은 비어 있는데, 자미신궁에서는 묘궁에 천동, 유궁에 태음이 있어 서로 마주보고 있다. 즉 자오궁에서는 동월이 동궁하고, 묘유궁에서는 서로 떨어지는 것이다.
　이것을 '자오묘유궁에서는 동월 조합'이라고 한다.

　자미해궁에서는 천상이 유궁에 있고 대궁에는 염정파군, 즉 정파가 있다. 천상이나 파군이 있을 때, 천상의 대궁에는 고정적으로 파군이 있고, 파군이 보이면 대궁에는 무조건 천상이 있다는 것은 앞에서 설명한 바 있다.
　자미해궁 역시 천상이 유궁에 있고 대궁에 파군이 있다. 문제는 파군에 염정이 붙어 있다는 것이다. 자오묘유궁에서는 염정이 파군에도 붙었다가 천상에도 붙었다가 하는데, 묘유궁에서는 염정이 파군과 붙고, 자오궁에서는 천상과 염정이 자궁에서 동궁하고 대궁인 오궁에 파군이 들게 되어 있다.
　이것을 '자오묘유궁에서는 정파상 조합'이라고 한다.

마지막으로 자미해궁에서는 해궁에 자살이 있고 대궁에 천부가 있는데, 자미신궁에서는 신궁에 자미가 천부와 동궁하고 대궁인 인궁에 칠살이 있다.

칠살은 천부와 대궁에서 만나므로 칠살이 자미와 동궁하는 자미해궁에서는 대궁인 사궁에 천부가 있고, 천부와 자미가 동궁하는 자미신궁에서는 대궁인 인궁에 칠살이 있게 되는 것이다.

즉 천부와 칠살은 고정적으로 있는데 자미만 칠살과 붙었다 천부와 붙었다 한다.

이것을 '인신사해궁에서는 자살부 조합'이라고 한다.

다음은 이러한 성계(星係 : 星의 계통 혹은 星의 묶음)들의 조합의 특성을, 앞에서 말한 원칙대로 자미부터 파군까지 나열한 것이다. 이것도 반드시 이해해야 할 부분이다.

(1) 자미

살파랑 · 천부(자미와 조합이 되는 별을 나열한 것이다. 즉 자미와 조합이 되는 별은 칠살 · 파군 · 탐랑 · 천부이다).

① 자오궁 자미 독좌(獨坐) 탐랑 상대(相對), 묘유궁 자탐 동궁(同宮) 대궁 무정성(無正星) : 자오묘유 자탐 조합
② 진술궁 자상 동궁 파군 상대, 축미궁 자파 동궁 천상 상대 : 진술축미 자파상 조합
③ 인신궁 자부 동궁 칠살 상대, 사해궁 자살 동궁 천부 상대 : 인신사해 자살부 조합

(2) 천기

태음 · 거문 · 천량과 동궁 혹 상대

① 자오궁 기거 상대, 묘유궁 기거 동궁 대궁 무정성 : 자오묘유 기거 조합
② 축미궁 기량 상대, 진술궁 기량 동궁 대궁 무정성 : 진술축미 기량 조합
③ 사해궁 기월 상대, 인신궁 기월 동궁 대궁 무정성 : 인신사해 기월 조합

(3) 태양

태음·거문·천량과 동궁 혹 상대
① 자오궁 양양 상대, 묘유궁 양양 동궁 대궁 무정성 : 자오묘유 양양 조합
② 진술궁 일월 상대, 축미궁 일월 동궁 대궁 무정성 : 진술축미 일월 조합
③ 사해궁 거일 상대, 인신궁 거일 동궁 대궁 무정성 : 인신사해 거일 조합

(4) 무곡

천부·탐랑·천상·칠살·파군과 동궁 혹 상대
① 자오궁 무부 동궁 대궁 칠살, 묘유궁 무살 동궁 대궁 천부 : 자오묘유 무부살 조합
② 인신궁 무상 동궁 대궁 파군, 사해궁 무파 동궁 대궁 천상 : 인신사해 무파상 조합
③ 진술궁 무곡 독좌 탐랑 상대, 축미궁 무탐 동궁 대궁 무정성 : 진술축미 무탐 조합

(5) 천동

태음·거문·천량과 동궁 혹 상대

① 자오궁 동월 동궁 대궁 무정성, 묘유궁 동월 상대 : 자오묘유 동월 조합

② 진술궁 거동 상대, 축미궁 거동 동궁 대궁 무정성 : 진술축미 거동 조합

③ 인신궁 동량 동궁 대궁 무정성, 사해궁 동량 상대 : 인신사해 동량 조합

(6) 염정

기본구조 복잡, 살파랑·천부·천상과 동궁 혹 상대

① 자오궁 정상 동궁 파군 상대, 묘유궁 정파 동궁 천상 상대 : 자오묘유 염파상 조합

② 축미궁 정살 동궁 천부 상대, 진술궁 정부 동궁 칠살 상대 : 진술축미 염살부 조합

③ 인신궁 정탐 상대, 사해궁 정탐 동궁 대궁 무정성 : 인신사해 염탐 조합

(7) 천부

필(必) 칠살 상대, 무곡·자미·염정과 동궁 혹 상대

① 자오궁 무부 동궁, 묘유궁 천부 독좌 무살 상대 : 자오묘유 무부살 조합

② 축미궁 천부 독좌 정살 상대, 진술궁 정부 동궁 : 진술축미 염부살 조합

③ 인신궁 자부 동궁, 사해궁 천부 독좌 자살 상대 : 인신사해 자부살 조합

(8) 태음

천동·태양·천기와 동궁 혹 상대

①자오궁 동월 동궁 대궁 무정성, 묘유궁 동월 상대 : 자오묘유 동월 조합

②진술궁 일월 상대, 축미궁 일월 동궁 대궁 무정성 : 진술축미 일월 조합

③인신궁 기월 동궁 대궁 무정성, 사해궁 기월 상대 : 인신사해 기월 조합

(9) 탐랑

무곡·자미·염정과 동궁 혹 상대

①자오궁 탐랑 독좌 자미 상대, 묘유궁 자탐 동궁 대궁 무정성 : 자오묘유 자탐 조합

②진술궁 탐랑 독좌 무곡 상대, 축미궁 무탐 동궁 대궁 무정성 : 진술축미 무탐 조합

③인신궁 탐랑 독좌 염정 상대, 사해궁 정탐 동궁 대궁 무정성 : 인신사해 염탐 조합

(10) 거문

천동·태양·천기와 동궁 혹 상대

①자오궁 거문 독좌 천기 상대, 묘유궁 기거 동궁 대궁 무정성 : 자오묘유 기거 조합

②진술궁 거문 독좌 천동 상대, 축미궁 거동 동궁 대궁 무정성 : 진술축미 거동 조합

③사해궁 거문 독좌 태양 상대, 인신궁 거일 동궁 대궁 무정성 : 인신사해 거일 조합

(11) 천상

必 파군 상대, 염정·무곡·자미와 동궁 혹 상대

① 묘유궁 천상 독좌 정파 상대, 자오궁 정상 동궁 : 자오묘유 염파상 조합

② 축미궁 천상 독좌 자파 상대, 진술궁 자상 동궁 : 진술축미 자파상 조합

③ 사해궁 천상 독좌 무파 상대, 인신궁 무상 동궁 : 인신사해 무파상 조합

(12) 천량

천동·태양·천기와 동궁 혹 상대

① 자오궁 천량 독좌 태양 상대, 묘유궁 양양 동궁 대궁 무정성 : 자오묘유 양양 조합

② 축미궁 천량 독좌 천기 상대, 진술궁 기량 동궁 대궁 무정성 : 진술축미 기량 조합

③ 사해궁 천량 독좌 천동 상대, 인신궁 동량 동궁 대궁 무정성 : 인신사해 동량 조합

(13) 칠살

必 천부 상대, 무곡·염정·자미와 동궁 혹 상대

① 자오궁 칠살 독좌 무부 상대, 묘유궁 무살 동궁 : 자오묘유 무살부 조합

② 진술궁 칠살 독좌 정부 상대, 축미궁 정살 동궁 : 진술축미 염살부 조합

③ 인신궁 칠살 독좌 자부 상대, 사해궁 자살 동궁 : 인신사해 자살부 조합

(14) 파군
必 천상 상대, 염정·자미·무곡과 동궁 혹 상대
① 자오궁 파군 독좌 정상 상대, 묘유궁 정파 동궁 : 자오묘유 염파상 조합
② 진술궁 파군 독좌 자상 상대, 축미궁 자파 동궁 : 진술축미 자파상 조합
③ 인신궁 파군 독좌 무상 상대, 사해궁 무파 동궁 : 인신사해 무파상 조합

예를 들면 무탐이 축미궁에 있는 것은, 먼저는 가난하다가 나중에 부자가 되는 유명한 조합인데, 이러한 속성은 진술궁의 무탐 상대 무탐 조합에도 똑같이 적용된다. 이것을 진술축미 무탐 조합이라고 한다.

이러한 이해가 없으면 축궁의 무탐, 미궁의 무탐, 진궁의 무곡, 술궁의 무곡을 따로따로 이해하느라 반도 못 가서 공부를 포기하게 된다.

또 자미파군이 축미궁에 동궁하면 신하는 불충하고 자식은 불효한다고 해서 반역 조합이 되는데, 이러한 '위신불충 위자불효(爲臣不忠 爲子不孝)'의 속성은 자미천상이 진술궁에서 동궁하는 조합에도 똑같이 적용된다.

자미칠살이 사해궁에 있으면 '자살대권위(紫殺帶權位)' 조합으로 권위적인 조합이 되는데, 자미천부가 인신궁에 있을 경우에도 이런 속성이 있다.

이렇게 공부하면 따로따로 외워야 할 성계를 4분의 1의 노력만으로 공부하는 지름길이 된다. 그렇지만 이 경우 다음과 같은 면을 간

과해서는 안 된다.

가령 '자오묘유궁의 염파상 조합'으로 뭉뚱그려볼 수는 있지만 星의 묘왕리함의 차이는 엄연히 존재한다는 것이다. 예를 들어 자오궁의 염정천상과 묘유궁의 염정파군의 조합은 큰 차이가 있다. 자오궁은 평왕 또는 평묘라고 되어 있지만, 묘유궁은 평함 또는 한왕이라고 해서 묘유궁의 정파가 힘이 매우 약한 것이다.

'자오묘유궁의 무부살 조합'도 역시 자오궁과 묘유궁 간 星의 왕도의 차이가 현격하다. 즉 자오궁의 무부살 조합은 왕묘 또는 왕왕이라고 되어 있는데, 묘유궁의 무부살 조합은 한왕 또는 함함으로 왕도의 차이가 천양지차로 벌어지는 것이다.

예를 들어 '진술축미 자파상 조합의 반역 조합'이라고 할 때(반역이라고 꼭 나쁘게만 볼 필요는 없다. 창조도 기존 현실에 대한 반역이라고 할 수 있으므로, 반역은 곧 창조와 같은 뜻이 될 수도 있다. 그래서 이 조합은 창조력이 아주 강하다), 진술궁의 자파상은 힘이 없고 축미궁의 자파상은 힘이 강하다. 그러므로 힘이 강한 쪽인 축미궁이 진술궁보다 반역의 성향이 더 강하다.

다시 말하자면 星의 힘의 강약에 따라 그 조합이 가지고 있는 독특한 속성들이 줄어들거나 더해지거나 하는 것이다.

7. 자미두수 전설의 이해

 이 전설은 자미두수의 십사정성을 이해하는 데 아주 중요한 것으로, 『봉신방(封神榜)』이라는 책의 내용인데 간략하게 줄여서 정리하면 다음과 같다.

 중국 은(殷)나라에 주왕(紂王)이라는 폭군이 있었다. 하루는 주왕이 사냥을 갔다가 돌아오는 길에 갑자기 소나기를 만나 급히 부근의 사당으로 피하게 되었다. 그런데 마침 들어간 곳이 구천현녀(九天玄女)에게 제사하는 사당이었다.
 그 사당에는 나무로 만든 여신상이 있었는데, 주왕은 그만 그 여신상에게 반하고 말았다. 신하들이 말렸지만 소용이 없었다. 이 모습을 하늘에서 구천현녀가 보고 있었다.
 구천현녀는, 호리랑이라는 꼬리가 아홉 개 달린 여우에게 은나라를 멸망시키라고 비밀지령을 내렸다. 명령을 받은 여우는 은나라

재상의 딸로 다시 태어나는데, 그가 바로 그 유명한 달기이다. 달기는 주왕에게 접근하여 주왕의 애첩이 된다.

한편 당시 하늘에는 신이 아주 적었는데 일은 매우 많았다. 옥황상제가 신경을 너무 많이 써서 수면제 없이는 잠을 이루지 못할 정도였다. 그때 구천현녀가 은나라를 멸망시키려 한다는 소식을 옥황상제가 듣게 되었다. 옥황상제는 매우 기뻐했다.

난세를 맞이하면 허다한 영웅과 충신들이 출현하여 나라를 위해 희생하는 한편의 드라마가 전개될 것이기 때문이다.

옥황상제는 태백금성을 천지경계의 남천문으로 파견하여, 은나라에서 생길 커다란 소요로 인해 영웅과 충신들이 사망하거든 천상으로 불러들이라고 명령했다. 그들을 신으로 봉함으로써 천계의 성좌(星座)에 영원히 머물게 하여 천상의 일을 돕도록 해야겠다고 생각했기 때문이다.

당시 은나라의 서쪽에는 주(周)라는 지방이 있었다. 周의 족장인 창(昌: 후에 문왕이 됨)은 역(易)과 점복(占卜)에 정통하고 이치에 밝았으며, 농업사회 생활의 기반을 정하고 부락을 통치하며 훌륭한 문화를 만들었다. 그의 존재에 대해 주왕은 자연히 두려움과 미움을 갖게 되었다. 또한 周에 대해서도 은근히 견제하여 멸망시켜야겠다고 생각하게 되었다.

문왕을 없애면, 周는 더 이상 강성해지지 못하고 자연스럽게 붕괴되리라고 생각한 주왕은, 연락을 취해 문왕을 불렀다. 그리고 문왕이 도착하자마자 그를 가두어버리고, 문왕이 쿠데타를 꾀했다는 소문을 각 지방에 퍼뜨렸다.

억울하게 옥에 갇힌 문왕에게는 훌륭한 아들이 몇 명 있었는데, 그중 큰아들 백읍(伯邑)은 절세의 미남자로 학문도 아주 높을 뿐 아니라 거문고를 잘 탔으며, 게다가 효자로 소문이 나 있었다. 마음이

맑고 바른 백읍은 주왕의 흉악한 음모인 줄은 모르고 오해로 인해 부친이 잡힌 것이라고 생각하여, 주왕에게 부친을 석방해달라고 직접 간청하기 위해 길을 떠나게 되었다.

　몇 달 간의 여정 끝에 은나라에 도착한 백읍은 부친의 무죄를 주장하며 석방을 간청했다. 주왕도 뚜렷한 모반의 증거가 없으므로, 백읍에게 2~3일 후에 다시 이야기하자며 그 동안 궁에 머물러 있으라고 하였다.

　적막이 감도는 밤, 몇 개월 동안 머나먼 길을 여행하여 은나라의 궁전에 도착했지만 아버지를 보지 못한 백읍의 심정은 말할 수 없이 답답하고 우울했다. 아무리 잠을 청해도 잠이 오지 않았다. 그래서 그는 가지고 간 거문고를 연주하며 마음을 달래고자 했는데, 그 거문고 소리가 궁전의 사방에 퍼지며 맑은 계곡에 흐르는 물처럼 뭇사람의 마음에 파고들었다.

　거문고 소리에 단잠에서 깨어난 달기는 소리를 좇아 결국 백읍의 방까지 오게 되었다. 그리고 백읍을 본 순간 한눈에 반하게 되었다.

　그러나 거문고에 열중해 있던 백읍은 달기가 온 줄도 모르고 계속해서 거문고를 탈 뿐이었다. 주위에 아무도 없는 것을 안 달기는 백읍을 유혹했지만 백읍은 조금도 흔들리지 않았다. 결국 목적을 달성하지 못한 달기는 백읍에게 간통죄의 누명을 씌웠고, 백읍은 병사들에게 끌려가 심문을 받게 되었다.

　매우 노한 주왕은 사실을 확인해보지도 않은 채 백읍을 죽였고, 잔학한 성격대로 백읍의 시체를 잘게 조각내어 그 고기로 만두를 빚도록 하였다. 그리고 문왕이 점성학에 밝다니 과연 그러한가 시험해보기 위해 그 만두를 문왕에게 보내어 먹게 하였다.

　한편 옥중의 문왕은 뛰어난 점성술로 이 천인공노할 사건을 미리 알고 있었지만, 후일의 복수를 기약하며 울분과 눈물을 삼켰다. 아침이 되자 사랑하는 아들의 골육으로 만든 만두가 나왔다. 문왕은 이를 모른 체하고 만두를 먹었다.

문왕이 아무런 의심없이 만두를 먹어치웠다는 소식을 들은 주왕은, 대현철(大賢哲)이라고 하더니 과장된 소문이라고 생각하며 두려워할 인물이 아니라고 여겨 문왕을 석방해버렸다.

마침내 석방된 문왕은 만감이 교차하는 심정으로 장도의 여정에 오르게 되었다. 대초원에 다다르자 그는 마술을 부려 만두를 토해냈다. 토해낸 만두는 한 쌍의 작고 사랑스러운 동물로 변했다. 전신이 눈처럼 희고 귀가 길며 눈이 붉은 토끼로 변해 활발하게 풀밭 위를 뛰어다녔다.

백읍의 변신인 토끼는 문왕을 향하여 예를 표한 후 초원을 향하여 달려갔다.

백읍은 몸은 비록 토끼로 변했지만 그 영혼은 남천문의 태백금성에 의해 천계에 올려졌는데, 구천현녀가 은나라를 멸망시키는 과정에서 첫 희생자가 됐기 때문에 그 영혼을 '자미성'이 되게 하여 '존귀'의 신으로 영원히 자색(紫色)의 자미원에 있게 했다.

(1) 자미성

백읍이 사는 '자색의 장미화원'을 '자미성(紫微星)'이라고 하며, 자미성을 위주로 사람의 운명을 추산하는 방법을 자미두수(紫微斗數) 혹은 자미추명술(紫微推命術)이라고 한다. 斗란 형량의 뜻이고 數란 명운(命運)으로, 곧 자미를 위주로 하여 운명의 형량을 추산하는 술수이다. 자미성은 추명술에서 '존귀'를 관장하는데, 선량·고귀의 뜻을 갖고 있다.

한편 周로 돌아온 문왕은 아들의 원수를 갚기로 하늘에 맹세하고 병마를 기르는 데 모든 노력을 기울인다. 하지만 피나는 노력에도 불구하고 목표를 달성하지 못한 채 병사하고 만다. 그후 아버지의 유언을 받든 백읍의 동생이 무왕(武王)이 되어, 농경과 병사훈련에 주력하여 부국강병에 성공하고, 위대한 군사인 강상(강태공)과 함께 은나라를 멸망시킨다.

무왕은 주왕을 타도하고 천하를 제패하여 주나라를 세웠는데, 이것은 대군사(大軍師)인 강태공 덕분이었다고 할 수 있다.

(2) 천기성

강상은 강자아라고도 하는데, 이 사람이 바로 우리가 잘 아는 강태공이다. 그는 곤륜산의 깊은 산속에 살면서 선도를 수련하여 많은 지혜를 갖게 되었다.

운이 오기 전에는 어떠한 영웅·현철·군사라 하더라도 보통 사람과 같다. 강태공도 노년에 이르기까지 운이 오지 않아, 뜻은 있으나 펴지 못하는 생활을 하고 있었다.

그는 배우자와 사이가 매우 나빴는데, 그의 불행은 배우자 때문이라고도 할 수 있다. 그는 성이 마씨이고 이름이 천금(千金)인 여자와 결혼했다. 사람의 운명은 배우자의 좋고 나쁨에 좌우되는 경향이 많아서, 그는 결혼으로 인해 일생 동안 빈궁했다.

노년에 이르러 두 사람은 합의이혼한 후 각자 제 갈 길로 가게 된다. 그후 강태공에게는 비로소 좋은 운이 찾아오기 시작했다. 매일 강변에서 낚시를 하고 있다가 우연히 문왕의 눈에 띄었던 것이다.

강태공은 나라를 사랑하고 임금에게 충성하는 한마음으로 문왕의 사후에도 무왕을 보좌하여 부강한 나라 만들기에 힘을 다했다. 그는 초인적인 지혜로 미래를 예측하고 현재에 충실하여 마침내 周의 군사(軍師)가 되었다.

무왕이 천하를 평정한 후 강태공은 제의 지방을 다스리는 제후의 작위를 받았다. 그리고 몇 년 후 서거하였다.

태백금성은 강태공의 영혼을 하늘로 올려 천기성(天機星)에 영주하게 하였다. 그래서 천기성이 자미두수 중에서 지혜를 관장하게 된 것이다.

(3) 태양성

잔학한 폭군이었던 은나라 주왕에게는 적지 않은 충신들이 있었다. 그중에서 가장 유명한 충신이 바로 비간이다.

비간은 달기에게 빠져 정사를 돌보지 않는 주왕에게 쉬지 않고 직언을 했다. 하지만 여색에 빠진 주왕에게 그 말이 들릴 리 없었고, 비간은 오히려 간신으로 내몰리게 되었다. 그때 비간은 주왕을 원망하지 않고 이렇게 말했다.

"대왕이 저를 믿지 않으신다면 제 심장을 보여드리겠습니다."

말을 마치자마자 비간은 칼로 가슴을 갈라 자기 심장을 꺼내 주왕에게 보여주고 죽었다.

태백금성은 비간의 충렬한 정신에 깊이 감동하여 그의 영혼을 천계의 태양성(太陽星)에 영주하게 하고, 천지간의 광명정대함을 관장토록 했다.

(4) 무곡성

즉위 후 무왕은 은나라를 멸망시키는 일을 추진하는 한편, 덕정을 베풀어 백성들로 하여금 편안하게 생업에 종사하도록 했다. 무왕은 마침내 은나라를 멸망시키고 주나라를 세운 후 천수를 누리고 죽었다.

태백금성은 폭군인 주왕을 토벌한 무왕의 공을 인정하여 그의 영혼을 무곡성(武曲星)에 영주하게 하고 재부(財富)와 무용(武勇)을 관장하게 했다.

주왕을 타파한 것은 비록 무왕이었지만, 그의 아버지인 문왕이 없었다면 그러한 대사업은 불가능했을 것이다. 주나라가 그토록 강성할 수 있었던 실질적인 힘은 바로 문왕의 선정에 뿌리를 두고 있었다. 주왕을 토벌할 때 무왕을 도운 군사 · 장군 · 충신 등은 모두 문왕이 선발한 사람들로, 그들이 무왕을 도와 천하를 평정하게 된 것이다.

이러한 사실로 볼 때 문왕은 인사관계를 조화롭게 이끈 인물로 보인다. 이러한 영향을 받은 문왕의 아들 무왕은 재세 기간 동안 무공도 좋았지만, 백성의 재부를 늘리는 데도 많은 힘을 썼다고 한다.

(5) 천동성

무곡성에서 설명했듯이, 문왕은 조화와 융합에 능한 사람이었다. 마음에 품은 뜻을 비록 이루지는 못했지만, 문왕이 죽자 태백금성은 그의 영혼을 천동성(天同星)에 영주하게 하고 융화와 온순을 관장하게 했다.

(6) 염정성

만약 주왕이 주위의 충신과 현철의 조언을 받아들였다면 은나라는 멸망하지 않았을 것이다. 그러나 허다한 간신들이 주왕의 폭정을 조장했는데, 그중에서 비중이라고 하는 간신은 적지 않은 충신과 현철들을 무고하는 등 전횡을 일삼았다.

은나라가 멸망한 후에 비중은 강태공에게 잡혔는데, 간신을 매우 혐오한 강태공은 그를 참수시켜버렸다. 천계의 신이 부족했으므로 태백금성은 즉시 비중의 영혼을 불러들여 염정성(廉貞星)에 거주하게 하고, 사악의 신에 봉한 후 왜곡을 관장하게 했다. 이것은 기독교의 악마와 같은 것이라고 할 수 있겠다.

(7) 천부성

주왕의 정부인은 현숙하고 재능이 많은 강황후였다. 그녀는 주왕 초기에 왕을 도와 은나라가 선정을 베푸는 데 큰 역할을 했다.

그러나 구천현녀의 명을 받은 달기가 궁궐로 들어온 후, 주왕의 총애는 달기에게로 기울어져 강황후는 권력을 잃어버리게 되었고, 달기의 질투심으로 인해 끝내 살해되었다.

강황후의 고향은 본래 물산이 풍부한 지방이었는데, 황후가 된 뒤 그녀는 자비로움으로 사람을 대하는 한편, 재능과 고향의 풍부한 물산을 궁으로 가지고 들어왔다. 사후에 그녀의 영혼은 천부성(天府星)에 영주하며 재능·재부·자비를 관장하게 되었다.

(8) 태음성

주왕 밑에는 황비호라는 장군이 있었다. 그의 아내 가부인(賈婦人)은 매우 젊고 아름다워 은나라에서 유일하게 달기와 비견되는 미인이었다. 그래서 질투심이 강한 달기의 눈에 늘 가시와 같은 존재였다.

은나라는 매년 연말이면 대신과 장군 모두가 부부동반하여 궁에서 잔치를 벌였는데, 어느 날 가부인도 황비호와 같이 궁에 가게 되었다. 이 순간을 달기가 놓칠 리가 없었다. 달기는 주왕에게 가부인과 하룻밤을 같이 있게 해달라고 간청하여, 황비호 장군만 혼자 돌아가게 되었다.

달기는 가부인과 주왕 두 사람만이 향연을 갖는 자리를 마련하였다. 술이 과해진 주왕은 이성을 잃고 호색의 본성을 드러내며 가부인을 범하려 하였다. 술에 취한 주왕의 음란한 행위를 피하기 위해 도망가던 가부인은, 궁의 꼭대기까지 이르러 더 이상 피할 데가 없게 되자 그만 궁밖으로 몸을 던져 죽고 말았다. 이에 태백금성은 그녀의 정절을 보고 영혼을 천계로 불러들였다.

그러나 정절과 함께 결백한 개성을 지닌 가부인은 어떠한 성좌에 거하게 해도 모두 거절했다. 그래서 태백금성은 청유한 월궁(달)에 그녀를 머물게 하고, 월궁을 태음성(太陰星)이라 부르며 가부인으로 하여금 청결과 월궁의 의미에서 주택을 관장하게 했다.

(9) 탐랑성

이번에는 이 전설의 여주인공이라고 할 수 있는 달기에 대해 살펴보자.

달기는 본래 구천현녀의 수하인 호리랑(꼬리가 아홉 개 달린 여우)인데, 은나라를 멸망시킬 목적으로 은나라 제후의 딸로 태어났다. 농염하면서도 사랑스럽고 요염한 자태의 달기는 어떤 남자의 마음도 홀리기에 족한 경국지색이었다.

첫눈에 달기의 미색에 빠진 주왕은 그녀를 궁에 불러들여 후궁으로 삼았고, 강황후나 국정을 전혀 돌보지 않은 채 차츰 폭군의 길로 접어들게 되었다. 이에 충신들의 충언이 이어졌지만, 주왕은 그와 달기의 정감을 방해하는 모든 것을 단호하게 처치해버렸다. 따라서 차츰 주왕의 곁에는 간신만 들끓게 되었다.

그 뒤 은나라가 망하자 달기는 강태공에게 잡혀 죽었는데, 태백금성은 달기의 영혼을 불러 그녀로 하여금 탐랑성(貪狼星)에 영주하게 하고 욕망을 관장하게 했다. 본래 호리랑인 달기는 간사하고 교활하여 신의 자리에 오를 수 없었는데, 당시 천계의 신이 부족하여 그녀에게도 신위를 주었던 것이다.

태백금성은 또한 그녀가 사람을 허다하게 해치는 것을 보고, 특별히 흉랑한 탐랑성에 살게 하여 밖으로 나가지 못하게 했는데, 이는 태백금성의 선견지명이었다고 할 수 있겠다.

(10) 거문성

이 세상에는 종종 남편의 운세를 파괴하는 여성이 있는데, 이런 여성은 질투나 다른 사람과의 말다툼으로 남편의 친구나 친척의 감정을 상하게 한다. 그로 인해 남편은 살맛을 잃게 되고 호운을 못 만나게 된다.

강태공의 아내 마천금도 그런 여자에 속했다. 마천금이 강태공에게 시집온 후 강태공은 계속 불행한 운명을 달렸다. 날이 가고 해가 갈수록 빈궁에 빠져 일금(一金)도 얻지 못했으니, 어찌 천금(千金)을 이야기할 수 있겠는가?

마천금은 평소 시끄럽게 떠들고 강태공을 모욕했으며 남편의 일에 협조하지 않다가 예순여덟 살에 이르러 이혼을 요구했다. 강태공은 이유가 있다고 생각하여 동의함으로써 이혼을 하게 되는데, 이혼한 뒤에야 비로소 호운을 달리기 시작했다.

강에서 낚시를 하다가 문왕을 만났고, 문왕에게 초빙되어 주나라의 군사를 맡게 된 것이다. 이 소식을 들은 마천금은 강태공이 부하들의 호위 속에 길을 가는 도중 나타나 자기의 존재를 알아주기를 바랐다.

하지만 강태공은 아무 말없이 주전자의 물을 땅에 부으며 다시 담으라고 했다. "엎질러진 물은 다시 담을 수 없다"라는 속담을 상기시킨 것이다. 이에 마천금은 결국 후회 속에서 스스로 목숨을 끊고 말았다.

마천금은 남과 다투기를 좋아하고, 강태공의 일거수일투족을 늘 간섭하고 의심했으며, 강태공의 친한 친구조차도 냉대하여, 강태공으로 하여금 모든 것을 잃게 만들었다. 또한 남의 트집을 잡을 일이 없으면 칼로 문지방이라도 잘랐다고 한다.

마천금이 자살한 뒤에 태백금성은 그녀의 영혼 역시 천계로 불러들여 거문성(巨門星)에 영주하게 하고, 시비를 관장하는 신으로 봉했다.

(11) 천상성

주왕에게는 많은 충신이 있었다. 그중에 문태사라는 충신이 있었는데, 태사는 수상으로서 오늘날의 국무총리에 해당한다. 여기에 그는 군사력도 장악하여 대원수까지 겸임했다.

그가 은나라와 주나라의 대전투에서 패하고 전사하자, 그의 충용한 정신에 감동한 태백금성이 그의 영혼을 천계에 불러 천상성(天相星)에 영주하게 했다. 천상성은 충성과 돈후의 의미를 주관한다.

(12) 천량성

앞에서 설명한 성좌들은 모두 죽은 후 태백금성에 의해 천계로 인도된 경우이다. 그러나 유일하게 죽기 전에 하늘로 올라가 신으로 봉해진 사람이 있다. 바로 주나라의 원수인 이천왕(李天王)이다.

그는 백번을 싸워도 죽지 않았는데, 하늘에 천신이 부족하여 태백금성이 죽지 않은 이천왕을 천계로 불러 천량성(天梁星)에 영주하게 하고, 늘 그러함과 영도를 관장하게 했다.

(13) 칠살성

정절을 지킨 가부인(태음성)의 남편은 용감하기 이를 데 없는 황비호 장군이었다. 황비호 장군은 자기의 부인이 주왕의 색욕 때문에 희생되었다는 소식을 듣고 노기충천하여, 부하를 이끌고 주나라에 투항했다. 은나라의 주왕을 멸하기로 맹세한 그는 은나라를 공격하여 매번 이겼으나, 마지막 전투에서 그만 전사하고 말았다.

태백금성은 그의 영혼을 천계로 불러 칠살성(七殺星)에 영주하게 하고 전쟁을 관장하는 신으로 삼았다.

(14) 파군성

마지막으로 남자 주인공이라고 할 수 있는 주왕에 대해 살펴보겠다. 주왕은 즉위 초기에는 비간이나 문태사 등 충신들의 협조로 은나라를 평화롭게 다스렸다. 그러나 달기의 출현으로 사람이 달라졌다. 주색에 빠져 정사를 돌보지 않았고, 충신을 멀리하고 간신을 가까이했다. 날이 갈수록 백성들의 생활도 곤고해졌다.

한편 주나라는 문왕과 무왕의 덕정에 힘입어 날이 갈수록 강성해져 결국 은나라를 멸망시키게 되었다. 사악하고 음란한 주왕은 대세가 이미 기운 것을 알고, 망루에 올라가 자기 몸에 불을 지르고 죽었다.

주왕이 죽자 태백금성은 그의 영혼을 천계에 올려 파군성(破軍星)에 영주하게 하고 파손을 주관하게 했다.

각 성좌 여러 신의 임무를 열거하면 다음과 같다.

① 紫微星 : 伯邑(文王의 長子) / 尊貴, 高尙
② 天機星 : 姜尙(文王의 軍師) / 智慧, 精神
③ 太陽星 : 比干(紂王의 忠臣) / 光明, 博愛
④ 武曲星 : 武王(文王의 次子) / 武勇, 財富

⑤ 天同星 : 文王(周部落의 尊長) / 融和, 溫順
⑥ 廉貞星 : 比仲(紂王의 奸臣) / 歪曲, 邪惡
⑦ 天府星 : 姜皇后(紂王의 皇后) / 才能, 慈悲
⑧ 太陰星 : 賈婦人(黃飛虎의 妻) / 潔白, 住宅
⑨ 貪狼星 : 妲己(紂王의 愛妾) / 慾望, 物質
⑩ 巨文星 : 馬千金(姜尙의 妻) / 疑惑, 是非
⑪ 天相星 : 聞太師(紂王의 忠臣) / 慈愛, 服務
⑫ 天梁星 : 李天王(武王의 忠臣) / 有恒, 領導
⑬ 七殺星 : 黃飛虎(紂王의 忠臣) / 威嚴, 激烈
⑭ 破軍星 : 紂王(殷나라의 暴君) / 破損, 消耗

8. 자미두수 전설의 응용

「7. 자미두수 전설의 이해」에서 설명한 전설에 따라 십사정성을 비유해보면 그럴듯한 부분을 찾을 수 있다.

(1) 자미는 백읍을 상징한다
백읍은 문왕의 아들로 지방 태수의 아들이었다. 그는 중앙 궁궐에 가서도 품위를 잃지 않았으며, 달기의 유혹에도 전혀 흔들리지 않았다. 이러한 점들은 백읍의 존귀함을 드러낸다.

그래서 자미는 백읍의 모습처럼 존귀를 主한다. 존귀한 백읍에게 꼬리를 친 달기로 상징되는 탐랑은 자미에게 쉽게 마음을 준다. 그러나 백읍은 달기를 소 닭 보듯 했으니, 자미에 속하는 남자는 탐랑에 속하는 여자에게 마음을 주지 않는다. 이러한 식으로 자미두수 전설이 응용된다.

백읍에 대해 더 살펴보자. 백읍이 죽어서 토끼로 변한 것을 유심히 살펴보면 자미의 속성을 조금은 더 알 수 있다.

토끼로 변한 백읍은 달기를 혼내는 백읍과는 차이가 있다. 달기가 만나는 백읍은 자미의 첫인상이다. 백읍이 고기만두가 되어 아버지 뱃속에 있는 것은 뻣뻣한 백읍이 인간적으로 발효되는 것, 즉 자미와의 사귐이 어느 정도 진행된 상태를 뜻한다. 고기만두로 뱃속에 들어갔다가 토해져서 토끼가 된 것은 사귀고 난 뒤의 자미의 모습이라고 하겠다.

자미는 좀처럼 자기의 존귀함과 고집을 포기하지 않는다. 그러므로 달기가 백읍에게 접근하지 못했던 것처럼, 접근방법이 잘못되면 마음을 열기가 어렵다. (자미가 귀공자인 백읍이었던 것처럼 귀공자를 대하듯 접근해야 한다.)

은은한 달밤, 백읍이 고고하게 거문고를 켜고 있는데 난데없이 달기가 들어와 분위기를 깨뜨리며 교태를 부린다. 백읍의 고고함을 뭉개버린 것이다. 달기처럼 자미에게 접근하면 십중팔구 수모를 당하게 된다.

그러나 토끼로 변한 백읍은 달기가 보았던 그 백읍이 아니다. 자미가 좌명한 사람은 만나면 만날수록 처음과는 달리 토끼처럼 여리고 온순한 사람으로 변한다는 것을 알 수 있다. 또 토끼의 귀가 긴 것을 보면 알 수 있듯이 자미가 명궁인 사람은 귀가 얇은 경향이 있다.

전설에서 토끼로 변한 백읍은 예를 표하고 초원으로 달려갔다. 이처럼 자미는 자신의 고고함과 존귀함에 상처를 입을 때, 이상세계인 '초원'으로 피해버리는 경우가 있다.

그래서 이상적인 배우자를 만나지 못하면 혼자 살거나 자기의 이상(초원)을 향해 매진하는 경우가 많다. 이러한 자미의 특징이 고대에는 '탈속'의 가능성으로 받아들여져 '자미·탐랑이 묘유궁'에 있으면 '승도지명'이 되기도 했던 것이다.

이런 방법으로 전설을 분석해보면 재미있고 새로운 사실들을 알게 된다.

(2) 파군은 주왕을 상징한다

주왕은, 초기에는 비간(태양)·문태사(천상) 등의 충신과 함께 은나라를 평화롭게 다스렸다. 처음부터 폭군은 아니었던 것이다. 그러다가 달기(탐랑)를 만나면서부터 성격이 달라지더니 결국 나라까지 망치고 만다.

이 이야기가 상징하는 의미는 무엇일까?

파군은 여자로 인해 이성을 잃을 가능성이 많고 호색해지며 모든 것을 잃기 쉽다는 것이다. 주왕이 충신들의 말을 듣지 않고 자기 멋대로 한 것처럼 파군에게는 독단독행(혼자 판단하고 혼자 행동하는 것)하는 성질이 있으며, 결국 달기에게 놀아난 것처럼 파군은 탐랑의 손아귀에 놀아나기 쉽다는 것을 알 수 있다.

그래서인지 동업이나 합자를 할 때, 파군에 속한 사람은 탐랑에 속한 사람에게 손해를 보는 경우가 종종 있다.

그러나 파군(주왕)의 이러한 본질에도 불구하고, 파군 주위에는 태양(비간)이나 천상(문태사) 같은, 충성을 다하고 직언을 서슴지 않으며 협조를 아끼지 않는 친구들이 많다. 하지만 파군은 그들의 말을 듣기보다는 자기 마음대로 하는 경향이 강하다.

이것을 바꿔 말하면 파군이 태양이나 천상의 말을 듣는다면 나라를 잃는 대신 나라를 다시 살릴 수도 있다는 뜻이 된다. 따라서 인간관계에서 태양이나 천상이 좌명한 사람과 특별히 가까이해야 된다는 사실을 알 수 있다.

절묘하게도 자미가 신궁에 있을 때의 기본명반을 보면 파군이 오궁에 있는데, 파군을 명궁으로 놓고 본다면 형제궁(사궁)엔 태양이 있고 천이궁(자궁)엔 천상이 있다.

파군(주왕)은 일단 어떤 것에 빠져들면 '정사를 돌보지 않고 충신을 멀리하고 간신을 가까이하여 날이 갈수록 백성들의 생활이 곤고해지는' 성질이 있다.

쉽게 말하자면 파군은 마음먹은 일이 있을 때는 뒤 한번 돌아보지 않고(정사를 돌보지 않고) 돌진하는 성격이 있고, 주위 사람들의 말에는 아랑곳하지 않고(충신을 멀리하고) 자기 고집대로 하며, 자기에게 이익이 되는 사람들의 말만 듣다가(간신을 가까이하여) 결국에는 파산할(백성들의 생활이 곤고해질) 소지가 있다는 것이다.

(3) 탐랑은 달기를 상징한다

달기는 본래 꼬리가 아홉 개 달린 여우였다. 여우가 사람으로 변했다. 그것도 주왕을 홀릴 정도로 고혹적인 미녀로 변했다. 여기에서 우선 탐랑은 변신을 잘한다는 것을 알 수 있다. 필요할 때 자기를 변화시킬 수 있는 것이 탐랑의 특징이다.

자미나 무곡, 태양 같은 별들은 변화를 힘들어한다. 반면에 탐랑은 변화에 능숙하다. 그래서인지 탐랑이 좌명한 여성들은 화장술을 통해 자기를 놀랍도록 변화시킨다.

여우가 사람으로 변할 정도의 놀라운 변화와 변신의 능력은, 흔히 연극배우나 탤런트, 영화배우에게서 많이 나타난다. 그들은 배역에 따라 전혀 다른 모습으로 바뀌는데, 이러한 달기의 본질적인 속성 때문에 탐랑은 예술적인 재능이 있는 경우가 많다.

또 자기 변신을 통해 뭇남성을 유혹하는 것도 역시 탐랑의 장기 중 하나이다. 여우에서 사람으로 변하는 극에서 극으로의 변화와 신축성, 변신이야말로 사교에는 필수적인 것이다. 온갖 종류의 사람들과 사귀려면 각 사람에게 맞추어 대할 수 있어야 한다. 여우에게는 여우처럼, 사람에게는 사람처럼 변하는 탐랑(달기)이야말로 전설 속에서 가장 유능한 사교계 인물이라고 하겠다.

탐랑에게 예술적인 속성이 있음은, 달기가 백읍에게 접근한 것으로도 알 수 있다. 백읍의 거문고 소리를 듣고 다가간 것은 달기뿐이었다. 깊은 밤에 들려오는 거문고 소리의 아름다움에 취해 소리가 나는 쪽으로 갔던 달기는 확실히 음악적인 감각이 있었던 것이다. 다른 사람들이 다 잠든 시간에도 미세한 거문고 소리에 반응할 수 있었던 놀라운 예술적인 감각이 달기로 하여금 백읍에게 다가가게 했던 것이다.

거문고를 켜고 있는 백읍에게 반한 것 또한 달기의 심미안(審美眼)을 확인시켜주는 대목이다. 아름다움에 반한다는 것은 예술가의 공통 심리현상이다. 그래서인지 탐랑은 예술적인 속성이나 미적인 감각을 지니고 있다.

그리고 구천현녀의 명을 받아 은나라를 멸망시키는 목적을 달성하는 달기의 모습에서, 탐랑은 자기의 이익을 위해서는 수단과 방법을 가리지 않는다는 것을 알 수 있다.

달기가 질투심으로 인해 황비호의 처 가부인(태음)을 죽게 한 것을 통해서도 알 수 있듯이, 탐랑이 좌명한 여성에게는 확실히 질투심이 많은 경향이 있다. 태음(가부인)이나 천부(강황후)는 탐랑에게 당하기 쉽다. 특히 태음은 더욱 그러하다.

그러나 뛰는 놈 위에 나는 놈이 있는 법. 천하를 손에 잡고 흔들던 달기(탐랑)도 결국 강태공(천기)에게 죽은 것처럼, 탐랑이 그렇게 능란해도 천기의 지혜 앞에서는 꼼짝도 하지 못한다.

탐랑은 또 신기한 것을 좋아하고 호기심이 많으며 신선술을 좋아한다. 그래서 종교나 역학·기공·철학 등에 관심이 많은데, 이것은 달기를 보면 금방 알 수 있다. 탐랑으로 상징되는 달기는 본래

이 세상 사람이 아니라 선계(仙界)의 사람이 아닌가? 본성이 선계의 사람이기 때문에 그러한 것을 좋아하는 것이다.

또 달기가 있는 곳에서는 주색이 떠나지 않았다. 그래서 『자미두수전서』「탐랑편」을 보면 탐랑이 해자궁에 있으면 범수도화(泛水桃花)니, 탐랑이 인궁에서 타라와 동궁하면 풍류채장(風流綵杖)이니 하는 도화격국이 많이 이루어지고, 자미와 탐랑이 동궁하면 도화범주라고 하여 대표적인 도화격국이 된다고 나와 있는데, 이 모두는 탐랑(달기)의 본질이 주색의 화신 그 자체이기 때문이다.

■ 여기서 짚고 넘어갈 문제가 있다

자미두수의 전설은 결국 달기(탐랑)와 주왕(파군)의 이야기이다. 두 사람의 만남은 전설의 구조상 필연적인 것이었지만, 주왕은 결국 달기 때문에 죽고 달기도 주왕 때문에 죽고 말았다. 달기와 주왕의 관계는 창조적·건설적인 관계와는 거리가 먼, 파괴적이고 자기 파멸로 가는 관계였던 것이다.

이것은 『자미두수전서』에서 누누이 강조하고 있는 다음과 같은 말과도 일치한다.

"탐랑이 파군을 만나면 주색에 빠져서 목숨을 잃는다."
"탐랑이 파군을 만나면 겉만 번지르르하게 된다."
"신명궁에서 탐랑이 파군과 동궁하면 남자는 마시기 좋아하고 도박으로 방탕하며, 여자는 중매도 없이 혼자 시집가고 음란하게 사통하며, 가벼우면 애인을 따라 떠돌아다니고 무거우면 창기로 놀아난다."

전설이 허언이 아님을 말해주는 구절들이다.

(4) 천량은 이천왕을 상징한다

이천왕은 백번을 싸워도 죽지 않아, 결국 하늘의 부족한 천신을 보충하기 위해 살아 있는 채로 하늘로 올라갔다. 그래서 천량은 '오래 사는 별'이고, 오래 사는 사람은 노인이니 노인을 主하며, 노인성이라고도 한다.

또한 천량은 봉흉화길의 별이기도 하다. 전설 속의 인물 중 전쟁터에서 가장 오래 산 사람이 아마 이천왕일 것이다. 살벌한 전쟁을 백번씩이나 했다니, 이천왕(천량)은 매우 흉하고 험한 일생을 살았던 것이다. 단지 죽지 않고 하늘로 올라갔다는 것에서 약간의 위로를 받을 뿐이다.

이러한 이천왕의 본질 때문에 천량은 봉흉화길의 의미를 담고 있는데, 실상은 천량이 화길(化吉)하기 위해서는 백번의 싸움을 거쳐야 한다는 숨은 의미도 담겨 있다.

그래서 천량은 일생 동안 흉험한 일이 많은 삶을 살게 될 여지가 많다. 그렇지만 이천왕이 끝내 죽지 않았듯이 하늘이 무너져도 늘 솟아날 구멍이 생기게 된다.

(5) 천기는 강태공을 상징한다

강태공은 무왕의 훌륭한 막료였다. 그래서 천기는 대표적인 막료의 별이라고 할 수 있다.

강태공은 노년에야 발탁이 되었다. 그래서 천기는 만발(晚發)의 성질이 있는 별이다. 강태공은 부인 때문에 늙도록 때를 만나지 못하고 불우하게 보냈다. 그래서 천기는 전설 속의 어느 별보다 배우자의 영향을 많이 받는 별이다.

강태공에게는 초인적인 지혜가 있었다. 그래서 천기는 지혜의 별이다. 그런데 그 지혜의 바탕이 된 것은 '곤륜산의 깊은 산속에서 수련한 선도'였으므로, 천기가 좌명한 사람은 선도(仙道 : 종교 · 철학 · 심령술 · 역학 · 정신과학 · 초심리학 등등)에 관심이 많다. 천기가 명궁인 사람 중에 역학을 업으로 하거나 역학에 관심이 있는 사람이 많은 것은 이와 무관하지 않다.

강태공은 무왕(무곡) 시절에 빛을 발했으므로, 천기는 인간관계나 감정상 무곡과 만나면 상보상성하여 더욱 창조적인 일을 할 수 있음을 전설을 통해서 엿볼 수 있다.

(6) 무곡은 무왕을 상징한다

무왕은 형 백읍과 아버지의 꿈을 이어받아 은나라를 멸망시키는 일을 이루었다. 평생의 과업이 은나라를 멸망시키는 일이었으므로 무왕은 전쟁을 치르는 날이 많았다.

일개 지방 호족에 불과했던 주나라가 강성한 은나라에 맞서 싸웠으니, 보좌하는 신하가 있었다고 해도 은나라를 물리쳤던 무왕의 인생은 고독 그 자체였을 것이다. 그래서 무곡은 고독의 의미가 있는 별로 유명하다.

그리고 문왕이 이루지 못했던 일을 끝내 이루어냈으니, 무곡은 실천력이 아주 강한 별이기도 하다.

주왕은 결국 무왕에게 무릎을 꿇고 마는데, 이 전설로 미루어볼 때 파군이 좌명한 사람과 무곡이 좌명한 사람이 거래를 한다면, 객관적으로 파군이 힘이 강하다 해도 결국에는 손해를 본다고 할 수 있겠다.

(7) 태양은 비간을 상징한다

비간은 자기의 결백을 증명하기 위해 심장을 꺼내 보이기까지 했으며, 폭군의 기세를 두려워하지 않고 항상 충언으로 주왕에게 권고했다.

비간의 이러한 성격은 전형적인 태양의 모습이라고 할 수 있다. 원칙을 위해서는 융통성이 전혀 없는 별이 태양이다. 그래서 항상 곧이곧대로 행동하며, 대의나 명분에 맞지 않으면 직언을 서슴지 않는 경향이 있다.

이러한 속성 때문에 태양은 본의 아니게 남의 일에 간섭하게 되는데, 간섭을 하는 것도 자신의 문제보다는 공적인 일이나 대의명분·원칙이 관련된 경우가 많으므로, 태양은 정치와 관계가 많다고 볼 수 있다.

또 태양에게는 심장을 꺼내 보여줄 정도로 정정당당하고 떳떳한 공명정대의 속성이 있다.

비간은 폭군인 주왕에게도 충직한 태도로 일관했는데, 그래서 태양은 복무정신이 강하다. 은나라 왕실이라는 조직에 십분 충성을 바치고 최선을 다하는 비간의 모습을 통해서 태양이 복무정신이 투철하다는 것을 알 수 있고, 이러한 속성 때문에 공적인 계통 즉 국가공무원이나 교사·교수·변호사 등에 적합하다고 할 수 있다.

(8) 천동은 문왕을 상징한다

문왕은 이름이 시사하는 바와 같이 문(文)에 능한 왕이었지 무(武)에 능한 왕은 아니었다. 그래서 천동은 문인이 그렇듯 부드럽고 원만하며 온순한 별이다.

문왕은 백읍과 밀접한 관계가 있었다. 그래서 천동은 자녀와 가정을 중시하는 경향이 있다.

문왕은 아들을 죽인 원수를 갚기 위해 절치부심하기는 했어도 결국 병사함으로써 목표를 달성하지는 못했다. 그래서 천동은 시작은 있으나 끝이 없는 용두사미의 속성이 있다.

그러나 무왕이 주왕을 물리칠 수 있었던 것은 아버지 문왕이 선발했던 군사·장군·충신·모사들 덕분이었다. 이것으로 미루어 천동은 인간관계를 조화롭게 이루어나갈 수 있음을 알 수 있다.

(9) 거문은 마천금을 상징한다

마천금은 남과 다투기 좋아하고, 남편의 일거수일투족을 간섭하고 의심하며, 트집잡을 일이 없으면 칼로 문지방이라도 잘랐다고 했는데, 이러한 성격은 거문의 속성을 잘 그려내고 있다.

거문은 '시비'를 主로 한다. 의심이 많은 것도 거문의 특성이며, 말이 많고 남의 말을 잘 믿지 않으며 트집을 잘 잡는 경향이 있다. 또한 승부근성이 강해 남에게 지기 싫어한다.

마천금은 결국 자살했는데, 실제로 거문은 실의에 빠지면 자살할 가능성이 높은 별이다. 『전서』에도 "거문이 화성·경양과 만나면 결국 목매달아 죽는다"라고 씌어 있다.

(10) 천상은 문태사를 상징한다

문태사는 주왕의 충신으로 국무총리의 자리에 있었고 군사력도 장악하여 대원수까지 겸임했으며, 죽어서는 충성과 돈후의 의미를 주관한다고 했다.

폭군 밑에서 국무총리와 대원수까지 지낸 것을 보면, 문태사는 임금에 대한 충성심이 대단한 인물이었음을 알 수 있다. 이러한 문태사의 속성 때문에, 자미두수에서는 천상을 인성(印星)이라고 하여 황제의 주변에서 옥새를 맡아 결재하는 역할을 하는 별로 보고 있다. 그만큼 황제(윗사람)의 신임이 두텁고, 그러한 신임 때문에 전권을 위임받을 수 있는 것이다.

달기 때문에 이성을 잃은 주왕이 정사를 그르침으로써 끝내 나라가 피폐해짐을 보면서도, 자기 욕심을 챙기기보다는 나라를 위해 변함없이 충성하고 결국 전쟁터에서 전사하는 문태사의 모습은 천상의 성격 그대로라고 할 수 있다.

또 다른 충신 비간(태양)과 문태사(천상)는 서로 비슷한 점이 많다. 다만 비간의 성격이 문태사보다 훨씬 직선적이고 주동적인 측면이 강하고, 문태사는 그렇지 못하다는 차이가 있을 뿐이지, 공의나 대의명분을 위해 충성을 다하고 목숨을 버리는 면은 비슷하다고 할 수 있다.

인간관계의 궁합 여부는 위에서 설명한 다른 부분들에 비추어 생각해보면 될 것이다.

(11) 칠살은 황비호 장군을 상징한다

황비호 장군은 용감한 사람이었다. 그래서 칠살도 용감하다.

아내 가부인이 주왕의 색욕 때문에 희생되었다는 소식을 듣고 황비호 장군은 노기충천했는데, 이것을 보면 칠살은 자기 감정을 숨기지 않고 드러내며 직선적이고 성격이 불같다는 것을 알 수 있다.

주나라에 투항하여 도리어 은나라를 공격했다고 하니, 한 나라의 장수가 적에게 투항하여 자기편을 공격하게 된 것은, 이유야 어떻든 엄청난 격변과 전환이라고 할 수 있다.

그래서 칠살은 거대한 변화를 主로 한다. 칠살은 살파랑(칠살·파군·탐랑) 삼성(三星)의 핵심으로 변화를 主로 하고 있으며 반역정신이 아주 풍부하다.

또한 황비호(黃飛虎 : 날아다니는 호랑이)라는 이름을 보면 호랑이가 가지고 있는 무섭고 용맹한 이미지에 속도감까지 붙어 있는데, 이 이름을 통해 칠살의 용감하고 저돌적이며 속전속결하는 시원시원한 면모를 엿볼 수 있다.

황비호 장군(칠살)은 아내 가부인(태음)을 끔찍이 사랑했으니, 칠살이 좌명한 남자는 태음이 좌명한 여자에게 목숨을 바칠 뿐만 아니라, 여자 때문에 인생관이나 가치관이 바뀔 수 있음을 암시하고 있다는 것도 더불어 주의해 보도록 하자.

(12) 태음은 가부인을 상징한다

가부인은 젊고 아름다워 달기와 비견되는 미인이었다고 한다. 그래서 태음이 좌명한 사람은 대개가 아름답다.

달기의 입장에서 볼 때 가부인은 눈엣가시였다. 그래서 태음이 좌명한 사람은 탐랑이 좌명한 사람에게 눈엣가시와 같은 존재가 될 소지가 있다.

가부인은 달기의 음모 때문에 죽었다. 그래서 태음은 탐랑이 좌명한 사람에게 사기를 당하거나 그의 계략에 걸려들기 쉽다.

가부인은 술에 취한 주왕에게 겁탈을 당할 뻔했다. 그래서 태음이 좌명한 사람은 호시탐탐 노리는 파군이 좌명한 사람에게 심지어 겁탈(몸만 아니라 정신, 재물, 기타 여러 방면으로)까지도 당할 수 있다는 것을 생각해볼 수 있다.

가부인은 주왕을 피하다가 결국 궁밖으로 몸을 던져 죽었다. 이러한 정절 때문에 태음에게는 일종의 결벽증이 있을 수도 있다.

죽은 후에도 가부인은 어떤 성좌도 거절하고 청유한 월궁에 머물렀다. 이를 보면 태음이 깨끗한 것을 좋아하고 때묻기를 아주 싫어한다는 것을 알 수 있다.

또 인류에게 예술적인 영감과 낭만을 주고 온화함과 고향을 떠올리게 하는 어머니 같은 달에 가부인이 머무는 것을 보면, 태음이 심미적인 안목이 있고 예술적인 것을 좋아하며 낭만적인 것을 동경하고 어머니와 같은 모성애가 있음을 알 수 있다.

(13) 천부는 강황후를 상징한다

강황후는 매우 현숙한 부인으로 재능이 있었으며 남편인 주왕을 도와 선정을 베풀게 했다. 그리고 고향의 풍부한 물산을 궁으로 가지고 왔으며, 자비로움으로 사람을 대했다.

강황후가 상징하는 별 천부에도 이러한 속성이 있다.

천부는 재능이 있고, 내조를 잘하며, 재고(財庫)라는 별칭에 어울리게 의록(衣祿)이 풍족하다. 성격도 관후하고 자비롭다.

그러나 주왕이 처음에는 선정을 베풀다가 나중에는 달기에게 빠져 정사를 그르쳤듯이, 천부가 좌명한 여명은 실제로 남편이 무능해지거나 바람을 피워서 가정을 돌보지 않는 경우가 많다.

또한 강황후가 달기 때문에 남편도 잃고 황후로서의 권력도 잃었듯이, 천부는 탐랑과의 인간관계에서 내적·외적인 측면 모두 손실을 입기 쉽고, 탐랑의 질투심으로 인해 손해를 보기 쉽다.

(14) 염정은 비중을 상징한다

간신 비중은 적지 않은 충신과 현사들을 무고하여 죽게 하고 주왕에게 아부하여 전횡을 일삼더니, 죽어서도 왜곡을 관장하는 신이 되었다.

비중이 충신과 현사들을 무고하여 죽게 한 것은 권력에 대한 집착 때문이었다. 그래서인지 염정은 집착이 강한 별이다. 게다가 전횡하려는 성향도 강하다.

다시 말하면 자기 마음대로 하려는 마음이 아주 강한데, 그렇게 하려면 자기를 막는 사람이 없어야 한다. 만약 누군가 자기를 방해하면 어떤 방법을 쓰든지 반드시 처단해야 하며(비중이 충신들을 무고하여 죽게 했던 것처럼), 그러다 보면 결국 자기만 홀로 남아 전횡을 일삼게 되는 것이다.

요즘 말로 말하면 공주병과 왕자병에 걸리기 쉬운 별이 염정이다. 경쟁자가 있다는 사실을 참을 수 없고, 모든 사람의 시선과 마음을 자신에게로 집중시켜 자신을 떠받들게 하려는 성격이 강한 것이다.

그래서 염정이 좌명한 사람은 사람을 모으는 능력, 즉 조직력이 있으며 자기를 위주로 성을 쌓고 자기 패밀리를 만들어 그 안에서 왕 노릇 하려고 하는 경우가 많다.

이런 성향은 인간관계에서도 무의식중에 표출되어, 상대방의 시선을 모아서 자기 영역 안에 놓고 자기 뜻대로 조종하려는 경향이 강하다.

그러나 이러한 비중(염정)도 결국 강태공(천기)에게 죽은 것처럼, 염정 위에는 천기가 있다.

9. 명반 바라보기

　십사정성에는 나름대로 질서가 있다. 이것을 사대 계통, 즉 네 가지 계통 또는 네 가지 갈래라고 한다.

① 자부염무상(紫府廉武相) 계통
② 살파랑(殺破狼) 계통
③ 거일(巨日) 계통
④ 기월동량(機月同梁) 계통

　십사정성은 무조건 이 네 가지 계통 중의 하나에 속하게 된다. 계통은 흔히 격국이라고 한다(앞으로는 격국으로도 쓸 것이다).
　'자부염무상'이란 자미·천부·염정·무곡·천상을, '살파랑'은 칠살·파군·탐랑을, '거일'은 거문·태양을, '기월동량'은 천기·태음·천동·천량을 약자로 쓴 것이다.

십사정성을 네 가지로 구분하는 이유는, 네 가지 격국마다 뚜렷한 특징이 있어서 그 성질을 파악하는 데 용이하기 때문이다.

1) 기본명반에서 본 사대 계통

네 가지 격국에는 일정한 규칙이 있다. 자미신궁의 기본명반을 기준으로 네 가지 격국에 담겨 있는 의미를 살펴보도록 하자.

陽 巳 子	破 午 夫	機 未 兄	紫府 申 命
武 辰 財	紫微가 申宮에 있을 때		陰 酉 父
同 卯 疾			貪 戌 福
殺 寅 遷	梁 丑 奴	貞相 子 官	巨 亥 田

기본명반에서 보면 자부염무상 계통과 살파랑 계통은 삼방에서 서로 만나거나 동궁하거나 중첩되는 일이 많은데, 거일·기월동량과는 전혀 만나지 않는다. 다시 말하면 자부염무상과 살파랑 8星은 삼방사정에서 무슨 일이 있어도 기월동량과 거일의 6星을 만나지 않는다. 이것이 기본규칙이 된다. 반드시 기억하도록 하자.

그리고 자부염무상과 살파랑이 삼방사정에서 서로 만나거나 중첩되듯이, 기월동량과 거일도 서로 만나거나 중첩되는 일이 있다. 이것은 궁합을 볼 때 상당히 유용한데, 가령 자부염무상·살파랑은 서로 궁합이 맞기가 쉬우나 기월동량·거일은 그 속성과 성질이 다르기 때문에 궁합이 맞기가 쉽지 않다. 반드시 그런 것은 아니고 기본적으로 그러하니 참고 정도로 알아두기 바란다.

이제 기본명반을 가지고 네 가지 격국 간의 우열에 대해서 설명해보도록 하겠다. 기본명반을 가지고 설명하는 것은, 이것을 만든 옛사람들의 관점이 여기에 녹아들어 있다고 생각하기 때문이다.

(1) 자부염무상 계통

자부염무상(紫府廉武相)은 명궁의 삼방에 배치되어 있다. 배치만으로도 자부염무상이 격국 중 최고의 지위와 최고의 파워를 가지고 있음을 알 수 있다.

내가 있는 곳(명궁)에 자부염무상의 배치가 있다.

그런데 기본적으로 자미와 염정, 무곡은 어떤 명반에서든 고정적으로 삼방에서 만나게 된다. 그래서 '자부염무상'에서 염정과 무곡을 제외하고 '자부상격(紫府相格)'으로 줄여 부르기도 한다.

자부상격에 대해서 옛사람들은 '식록만종(食祿萬鐘)' 또는 '종신복후지삼공(終身福厚至三公 : 죽을 때까지 복이 두텁고 삼공의 지위에까지 이른다)'이라고 표현했다.

이 星들의 중심은 자미이다. 고대사회에서는 과거에 급제해서 벼슬하는 것이 가장 큰 출세였다. 식록만종이니 종신복후지삼공이니 하는 말들은, 자부를 명궁에 넣고 삼방에 염무상을 배치한 계통이 야말로 고대사회에서의 '출세'에 유리한 조합이기 때문에 나온 것들이다.

이는 오늘날에도 여전히 유용하다고 할 수 있지 않을까?

(2) 살파랑 계통

살파랑(殺破狼)은 천이궁을 중심으로 한 삼방사정에 칠살을 위시로 삼방에서 파군과 탐랑을 만나 이루고 있다.

천이궁이란 결국 나의 '바깥'으로서 고향이 아니라 타향이고, 익숙한 곳이 아니라 낯선 곳을 의미하는 궁이다. 옛사람들에게 낯선 곳은 두렵고 불안정한 것으로 비쳐졌을 것이다.

칠살에 대한 설명에서 다시 언급하겠지만 칠살은 사망성이라고도 하는데, 이러한 관점은 타향 곧 고향을 떠나는 것은 삶과 같은 긍정적인 것이 아니라 사망과 같은 부정적인 것으로 인식되었기 때문이다.

글자에서도 알 수 있듯이, 살(殺 : 죽일 살)과 같은 살벌한 의미로 인해, 칠살을 위시로 한 살파랑 조합은 네 개의 격국 중에서 가장 강력한 의미를 담고 있다.

그래서 현대적으로는 대개 살파랑에 '개창' '창조' '변혁' '변동' 등의 의미가 있다고 본다. 실제로 대한이나 유년에서 살파랑을 만나면 변화가 많다.

기본명반을 살펴보면 명궁의 삼방사정 중 사정에 칠살이 걸려 있어 4분의 1의 위치를 차지하고 있다. 따라서 네 개의 조합 중에서 서열 2위를 차지하고 있음을 알 수 있다.

그리고 1·3·5·7·9·11의 양수(陽數) 궁에 자부염무상과 살파랑이 위치해 있으며, 이 宮들에만 신궁(身宮)이 들어간다는 사실을 유념해두자. 옛사람의 관점으로 볼 때 가장 밀접한 궁에 있어야 할 별들이 자부염무상과 살파랑이었다는 것을 알 수 있다.

(3) 거일 계통

거일(巨日)은 서열 3위이다.

기본명반의 설명에서 자기 외에 가장 중요한 것이 태양이라고 했다. 태양은 십사정성 중에서 유일하게 빛을 내는 별이기 때문에, 태양이 없으면 명반 전체가 어두워진다.

태양은 내가 죽은 후 뒤를 잇는 자식을 상징하며, 거문은 전택궁에 있으면서 시비와 구설을 主로 한다. (자식은 또 자궁(전택궁)에서 나오지 않는가!)

이 둘은 기본명반에서 서로 마주보고 있는데, 그래서 거일 계통은 빛을 내되 시비와 구설의 근원인 말이나 언어로 어둠을 밝히는 교육과 언론, 어둠과 같은 악을 몰아내는 사법 계통 등에서 일하는 경우가 많다.

또 거일에는 직접적인 생산이나 직접적인 소비가 아닌, 중간에서 교량역할을 하는(교육 또한 그렇다) 중개나 전달의 의미도 있다. 그래서인지 거일 조합이 이루어진 사람들은 전달하는 능력이 뛰어나, 현대의 상업주의사회에서 대리점이나 도매업을 하는 경우로 나타나기도 한다.

거일은 또 경쟁의 의미도 담고 있다. 그래서 거일 조합은 경쟁성이 있는 직업에 유리하다.

그런데 왜 거일에 경쟁의 의미가 있을까? 그것은 거문이 승부근성이 강한 별이고 태양도 역시 지기 싫어하는 별의 하나이므로, 둘이 만났을 때 서로 경쟁하는 것은 당연하다고 볼 수 있겠다.

다른 의미로 생각해본다면, 자식(태양)이란 수많은 정자들의 경쟁 속에서 승리한 것만이 난자와 결합하여 자궁에 착상함으로써 태어나게 된다. 따라서 태양은 경쟁의 의미가 있다고 볼 수 있다. 기본명반의 전택궁 자궁(거문)에서 경쟁적인 시비 결과 승리한 것이

곧 자식궁의 자식(태양)이므로, 거일 조합은 경쟁의 의미가 있다고 할 수 있는 것이다.

(4) 기월동량 계통

기본명반에서 기월동량(機月同梁)은 음수궁(陰數宮)에 있으면서 형노선, 부질선에 있다.

이 네 궁 중에서 노복궁에서 천기·태음·천량으로 기월동량 조합 중 4분의 3이 만나게 된다. 그래서 기월동량은 노복궁을 담당하는 격이라고 한다.

『전서』에도 '기월동량 작리인(機月同梁 作吏人)'이라고 해서, 기월동량격은 하급관리가 된다는 말이 있다. 노복이란 아랫사람이고, 관리 중에서 하급관리는 고급관리의 노복에 불과한 사람이며, 노복의 특징은 결국 다른 사람 밑에 있는 것이기 때문이다.

지도자가 될 수 없는 존재가 노복이다. 동시에 주인 밑에서 주인의 일을 최선을 다해 처리하는 기지와 총명함, 재주, 복종, 부드러움이 있어야 한다. 기월동량격은 대체로 이러한 속성들을 가지고 있다고 볼 수 있다.

그래서 명궁의 삼방사정에서 기월동량격이 이루어지는 사람은 직장생활로 종신(終身)하는 경우가 많다. 그리고 운에서도 기월동량운이 오면 사업에 부적합하게 되는 경우가 많고, 사업을 하는 사람이라도 현상유지에 그치거나 추진력이나 박력이 약해지게 된다.

이상으로 기본명반을 중심으로 네 개 격국의 서열을 따져보았는데, 이처럼 네 개로 그친다면 얼마나 간단하고 좋겠는가? 짐작하고 있겠지만 이 기본적인 격은 다시 복잡하게 세분된다.

예를 들어 기월동량격이 정식으로 이루어지는 경우는 기월이 인신궁에 있을 때이다. 이때는 자미·천부가 양쪽에서 협이 되기 때문에, 주인이 되는 자미·천부가 양쪽에서 기월의 부하를 호위하고 있다는 의미에서 정격(正格)의 기월동량격이 되어 비로소 작리인(作吏人)의 의미를 가지게 된다.

그러나 같은 기월동량이라도 여러 가지로 나뉜다. 인신궁의 동량이면서 기월동량이 되는 경우도 있고, 기월동량 중에서 태음이 빠지거나 천량이 빠지거나 해서 4분의 3인 기월동량격이 되는 경우, 기월동량과 거일이 만나 순수한 기월동량의 범주에서 벗어나 혼합된 격을 이루는 경우 등 복잡하게 분화된다.

격국편에서 자세히 설명하겠지만, 기월동량이 인신궁에 있지 않고 다른 宮에 있을 때에도 대체로 기월동량이라고 통칭한다. 물론 그 중에서도 기거동임격(機巨同臨格)이니 기량가회격(機梁嘉會格)이니 하는 특수한 격국의 이름을 붙이는 경우도 있다.

여기에서 설명한 것은 개략적인 데 불과하다. 이것을 숲의 전부인 양 오해하지 않기를 바란다. 기월동량을 예로 들었는데, 정도의 차이는 있지만 다른 세 가지 계통의 격국들에도 모두 이 같은 경우가 있다.

2) 전설로 본 사대 계통

(1) 자부염무상 계통

자부염무상 조합은 백읍·강황후·비중·무왕·문태사로 구성되어 있다.

비중(염정)을 빼고는 모두 선한 주인공인데, 비중도 기본명반에 혼자 두지 않고 문태사(천상)라는 충직한 충신으로 하여금 곁에서 제압하도록 배치되어 있다. 실제로 "천상은 염정의 악을 제한다"는 구절이 『전서』에도 나와 있다.

그리고 자부염무상의 다섯 개 조합 중에서 충신과 선한 주인공은 넷이나 되고 간신인 비중은 하나이니, 염정이 어떻게 해볼 수가 없다고 볼 수도 있다.

백읍은 존귀함, 강황후는 물산의 풍부함, 문태사는 충성스러움, 무왕은 무용과 재부, 비중은 집중력·결집력·조직력 등을 상징하여 자미(백읍)와 천부(강황후)의 부귀를 받쳐주고 있다.

전설에서도 부귀를 구비한 주인공들로 한 그룹을 이룬 자부염무상 격국은, 그 사회 속에서 시대를 이끌어가는 상류층으로서의 역할을 담당한다고 생각했던 것이다.

(2) 살파랑 계통

살파랑은 황비호·주왕·달기로 구성되어 있다. 자미두수 전설에서 가장 큰 역할을 한 주왕과 달기가 이 계통 속에 끼여 있으니, 살파랑이 主하는 변동·파동·불안·개창·혁신·변화 등이 어떤 것인가를 알 수 있을 것이다.

황비호(칠살)는 어제는 주왕을 섬기다가 오늘은 문왕과 무왕을 섬기는, 극에서 극으로의 변화를 한 인물이다. 살파랑은 이 황비호를 가장 첫머리에 두고 구성되어 있다. 이것은 아주 의미심장하다고 볼 수 있겠다.

실제로 살파랑은 모두 다 변화를 主하지만 칠살·파군·탐랑 세 성은 각기 모두 독특한 성질이 있어 그 변화가 매우 다양하다. 그중에서도 황비호가 상징하는 칠살은 근본적인 변화를 의미한다.

이 별은 또한 기본명반에서 천이궁에 배치되어 있는데, '천이'라함은 살던 고향이나 터에서 타향으로 움직이는 것이므로 당사자에게는 근본적이고 전혀 새로운 것이 된다. 여기에 황비호로 상징되는 칠살을 배치했으니, 공교로운 느낌마저 든다.

　게다가 파군(주왕)도 있고 탐랑(달기)도 있는데 유독 칠살만 기본명반의 천이궁에서 만나는 것도 의미가 있다고 하겠다. 자부의 충성스럽고 용감한 보디가드가 되는 칠살(황비호)만이 자부염무상과 만나고, 폭정을 일삼았던 파군이나 교태와 정욕으로 한 나라를 침몰시킨 달기와는 만나지 않고 있다.

　이런 부분은 『전서』에 "칠살이 자미를 만나면 권으로 화한다"는 말이 있는 것을 보아도 알 수 있다. 파군과 만나면 "신하는 임금에게 불충하고 아들은 아비에게 불효한다"고 하고, 탐랑과 만나면 "도화성인 탐랑이 주인인 자미를 범한다"고 표현하고는 있어도, 파군이나 탐랑이 자미를 만나면 권으로 화한다는 말은 없다.

■복덕궁이 좋지 않으면 혼인이 좋지 않다?

　이것은 여담인데, 기본명반을 보면 부처궁에는 파군(주왕)이 있고 복덕궁에는 탐랑(달기)이 있다. 어떤 학파에서는 이를 보고 복덕궁이 좋지 않으면 혼인이 좋지 않다고 주장하기도 하는데, 그것은 정신과 감정을 주하는 복덕궁이 부처궁과 삼방에서 만나므로 서로 영향을 주기 때문이다. 어느 정도 일리가 있는 말이지만, 기본명반과 전설을 배합해서 살펴보면 훨씬 재미있는 해석이 가능해진다.

　살파랑은 늘 삼방에서 만난다. 기본명반으로 보면 파군은 부처궁에, 칠살은 천이궁에, 탐랑은 복덕궁에 있다. 삼방의 영향을 보면 천이궁(칠살)이 나빠도 혼인에 좋지 않다는 말이 있어야 하는데 유독 복덕궁만 따지는 것은 복덕궁의 窗적인 의미만이 아니라고 생각한다. 오히려 전설의 해석이 훨씬 피부에 와닿지 않을까 싶다.

　주왕(파군)은 달기(탐랑)로 인해 폭군이 되었고 급기야 나라까지 말아먹었다. 그러나 황비호(칠살)에게는 그다지 영향받은 게 없다. 따라서 파군(기본명반의 부처궁)은 삼방의 칠살·탐랑 중에서 탐랑(복덕궁)의 영향에 결정적으로 좌지우지될 수밖에 없다.

이것이 결코 허튼소리가 아니라는 것은 『전서』의 설명을 유심히 보면 알 수 있다. 살파랑 중에서 파군은 칠살보다 오히려 탐랑과 만나지 않는 게 더 좋다는 구절들이 적잖이 있다.

"파군이 탐랑을 만나면 우물바닥에 닿도록까지 음란한 감정이 왕성하다."

"탐랑이 파군을 만나면 주색에 빠져서 목숨을 잃는다. 탐랑이 파군을 만나면 겉만 번지르르하게 된다."

"신명궁에서 탐랑이 파군과 동궁하면 남자는 마시기 좋아하고 도박으로 방탕하며, 여자는 중매도 없이 혼자 시집가고 음란하게 사통하며, 가벼우면 애인을 따라 떠돌아다니고 무거우면 창기로 놀아난다."

이 정도면 파군과 탐랑이 사이가 나쁜 관계라는 것이 이해되었을 것이다. 그런데 원수가 외나무다리에서 만나는 것처럼 파군과 탐랑은 서로 삼방에서 만난다. 그리고 공교롭게도 살파랑은 서로가 서로에게 좋은 관계가 아니다.

칠살(황비호)은 자기 아내를 죽게 만든 파군(주왕)에 대한 적개심으로 불타고 있고, 탐랑(달기)에게는 나라를 망하게 한 장본인이라 하면서 적의를 드러낸다.

파군(주왕)은 파군대로 칠살(황비호)을 자기를 배신하고 은나라로 투항한 배신자라고 생각한다. 또 탐랑(달기)은 결국 자기를 패망에 이르게 한 존재이니 이성(理性)적으로는 역시 탐탁지 않은 존재이다.

탐랑(달기)의 입장 역시 마찬가지이다. 파군(주왕)은 구천현녀의 원한을 갚아야 할 존재이며, 자기가 황비호의 아내 가부인을 죽게 했으니 황비호와도 사이가 좋을 리 없다.

이렇듯 불협화음이 일어나기 쉬운 세 명의 주인공들이 모여 살파랑을 이루니 변동과 변혁이 없을래야 없을 수가 없는 것이다. 그래서 다른 조합보다 일을 내도 크게 내고 사고를 쳐도 크게 치는 경향이 있다.

이렇듯 옛사람들에게 좋은 평가보다는 나쁜 평가를 받기 일쑤였던 살파랑이, 현대사회에서는 오히려 득세하기 쉬운 특성을 갖고 있으니 이 격에 대한 새로운 평가가 필요한 것 같다.

(3) 거일 계통

거일은 마천금과 비간으로 구성되어 있다. 한 사람은 입으로 자기와 남편을 망친 사람이며, 한 사람은 입으로 나라를 살리려고 애쓰다가 그것 때문에 결국 자기를 죽인 사람이다.

둘 다 말로 자기를 망치거나 죽였지만 질적으로는 아주 다르다. 한 사람은 사욕을 위해서, 한 사람은 정의와 공의를 위해서 말을 사용했던 만큼 함께 뭉뚱그려 말할 수는 없다.

그런데 여기에 중요한 사실이 있다. 거문은 반드시 태양에 의지해야 한다는 것이다. 그래야만 거문이 가지고 있는 어둠을 해소할 수 있기 때문이다. 거문은 본래 암성(暗星)으로 다른 별들을 어둡게 하는 특징이 있다.

이것은 마천금을 생각해보면 금방 알 수 있다. 마천금이 있는 곳이면, 강태공이든 누구든 분위기가 어둡게 되고 시비구설이 끊이지 않았다. 따라서 거일 조합에서 거문(마천금)은 반드시 태양(비간)의 빛과 열의 도움을 받아야만 어두움(이기심, 다른 사람을 방해하는 본성, 시기, 질투, 구설 등)을 해소하고, 태양과 더불어 격으로서의 역할을 해낼 수 있다.

따라서 거문을 볼 때는 반드시 태양이 묘왕지에 있어 거문의 어두운 속성을 해소하고 있는지를 살펴야 한다. 태양이 함지에 있으면 거문의 어두움을 해소시키지 못하므로 결국 태양이 힘을 못 쓰고 거문의 본질만 부각되게 된다. 이런 명은 대개 일생 동안 시비구설이 끊이지 않는다.

이런 것을 보면 자미두수의 星의 구조나 배합, 격의 배합 등에 묘한 조화가 숨어 있음을 느끼게 된다. 염정 같은 악성은 그냥 두어서는 안 되기 때문에 기본명반에서 천상의 선성이 제하고 있고, 여기에서도 거문 같은 악성을 혼자 둘 수 없으니까 태양 같은 별에 의지해서 움직이도록 배치되어 있으니(기본명반에서는 거일이 서로 마주 보고 있다), 참 공교롭다는 생각이 든다.

어쨌든 마천금은 자기 욕심을 위해 나서고 비간은 나라를 위해 나선다는 차이가 있지만 둘 다 나선다는 사실 하나는 같다. 그래서 거일 조합은 남 앞에 나서서 두각을 나타내는 것을 좋아한다.

남 앞에 나서기 좋아하는 사람치고 지려는 사람이 없다. 그래서 거일은 경쟁적인 성향이 강하며, 승부근성이 강한 속성이 있다.

그리고 거일은 핵심이 태양에 있기 때문에 사적인 일보다는 공적인 경향이 많다. 주로 공직이나 교직 같은 공적인 분야, 언론·방송·외교 등에 적합한 경우가 많다.

(4) 기월동량 계통

기월동량은 강태공·가부인·문왕·이천왕으로 구성되어 있다. 강태공의 지혜, 가부인의 정결함, 문왕의 온유함과 덕, 이천왕의 장수. 이 네 명의 주인공들은 모두 성격이 온순하고 착하다. 선한 주인공들이며 악역을 맡지 않았다.

이천왕(천량)은 수많은 전쟁을 치르고도 결국 죽지 않았는데, 여기에서 어떠한 어려운 상황에서도 크게 상처 받거나 세파에 시달리지 않는 평온함이 엿보인다. 이것은 기월동량의 한 특징이기도 하다.

주왕의 추파를 피해 자살한 가부인(태음)의 청렴결백함, 그러나 적극적으로 대처하지 못한 데서 나타나는 소극적인 성향, 죽은 후 하늘나라의 성계로 갔을 때에도 꼭 달(월궁)을 고집한 까다로움과 섬세함 역시 기월동량의 한 특징이다.

강태공을 비롯한 많은 재사와 장군, 현인들을 발탁하여 주나라의 터를 닦은 문왕의 처세술과 인간관계의 조화와 복, 이것 역시 기월동량의 한 특징이다.

마지막으로 초인적인 지혜와 세상을 꿰뚫는 안목, 명보좌관과 참모로서의 역할을 묵묵히 담당했던 강태공으로 대변되는 천기의 지혜 역시 기월동량의 중요한 특징이다.

기월동량의 본이름인 천기 · 태음 · 천동 · 천량을 살펴보면 태음을 제외한 모든 이름에 하늘 천(天) 자가 붙어 있다. 십사정성 중 하늘 천 자가 붙은 별은 천부 · 천상 · 천기 · 천동 · 천량 다섯 개인데, 속성은 달라도 모두 선한 별이라는 공통점이 있다. 그 중에서도 세 개가 기월동량 계통에 있다. 그래서 기월동량을 '천자(天字) 그룹'이라고 부르기도 한다.

10. 명반을 보는 몇 가지 규칙

1) 차성안궁

府 巳	同月 午	武貪 未	巨日 申
辰			相 酉
貞破 卯	紫微가 亥宮에 있을 때		機梁 戌
寅	丑	子	紫殺 亥

앞의 도표를 보고 한 가지 질문을 해보자.

기량이 술궁에 있으면서 명궁이라면 인오술궁과 진궁이 삼방사정이 되는데, 진궁과 인궁에 정성(正星)이 없으면 어떻게 해야 할까?

이런 경우 별을 빌려다 써야 한다.

인궁에 정성이 없으니, 인궁의 대궁인 신궁의 거일을 빌려다 써야 한다는 것이다. 즉 신궁에서 빌려쓴 거일이 인궁에 있다고 가정하는 것이다. 진궁에도 정성이 없으니 이런 식으로 하면 술궁의 기량을 끌어다가, 즉 빌려다 써야 한다.

이것을 차성안궁(借星安宮 : 별을 빌린다)이라고 한다.

그런데 이때 문제가 생긴다. 별의 묘왕리함표에 의하면 신궁의 거문은 묘(廟), 태양은 함(陷)이라고 되어 있고, 인궁에서는 거문과 태양 모두 廟로 표시되어 있다.

차성안궁할 때 이 두 별의 힘의 강약은 신궁에 있을 때와 같을까, 아니면 인궁으로 거일이 넘어왔으니 인궁의 묘왕리함을 사용하게 되는 것일까?

정답은 인궁에서 신궁의 거일을 끌어다 쓸 때 힘의 강도도 거일의 것을 같이 가져와 쓴다는 것이다.

이렇게 이해하면 좀더 쉬울 것이다. 기본명반의 성계들은 선천적이라고 할 수 있다. 선천적으로 강약이 이미 정해져 있다는 것이다. 따라서 인궁에 정성이 없어 신궁의 거일을 끌어다 쓴다면, 거일이 선천적으로 가지고 있는 힘까지 빌려다 쓰는 것이 된다.

다른 경우도 모두 마찬가지이다.

그리고 또 하나 기억해야 할 것은, 가령 위의 예에서 신궁의 거일이 다른 보좌성과 잡성을 가지고 있다면 그것까지 모두 다 빌려다 쓴다는 것이다.

이는 매우 중요한 의미를 지닌다. 얼핏 보아서는 삼방사정에 육길성이 없는 것 같은데, 차성안궁해서 육길성이 비치는 경우도 있으니 정말 조심해야 하는 것이다.
　특히 명궁이 신궁의 거일이라고 하면 재백궁·관록궁·천이궁이 모두 비게 되는데, 이런 경우는 차성안궁의 법칙을 기억해서 그 대궁의 星을 정성뿐만 아니라 육길성, 육살성 및 잡성까지 모두 끌어다 쓴다는 것을 꼭 기억해야 한다.

	祿左 存輔 官祿宮		天孤紅右封 空辰鸞弼誥
寡天鈴文文天天 宿月星昌梁機 　　旺廟 　　　科			
			解陰文 神煞曲 　　陷 財帛宮
巨日 忌 命宮		歲三台太天 破台輔陰同 　　　廟旺 　　　祿權	

　위의 명반을 살펴보자. 인궁이 명궁이라면 거문화기에 태양만 있고, 재백궁에는 육길성의 하나인 문곡과 잡성인 해신과 음살만 있으며, 관록궁에는 녹존과 좌보밖에 없다. 천이궁에도 정성은 없고 우필과 몇 개의 잡성만 보여, 언뜻 보기에는 썩 좋은 명반이라고 할

수 없다.

그러나 차성안궁하여 이 명을 보면 다르게 보일 것이다. 우선 재백궁에 정성(正星)이 없으므로 공궁(空宮)이 된다. 기억하겠지만, 십사정성을 기준으로 정성이 없으면 무조건 공궁이다. 따라서 공궁인 재백궁(술궁)의 대궁인 복덕궁(진궁)의 별을 빌려와야 한다.

복덕궁 중 무엇을 빌려와야 할까? 모두 다 빌려와야 한다. 그래서 진궁의 천기화과 · 천량 · 문창 · 영성 · 천월 · 과숙을 다 가져온다. 진궁의 천기는 廟, 천량은 旺이라고 되어 있는데, 이 힘의 강도까지 모두 술궁으로 옮겨온다.

술궁에 이런 별들이 있다고 가정하고, 명궁(인궁)의 거일이 진궁의 기량을 삼방사정에서 만나지는 않지만 술궁으로 차성안궁해서, 인궁의 거일은 재백궁에 본래 있던 문곡 · 음살 · 해신뿐만 아니라 천기화과 · 천량 · 문창 · 영성 · 천월 · 과숙을 다 만나게 된다.

또 관록궁(오궁)에는 좌보와 녹존만 있어 정성이 없는 공궁인데, 자궁의 태음화록 · 천동화권 · 태보 · 삼태 · 세파를 다 차성안궁하여 그대로 오궁으로 가져오면, 명궁 거일은 관록궁에서 좌보와 녹존만 보는 것이 아니라 자궁에서 빌려온 태음화록 · 천동화권 · 태보 · 삼태 · 세파를 다 보게 된다.

즉 차성안궁해서 보면 명궁의 삼방사정에서 태음화록 · 천동화권 · 천기화과를 다 보기 때문에, 이를 간과한 채 명궁의 거문화기만 보고 나쁘다고 판단했다가는 큰 실수를 범하게 된다.

격국을 볼 때에도 인궁(명궁) 거일의 경우, 거일과 차성안궁해서 기월동량을 만나므로 거일과 기월동량의 두 격이 중첩되는데, 이것은 운을 볼 때 더욱더 그러하다. 예를 들어 운의 삼방사정을 볼 때 그대로 보면 악살이나 화기가 비치지 않는데, 차성안궁하면 육살에 화기까지 비치는 경우도 있다.

따라서 차성안궁법을 모르면 자미두수는 전혀 감을 잡을 수 없게 된다.

이뿐만 아니라 십사정성의 별에 대한 설명으로 내가 어느 宮에 무슨 별이 있나를 살필 때에도, 명궁이 공궁이 되면 반드시 대궁의 정성을 기준으로 살펴봐야 한다.

2) 성을 볼 때의 규칙

우선 기본명반을 놓고 살펴보자.

陽 巳 子	破 午 夫	機 未 兄	紫府 申 命
武 辰 財	紫微가 申宮에 있을 때		陰 酉 父
同 卯 疾			貪 戌 福
殺 寅 遷	梁 丑 奴	貞相 子 官	巨 亥 田

자미두수 명반을 볼 때 반드시 고려해야 하는 부분이 있다. 십사정성에는 저마다 독특한 성질이 있는데, 그중에서 특별히 주의해야 할 몇 가지 星이 있다는 점이다.

(1) 천상

앞의 기본명반을 보면 자궁에서 염정과 천상이 동궁하고 있다. 어떤 星과 동궁하고 있든 천상은 반드시 협궁을 보아야 한다. 십사정성 중에서 협궁을 중시하는 별은 천상 하나뿐이다.

천상은 별의 특징상 협의 영향을 가장 많이 받는데, 그것은 천상이 황제의 옥새와 같은 역할을 하기 때문이다. 그 옥새로 폭군이 결재를 하면 사람을 죽이는 도장이 되고, 성군이 결재를 하면 사람을 살리는 도장이 된다.

누구의 손에 들렸는가가 중요하지 도장 자신은 아무런 힘이 없는 것과 같이 천상의 속성도 그러한 것이다. 그래서 천상은 반드시 협궁을 살펴야 한다.

그리고 천상은 항상 천부의 상황을 통해 그 부(富)의 정도를 본다. 그래서 봉상간부(逢相看府 : 천상을 만나면 천부를 보라)를 규칙으로 삼는다.

천상이 명궁이면 천부는 항상 재백궁에 있게 된다.

(2) 천부

앞에서도 언급했지만 천부와 천상은 짝성으로, 천부를 볼 때에도 반드시 천상을 살펴야 한다. 소위 봉부간상(逢府看相 : 천부를 만나면 천상을 보라)이라는 규칙이다.

천부 자체도 중요하지만 천상의 상황도 아주 중요하게 작용하므로, 천상의 삼방사정이 흉한가 길한가, 천상의 협궁이 좋은가 나쁜가를 반드시 살펴서 천부의 길흉을 정해야 한다는 것이다.

이것이 두 번째 규칙이다. 천부가 명궁이라면 관록궁에는 반드시 천상이 있게 된다. 즉 천부가 있으면 먼저 본궁과 더불어 관록궁의 천상을 보고 길흉을 살펴야 한다는 것이다.

(3) 태양

기본명반에서 태양이 사궁에 있을 때 태양의 삼방사정에 어떤 별이 있는가를 살펴보라!

태양의 재백궁엔 천량, 태양의 관록궁엔 태음, 태양의 천이궁엔 거문이 배치되어 있다.

자미두수 명반에서 태양의 위치는 자미와 천부 다음으로 중요하다. 태양이란 만물에게 열과 빛을 주는 유일한 별로, 이 별이 어두우면 삼라만상에게 치명적인 영향을 미치게 되기 때문이다.

만약 태양이 춥고 어둡다면 모든 별이 생기를 잃어버리게 될 것이다. 그러므로 기본적으로 태양은 중요한 역할을 하고 있다고 말할 수 있다.

그런데 태양의 묘왕리함(태양의 묘왕지는 인궁부터 미궁까지, 함지는 신궁부터 축궁까지)에 밀접하게 영향을 받는 星이 있다. 그것은 앞의 기본명반에서 보듯이 태양의 삼방사정에 걸려 있는 별들, 즉 천량·거문·태음이다. 이 세 星은 태양이 묘왕지냐 함지냐에 따라 큰 영향을 받는다.

먼저 태음은 좀 독특한데, 축미궁에서 태양과 동궁하는 경우를 제외하면 언제나 태양과 같다. 즉 태양이 묘왕지에 있으면 태음도 묘왕지에 있고, 태양이 함지에 있으면 태음도 함지에 있다.

그러므로 태음의 길흉은 태양이 묘왕지냐 함지냐에 따라 밀접한 관계를 갖는다. 결국 태음이란 태양의 빛을 반사하는 역할을 하기 때문이다. 빛을 반사한다는 핸디캡이 있기는 해도 태음은 태양 다음으로 중요한 별이라고 할 수 있겠다.

다음, 천량을 살펴보자. 천량은 본래 고극(孤剋)의 속성이 있어서 살을 많이 만나면 좋지 못한 형극이나 우여곡절이 많다. 이 천량 자체의 고극적인 속성을 풀기 위해서는 따뜻한 열을 가진 태양이 필요하다.

  천량의 이와 같은 고극한 성질의 해소 여부는 태양이 묘왕지에 있느냐 그렇지 않느냐로 결정된다. 태양이 함지에 있으면 태양이 힘을 쓰지 못해 발산하는 열이 부족하므로 천량의 고독하고 형극적인 차가운 성질을 해액시키지 못하게 된다. 이러한 경우는 일생 동안 천량의 고극적인 속성이 유감없이 발휘되어 좋지 않은 경우가 되는 것이다.

  물론 살을 많이 볼 때에 한하기는 하지만, 기본적으로 태양의 영향을 많이 받는다는 것을 알 수 있다. 그래서 천량을 볼 때는 항상 의식적으로 태양을 살펴야 한다.

  마지막으로 거문이다. 거문은 암성(暗星)이라는 별칭을 봐도 알 수 있듯이 다른 별을 어둡게 가리는 속성이 있다. 그 어두움으로 거문은 항상 다른 별들로부터 시비와 구설을 불러일으킨다. 이 거문을 구하려면 태양의 밝은 빛으로 어두움을 몰아내야 한다.

  그래서 거문을 볼 때는 태양이 묘왕지에 있느냐 함지에 있느냐를 반드시 살펴야 한다. 태양이 묘왕지에 있으면 거문의 어두운 본질을 해소시켜 시비와 구설이 창조적이고 건설적으로 승화된다. 그러나 태양이 함지에 있으면 그 빛이 부족하여 거문의 어두운 본성이 유감없이 발휘되므로, 일생 동안 시비와 구설에 휘말리거나(물론 살이나 화기 등도 함께 봐야 한다) 문제가 발생하게 된다. 그래서 거문을 볼 때도 반드시 태양의 묘왕리함을 살펴야 하는 것이다.

  기본명반에서 이 세 星들은 공교롭게도 사궁 묘왕지의 태양의 빛과 열에 의지하고 있다.

  태음은 더욱 빛을 발하고 있고, 천량은 고극적인 모습을 해액시키고 있으며, 거문은 거문대로 어두운 본성이 태양빛에 의해 밝혀져 다들 제자리에 앉아 있다.

　이렇게 보면 자미두수의 기본명반은 인궁에 자미·천부가 있는 명반보다 신궁에 자미·천부가 있는 명반이 더 맞다고 보여진다.

11. 십이궁의 의미

　자미두수의 독특한 부분 중의 하나가 바로 십이궁이다. 자미두수의 최소단위는 星과 宮이라고 할 수 있는데, 그중 먼저 宮에 대해 살펴보자.
　명리에서는 가령 재(財)가 깨졌다고 하면, 돈이 깨지는 것인지, 여자가 깨지는 것인지, 편재라면 아버지가 상하는 것인지 구분하기가 상당히 모호하다. 그러나 자미두수에는 재백궁과 부처궁······ 부모궁이 서로 다른 위치에 있기 때문에 명리처럼 불확실한 경우는 드물다.
　하나만 더 예를 들어보자, 질병이나 사고를 추론할 때 명리를 어설피 하면 '질병 아니면 사고 아니면 관재······ 아니면 상(喪)을 당한다'는 식의 광범위한 해석을 하게 되는데, 자미두수는 질병이면 질액궁, 사고면 천이궁(다른 부가조건이 있기는 하지만 일반적으로 그렇다는 것이다), 관재면 관록궁 등으로 나누어지기 때문에 명리에 비해 사안이 어느 정도는 분명하다.
 자미두수는 본명의 십이궁, 대한의 십이궁, 유년의 십이궁, 유월의 십이궁, 유일의 십이궁, 유시의 십이궁이 있어서 십이궁이 겹쳐지게 된다. 언뜻 보기에는 매우 복잡하지만 원리를 알면 십이궁의 중첩현상을 통해 굉장히 새로운 사실을 알아낼 수 있게 된다.
 예를 들어 본명의 형제궁과 대한의 재백궁이 겹쳐져 있는데 거기에 돈을 의미하는 무곡화기라는 별이 있다면, 대충 '형제 때문에 돈을 깨겠다'는 식으로 판단할 수 있고, 또 본명의 질액궁과 대한의 부처궁이 겹쳐져 있으면서 그 궁으로 살이 치면, '남편이 아프다' 또는 '부인이 아프다'는 식으로 판단할 수 있다.
 이런 재미있는 예는 아주 많은데 나중에 설명하기로 하고, 우선은 십이궁의 기본적인 의미부터 살펴보자.

■ 십이궁의 음양 구분
① 명　궁(命　宮) : 남자(양) 혹은 여자(음)의 명
② 형제궁(兄弟宮) : 형제(양) 혹은 자매(음)
③ 부처궁(夫妻宮) : 남편(양) 혹은 부인(음)
④ 자녀궁(子女宮) : 아들(양) 혹은 딸(음)
⑤ 재백궁(財帛宮) : 財는 금전(양), 帛은 의복·수표·계약(음)
⑥ 질액궁(疾厄宮) : 疾은 오장육부 질병(양), 厄은 돌발사고(음)
⑦ 천이궁(遷移宮) : 遷은 가까운 이동(양), 移는 먼 이동(음)
⑧ 노복궁(奴僕宮) : 奴는 종·노예(양), 僕은 심부름꾼(음)
⑨ 관록궁(官祿宮) : 官은 지위(양), 祿은 지위에 따른 녹봉(음)
⑩ 전택궁(田宅宮) : 田은 구입 개발(양), 宅은 보유(음)
⑪ 복덕궁(福德宮) : 福은 행복(양), 德은 음덕(음)
⑫ 부모궁(父母宮) : 父는 아버지(양), 母는 어머니(음)

1) 명궁

명궁(命宮)으로는 본인의 성격과 성향, 외모의 특징 등을 파악하는 것부터 시작해서 격국, 命의 좋고 나쁨 등 전체적인 상황을 파악할 수 있다.

실제로 명궁에 있는 별만 가지고도 그 사람이 어떤 기질을 가지고 있는지, 어떤 사상을 가지겠는지, 성격은 어떨지 등을 대충 짐작할 수 있는 경우가 많다.

그래서 본명을 보든 운을 보든 항상 명궁이 기준이 된다. 명궁은 십이궁의 총사령관과 같다고 할 수 있겠다.

예를 들어 명궁의 삼방사정에서 어떤 특수한 격국이 형성되면, 부처궁이 아무리 좋아도 혼인이 좋지 않다거나, 질액궁이 아무리 좋아 보여도 일평생 병으로 골골한다거나, 부모궁을 보지 않고도 고독지명이요 두 부모를 모시든지 형제가 없거나 하는 사항을 알 수 있다. 그만큼 명궁이 중요하다는 것이다.

다음은 명궁에 대한 중요한 관점을 제시한 자운 선생의 글이다.

두수(斗數)명반상 논명할 때는 반드시 명신궁의 조합격국을 살피고 난 후 이 두 개의 중점 궁위를 근거로 다시 전체 명반을 추론하고 분석해야 한다.

그러나 명신궁의 조합이란 명리적으로 속성상의 유형을 대표할 뿐이지 그것으로 장래에 어떻게 된다고는 말할 수 없다. 이러한 유형은 그 유형을 충분히 발휘할 수 있는 양호한 기연을 만날 때 비로소 성취될 수 있다. 따라서 선천적인 명리의 조건과 후천적인 배합이 불가결하다.

예를 들어 명신궁에 양양창록격인 사람이 박사학위를 받을 수 있으려면, 교육제도가 보편화된 사회에서 학교를 다닐 수 있어야 하고, 정규

학교교육을 시킬 수 있는 가정에서 태어나야 한다. 그래야 천부적인 총명함과 호학(好學)함이 환경과 배합되어 재능을 펼칠 수 있다.

만약 그가 아프리카의 오지에서 태어나 일생 동안 문명사회와 격리된 황무지에서 산다면, IQ가 160 이상이라 해도 그의 총명과 재주는 동료보다 수렵을 더 잘하거나 새나 짐승을 잡는 재주가 뛰어난 것으로밖에는 표출되지 않을 것이다.

기타 궁위도 역시 마찬가지이다. 이것은 구리조각에 어떤 촉매제를 투입하느냐에 따라 서로 다른 화합물이 만들어지는 것과 같은 이치이다. 똑같은 명격도 환경이 다르면 다른 현상과 결과를 초래하게 되는 것이다.

그러므로 본인에 대한 개인적인 배경을 알지 못하는 상태에서는 명리상의 유형만을 추론할 수 있을 뿐이지 근본적으로 어떠한 단정적인 판단은 할 수 없다.

■ 신궁

신궁(身宮)에 대해서는 고전에 언급이 별로 없다. 그러나 필자는 임상경험상 신궁이 아주 중요하다는 확신을 가지게 되었다.

대만의 두수 명가 자운 선생의 글을 다시 인용해본다.

일반적인 두수명반상 명궁은 선천이라 하고 신궁은 후천이라 한다. 그러나 선천과 후천이 진정으로 무엇인지는 분명하게 말하지 못하고 있다.

명궁과 신궁은 모두 한 개인이 날 때부터 갖고 있는 천분 즉 총명과 재지(才智)와 성격 등을 반영한다. 그러나 이런 관점으로만 본다면 실제로 명궁을 선천, 신궁을 후천이라고 구별하기는 어렵다.

신궁은 이러한 생래적인 특징 외에 작용상 명리운에 대해 일종의 조정작용을 하는 능력이 있다. 이 능력은 나이가 들수록 더욱 커지는데, 이것이 신궁과 명궁이 명리작용상 양면이 되는 원인이 된다고 볼 수 있다.

　이러한 조정작용으로 인해 신궁 궁위의 왕약이나 길흉은 종종 운의 흥쇠와 기복에 중대한 영향과 작용을 하는데, 중년 이후의 운에 더욱 큰 영향을 끼친다.

　실제로 중년 후에 더욱 흥발하는 경우는 대부분 신궁이 아주 왕하고 길하다. 반대로 신궁이 약하고 흉하면 대개 중년 이후에 운세가 점점 쇠약하거나 무슨 사업을 하든지 좋지 않은 성과가 나타난다.

　인용이 조금 길어졌지만 신궁이 명궁과 운에 대한 조정작용을 하는 것만큼은 분명하다. 후반생에 대한 신궁의 영향력 역시 거의 확실한 것으로 보인다.

　그런데 자운 선생이 언급하지 않은 내용으로 필자가 확인한 바에 의하면, 신궁(身宮)은 글자 그대로 '몸의 궁'이라고 할 수 있다. 따라서 몸에 관계되는 사고나 질병, 심지어 당사자가 아닌 아내나 자식·부모·형제가 아프거나 사고가 나는 경우에도 신궁이 관계된다.

　예를 들어 신체장애자의 명반을 보면 대부분 질액궁이 깨끗해도 신궁에서 살이 많이 비치거나 질병성계가 비치고 있는 것을 볼 수 있다(예) 참고).

　여자가 임신을 해서 아이를 낳는 과정에서도 몸의 궁인 신궁이 관계되는 경우가 많았다.

　또한 자운 선생도 지적했듯이, 신궁은 성격적인 측면의 조정작용도 하고 있어 명궁의 정성만으로 성격을 판단하면 안 맞는 경우가 있다. 명궁에 정성이 없을 때는 신궁에 있는 정성의 영향력이 더욱 커져서 기본적인 성격도 신궁의 정성의 속성을 그대로 나타낸다.

　신궁은 항상 1·3·5·7·9·11위의 宮에만 들어가는데, 이런 궁에 신궁이 들어가면 그 궁에 대한 의미를 가강시키는 의미가 있다.

궁 위에 또 다른 궁이 겹쳐지는 것이니, 상식적으로 생각해도 뭔가 더해지지지 않겠는가.

예를 들어 관록궁에 신궁이 있다면 특별히 사업적인 측면에 관심이 많다거나, 재백궁에 있으면 경제적인 측면에 신경을 많이 쓴다거나, 부처궁에 있으면 감정문제에 특별히 비중을 많이 둔다거나 하는 것이다.

• 예) 소아마비(하반신을 못 씀)

破孤恩三天天天天文天 碎辰光台巫姚鉞曲相 天蜚旬　平旺廟平 福廉空 奏歲喪　5~14　39丁 書驛門【命】　絶巳	天陰天右天 官煞喜弼梁 　　旺廟 飛息貫　15~24　40戊 廉神索【父母】　胎午	天年台鳳龍七廉 月解輔閣池殺貞 　　　　旺廟 喜華官　25~34　41己 神蓋符【身福德】養未	紅天大左 艶才耗輔 　　　平 病劫小　35~44　42庚 符煞耗【田宅】　生申
天巨 空門 　平 　權 將攀晦　　38丙 軍鞍氣【兄弟】墓辰	命局：金4局 命主：文曲 身主：文倉		天八文 虛座昌 　　廟 大災歲　45~54　43辛 耗煞破【官祿】　浴酒
天封天貪紫 哭誥魁狼微 　　廟地旺 　　　　忌 小將太　　49乙 耗星歲【夫妻】死卯			天天地火天 傷壽空星同 　　陷廟平 伏天龍　55~64　44壬 兵煞德【奴僕】　帶戌
太天 陰機 閑旺 　科 青亡病　95~　48甲 龍神符【子女】病寅	截寡天天擎天 空宿貴刑羊府 　　　　廟廟 力月弔　85~94　47乙 士煞客【財帛】衰丑	解天紅祿地太 神使鸞存劫陽 　　　　旺陷陷 博咸天　75~84　46甲 士池德【疾厄】旺子	天鈴陀破武 廚星羅軍曲 　　廟陷平平 　　　　　祿 官指白　65~74　45癸 府背虎【遷移】冠亥

자궁의 태양에 녹존이 있고 지겁이 동궁하며 보필을 보고 있어 질액궁이 거의 살을 보고 있지 않다. 그러나 명신궁으로 살성이 많이 비친다. 신궁인 미궁의 염정과 칠살은 대궁에서 경양과 천형이 비치고 있고 삼방에서 타라와 영성을 보며 탐랑화기에 천형과 천월이 비치고 있다.
　질액궁은 깨끗하지만 명신궁, 특히 신궁이 좋지 않아서 신체장애가 된 실례이다.

2) 형제궁

　형제궁(兄弟宮)은 흔히 형제의 수, 형제의 길흉, 형제와의 관계 등을 파악하는 궁이다.
　자운 선생은 형제궁에 대해 다음과 같은 독특한 관점을 제시하고 있다.

　고금의 명리에서는 형제궁이 대부분 형제간 정분의 후박과 수의 다과에 편중되어 해석되었다. 그러나 이 宮의 중점은 비단 이러한 관심사 뿐만이 아니다. 명궁의 인접 궁위이므로 이 궁 속의 星의 강약과 기세는 반드시 명궁에 작용을 하게 된다.
　이것으로 인접 궁의 중요성이 부족하다면 다시 부모궁과 형제궁이 협보하여 영향을 조성한다. 그래서 인접 궁위의 협보궁의 중요성을 강조하는 것이다.
　인접궁의 星이 만약 모두 묘왕이면, 명궁은 커다랗고 견고한 기반 위에 빌딩을 건축하는 것과 같아서, 한쪽은 산을 의지하고 한쪽은 절벽이어서 항상 붕괴의 위험이 있는 곳에 빌딩을 짓는 것보다 더 견고하고 안

전할 것이다. 이것은 아주 기본적인 이치인데, 어떤 궁위가 만약 강왕한 좌우 궁의 협보를 받는다면 두수에서 논하는 묘왕리함의 길리(吉利)한 궁이 되는 것이다.

윤리성과 교육성의 관점으로 각도를 바꾸어 말해보면, 한 개인이 장성할 때까지 부모·형제자매와 같은 집에서 살면서 언행을 비롯한 모든 것에 잠재적으로 영향을 받는 것이라고 말할 수 있다.

심리학적으로 개인의 인격형성은 가정으로부터 받는 영향이 가장 크다. 그런데 인격이란 개인의 일생을 결정하는 것이므로 상당히 중요한 작용을 한다.

그래서 나는 이 궁으로 정의 후박 외에 두수명반 궁위 간의 호동작용(互動作用) 방면을 고려한다. 때로 형제궁의 길흉이 한 명조의 일생의 명운에 상당한 정도의 영향으로 작용하는 것이다.

형제궁에 대한 자운 선생의 관점은 매우 훌륭하다.

여기에 몇 가지를 더 추가하자면, 형제궁으로 어머니의 상황을 볼 수 있다. 이 宮이 어머니궁이 되는 이유는, 부모궁을 아버지궁이라고 할 때 형제궁은 아버지의 부처가 되기 때문이다.

얼핏 터무니없는 것처럼 보이겠지만 추론을 해보면 틀림없음을 확인할 수 있다. 형제궁에 있는 星의 성질을 그대로 대입해서 어머니의 성격을 추단해보면 거의 맞아떨어진다. 또한 어머니가 아프다거나 무슨 문제가 생길 때 형제궁이 항상 인동(引動)되는 것을 보면 의심의 여지가 없다.

형제궁은 또한 말 그대로 육친의 형제를 의미하기도 하지만, 사회생활을 통해 만난 동문이나 동창, 동년배 등도 의미한다. 친구와 관계되는 문제에는 반드시 형제궁이 인동되는 것을 보면 이 관점 역시 정확한 개념이라고 하겠다.

3) 부처궁

부처궁(夫妻宮)은 부부간 금실의 좋고 나쁨, 아내의 성격과 외모, 결혼생활의 행·불행 등을 파악하는 궁이다.

확실히 부처궁이 나쁘면 결혼생활에 문제가 있는 경우가 많다. 그러나 결혼의 호괴문제를 부처궁만으로 판단하면 큰 착오를 범하게 된다.

왜냐하면 명궁이 고극적인 격국으로 이루어져 있으면 부처궁이 아무리 좋아도 이혼하거나 생리사별하는 경우가 많기 때문이다. 그러므로 항상 명신궁과 같이 판단해야 실수하지 않는다는 사실을 명심해야 한다.

그리고 명궁을 중심으로 한 나머지 열한 개 궁은 모두 명궁인 당사자가 가지고 있는 의식형태를 의미한다는 자운 선생의 관점도 참고할 만하다.

예를 들어 전택궁은 내가 전택에 대해 가지고 있는 의식형태, 형제궁은 내가 형제에 대해 가지고 있는 의식형태 등을 의미한다는 것이다.

이런 관점에서 볼 때 부처궁은 내가 아내에 대해 가지고 있는 의식형태를 의미한다. 가령 천기와 태음이 부처궁에 있으면 섬세하고 호리호리하며 아름답고 순발력 있는 아내를 원하고, 살파랑 계통의 별이 부처궁에 있고 살이 비치면 능력이 있고 도전적이며 고도의 전문기능을 가진 아내나 남편을 원한다는 식으로 추리해볼 수 있다는 것이다.

이런 관점으로, 다시 말해서 원하는 아내나 남편을 부처궁의 성계를 가지고 판단해보았을 때 신기하게 맞아떨어지는 것을 경험할 수 있었다.

4) 자녀궁

자녀궁(子女宮)으로는 자녀를 몇 명 낳을지, 아들인지 딸인지, 자녀와 나와의 연분은 어떠한지, 신체장애나 정신지체아의 자식을 두겠는지, 자녀의 품격이나 사회적 지위는 어떠할지, 어떠한 성향의 자녀를 두겠는지 등을 파악한다. 그러나 자녀의 수에 대한 문제는 현대의 가족계획으로 인해 맞지 않는 경우가 많으므로 함부로 판단해서는 안 된다.

중주파에서는 자녀궁으로 후배와의 인간관계를 보기도 한다. 여기에서 후배란 문하생과 같은 제자, 또는 자신이 도움을 베풀 수 있는 조수나 비서 같은 아랫사람을 뜻한다.

필자는 스님의 명에서 자녀궁이 과연 어떤 의미가 있는지를 고민한 적이 있는데, 그때 중주파의 논리를 적용해 자녀궁으로 상좌가 있을지, 상좌의 성향은 어떨지 판단해보았다. 이런 관점도 일리가 있었으므로 참고해보기 바란다.

5) 재백궁

재백궁(財帛宮)은 돈을 많이 벌겠는지, 돈을 번다면 어떤 식으로 벌지, 돈의 규모는 어떠할지, 돈이 모아질지 등을 파악해보는 궁이다.

십이궁 중 財와 관련된 宮은 재백궁 외에도 복덕궁, 전택궁이 있다. 전택궁은 말 그대로 田과 宅을 주관하는 궁이므로 부동산에 관한 것을 보면 된다. 복덕궁은 취재(聚財) 궁위, 돈을 모아두는 궁위, 돈이 나오는 궁위이다(복덕궁을 투자 궁위라고도 한다). 똑같이 財와 관계된 궁이지만 재백궁은 동산(動産)에 해당되어 직접적으로 돈을 버는 궁이 된다.

예를 들어 장사해서 버는 돈과 주식투자를 해서 버는 돈은 보는 궁이 다르다. 장사해서 버는 돈은 재백궁으로 보고, 주식과 같은 투자나 투기를 통해서 버는 돈은 복덕궁으로 보는 것이다.

그러나 이것도 명신궁을 도외시하고 재백궁만 본다면 잘못 판단할 수 있다. 항상 명신궁을 중심으로 모든 것을 판단해야 함을 잊지 말아야 한다.

6) 질액궁

질액궁(疾厄宮)은 疾과 厄을 보는 궁이다. 疾이란 질병을 말하고, 厄이란 사고나 재액을 뜻한다. 즉 疾은 내적인 질병(陰)을, 厄은 외래적인 사고(陽)를 뜻한다.

그러나 몇 명의 명반만 살펴봐도 질액궁만으로 질병을 판단하는 것이 과연 맞는지 하는 의문을 갖게 될 것이다. 결론부터 말하자면 질액궁만으로 질병을 판단했다가는 열 명에 서너 명도 맞추지 못하는 경험을 하게 된다.

질액궁이 아주 강하고 좋아도 신체장애자인 경우가 있는가 하면 평생 골골하는 사람이 있고, 질액궁이 아주 나빠도 평생을 건강하게 보내는 사람이 있다.

그렇다면 질액은 어떻게 판단해야 할까?

자운 선생은 이러한 모순에 대해 20년의 논명경험을 바탕으로 결론을 내리고 있다. 질액을 판단할 때는 반드시 본인의 어머니와 아버지의 생년을 참고해서, 명반 중에 어떤 宮이든 星에 악살이 집중되고 화기가 집중되어 있으면(이때 부모의 생년으로 사화를 돌려 참조한다) 그것으로 병을 판단한다는 것이다. 질액궁은 단지 병에 대한 저항력, 체질을 판단하는 것에만 국한시키고 있다.

중주파에서도 이와 비슷한 관점을 찾아볼 수 있는데, 질액을 볼 때 십이궁의 한계를 타파해야 질액의 추산에 도움이 된다는 관점이 그것이다. 원국의 무슨 궁에서든지 '병성(病星)'을 찾아서, 병성이 어느 대한이나 유년에 의해 살기형모성(煞忌刑耗星)을 만나고, 또 대운이나 유년의 질액궁·명궁·복덕궁에 떨어지면 질병이 발생한다고 보는 것이다.

그리고 질병을 볼 때에는 반드시 명궁·질액궁·복덕궁을 같이 봐야 한다고 주장한다. 질액궁은 기본적으로 봐야 하고, 명궁은 당사자의 명의 특징을 보는 것이므로 병을 추단할 때 사용할 수 있는데 생사의 안위 등을 볼 때 사용하며, 복덕궁은 정신향수와 물질향수를 主하는 궁이므로 실연이라든지 성불구·정신병 등을 볼 때 사용한다는 것이다.

그러나 필자의 경험으로 볼 때, 질병의 추산은 신궁과 질액궁, 그리고 천월(天月), 병부(病符) 등을 보아 판단하는 것이 좋다.

질병이 발병하거나 수술을 하는 경우에는 반드시 신궁과 질액궁 또는 천월이나 병부와 같은 잡성들이 걸리는데, 이 별들은 중주파에서 말하는 '병성'에 해당되는 별이다. 이런 宮과 星에 사화와 살이 인동되면 질병이 발생하는 것을 수없이 경험했다.

그리고 앞에서 말한 질(疾)적인 측면뿐만 아니라 액(厄)적인 측면, 즉 사고나 상해(傷害)의 경우에도 천이궁·질액궁·신궁이 관계되는 것을 보면, 질액궁이라고 해서 꼭 질병만을 보는 것이 아니라 외부적인 사고나 재액을 볼 때도 필요한 궁이라는 것을 알 수 있다.

질액궁은 아주 튼튼하지만 명신궁으로 악살이 비치면서 병부나 천월 등이 비치면 병치레를 많이 하게 되는데, 심지어는 신체장애가 되는 경우도 있다. 또 명신궁의 조합이 좋고 천월·병부·천형과 같은 별이 비치면 간호사나 의사가 되는 경우가 많다.

　이것을 보면 천월이나 병부가 잡성이기는 해도 질병과 관계되는 문제에서는 아주 큰 작용을 한다는 것을 알 수 있다. 특히 명궁보다 신궁으로 악살이 비치고 천월·병부 등이 함께 비치면 몸이 약하거나 병치레를 하는 것을 볼 수 있다.

7) 천이궁

　천이궁(遷移宮)은 말 그대로 이동이나 이사, 여행, 출장 등의 길흉을 나타낸다. 또 타향이나 외국으로 나갈 때의 길흉과 함께 활동무대에서의 인간관계 등을 본다.

　가령 명궁과 사업궁·재백궁은 불길한데 천이궁의 삼방사정이 아주 좋다면, 이 사람은 천이함으로써 취길피흉할 수 있다. 또 만약 그 반대라면 움직이는 것보다는 가만히 있는 것이 낫다.

　자운 선생은 천이궁으로 동업관계와 인간관계를 본다고 주장하는데, 이것 역시 참고할 만하다. 실제로 천이궁이 좋지 않으면 인간관계가 좋지 않음을 많이 경험한다.

　또한 동업관계를 본다는 말도 틀리지 않다. 왜냐하면 천이궁은 직접적으로 명궁에 영향을 주는데, 어떤 일에 대한 길흉에 직접적인 관건이 되는 것이 명궁이므로 형제궁이나 노복궁(전통적인 견해대로라면 동업은 이런 궁들로 본다)이 아무리 좋아도 명궁이 좋지 않으면 동업은 실패하기 때문이다.

　그러나 개인적으로는, 동업은 반드시 파군·천상·형제궁·노복궁을 봐야 한다고 생각한다. 천이궁으로 동업의 길흉을 판단할 수 있다는 것은 동의하지만, 동업 여부에 대한 근본적인 문제는 파군 · 천상 · 형노선을 반드시 참고해야 하기 때문이다.

또한 교통사고나 재액 등은 천이궁만이 아니라 반드시 명신궁과 질액궁을 겸해서 봐야 한다(책에 보면 무조건 천이궁만을 이야기한다). 물론 단순히 천이해서 이로울 것인가의 여부만을 볼 때는 천이궁의 상황만으로도 판단할 수 있다.

책을 읽다 보면 형제궁 · 노복궁, 심지어는 자녀궁 · 천이궁으로도 인간관계를 본다고 하는데, 그 차이가 도대체 무엇인지 궁금할 것이다. 이것에 대해서 『두수신관념』의 저자 오동초는 이렇게 이야기한다.

> 형제궁은 같은 마음으로 협력하고 도움을 주는 인간관계, 즉 지원(협조)의 의미가 있다. 노복궁은 사장과 종업원의 관계를 의미하고, 천이궁은 대등한 위치의 사교접대 의미가 있다.

궁을 보는 관점은 학파마다 달라서, 자운 선생의 경우는 자녀궁을 자녀문제로만 국한시키는 반면 중주파에서는 제자나 문하생으로까지 확대한다. 어쨌든 자기와 친한가 소원한가, 직접적인 도움이 되는가, 주종관계인가 등 궁마다 다른 인간관계의 호괴를 살피는 것이 요점이라 할 것이다.

8) 노복궁

노복궁(奴僕宮)은 사장과 종업원의 관계 즉 주종관계를 파악하는 궁으로, 자신이 부리는 아랫사람과의 관계, 그들의 성질, 관계의 길흉, 손익 등을 파악한다.

현대사회에서는 이미 주인과 노예의 관계가 존재하지 않으므로 노복궁을 '교우궁(交友宮)'으로 고쳐서 부르는 학파도 있는데, 필자의 개인적인 견해로는 별로 타당해 보이지 않는다. 노예는 아니더라도 주종관계, 노사관계는 엄연히 존재하지 않는가! 진부하기는 하지만 교우궁보다는 노복궁이 궁의 본래적인 의미에 훨씬 가깝다고 생각되므로 전통적인 명칭을 쓰고 싶다.

중주파에서는 이렇게 이야기한다.

형제궁은 인간관계 중에 평배(平輩), 부모궁은 윗장배(長輩), 자녀궁은 만배(晩輩)를 의미하며 노복궁으로 비친다. (노복궁의 삼방사정을 보면 각기 자녀궁・형제궁・부모궁을 만나고 있다.) 그래서 노복궁은 이런 궁들을 종합하여 반영하고 있다.

확실히 노복궁이 좋지 않게 인동되면 아랫사람으로 인해 피해를 당하는 경우를 많이 보았다. 이 宮의 의미는 실전에서도 그대로 적용된다고 생각된다.

9) 관록궁

관록궁(官祿宮)은 사업이나 직장의 좋고 나쁨, 자기가 하는 일에 대한 의식형태나 일처리 능력 또는 수완, 어떤 종류의 일이 적합한지, 그 길흉은 어떠한지 등을 살피는 궁이다.

만약 학생이라면 시험성적이나 학교생활을 살필 수 있는 궁이기도 하다.

10) 전택궁

　전택궁(田宅宮)은 田과 宅, 즉 밭과 집을 보는 궁이다. 즉 부동산을 보는 궁이라고 할 수 있는데, 학자에 따라서는 전택궁의 星을 가지고 어떤 집에 살게 될지, 아파트인지 단독주택인지, 집 주위의 환경은 어떠한지 등을 파악하기도 한다.

　부모로부터 물려받은 부동산이 있는지, 물려받았더라도 그 부동산을 지킬 것인지 그렇지 않은지, 부동산을 장만하는 운은 어떠한지를 보는 궁이라고도 한다. 전택궁을 이용해 근무하는 사무실이나 회사의 분위기 또는 상황을 보는 학파도 있는데, 필자도 경험을 통해서 이런 관점이 틀리지 않다는 것을 확인하고 있다.

　그것은 전택궁 중에서 宅은 집이니까 더 설명할 것이 없겠고, 田이란 옛사람들의 직장이나 마찬가지였으므로 오늘날의 직장이나 사업적인 측면과 관계가 있다는 것을 간접적으로 알 수 있다. 실제로 추론을 통해서도 사업이나 직장변동이 있을 때 전택궁이 인동되는 것을 확인할 수 있었다.

11) 복덕궁

　복덕궁(福德宮)은 福과 德으로 나눌 수 있는데, 福이란 복록으로 陽으로 향수하는 것이고, 德이란 음덕으로 陰으로 덕을 입는다, 즉 보호나 가피를 받는다는 의미이다. 보통 복덕궁으로 개인의 사상활동과 정신적인 향수를 보는데, 실질적인 것보다 추상적인 것들을 파악하는 궁이라고 할 수 있다.

　학자에 따라서는 복덕궁을 복록의 후박이나 수명의 장단, 인품이나 덕성, 투기 색채의 돈 같은 것을 보는 궁이라고 하는데, 모두 나름대로 일리가 있다.

필자의 경험으로도 사망할 때 복덕궁이 걸리는 것을 보면 수명과 직접적인 관계가 있다는 것을 확인할 수 있었다. 복의 유무를 본다는 것도 틀린 말은 아니다.

12) 부모궁

부모궁(父母宮)으로는 말 그대로 부모의 상황을 본다.

부모가 부유한지 가난한지, 성격은 어떤지, 공무원인지 사업하는 사람인지, 부모와의 관계는 좋은지 나쁜지, 조실부모할 것인지 아니면 부모가 오래 살 것인지, 부모가 내게 도움이 될 것인지 아닌지 등을 부모궁으로 볼 수 있다. 학파에 따라서 윗사람을 보는 데 사용하기도 한다.

12. 십사정성의 특징

星을 이해하는 데에도 요령이 있다.

이제부터는 십사정성의 특징을 알아보겠다. 자미두수의 탁월함을 알려면 먼저 그 중심인 십사정성의 속성을 알아야 한다.

십사정성을 이해하기 위한 몇 가지 접근방법이 있다.

1) 성의 화기

『자미두수전서』를 보면 星마다 그에 해당하는 화기(化氣)를 한 글자로 표현하고 있다.

천기의 화기는 善이고, 천동의 화기는 福이며, 태음의 화기도 福이고, 염정의 화기는 囚이다. 한편 善으로 化한다, 福으로 化한다는 말이 나오는데, 이것은 '화기가 善이다' '화기가 福이다'와 같은 뜻이다.

화기란 도대체 무엇일까? 화기는 반드시 한자로 써야 한다. 사화에도 '화기(化忌)'가 있어서 한글로만 써놓으면 혼동이 되기 때문이다.

『자미두수전집』에 '제성소속화변(諸星所屬化變)'이라고 해서 星의 화기(化氣)를 설명한 것이 있는데, 이것으로 화기라는 말을 이해하는 단서를 잡을 수 있다.

화변(化變)이라는 말로도 이해되는 화기는, 말 그대로 어떤 氣로 化한다는 뜻이다. 화변도 변화한다, 변해서 무엇으로 된다는 뜻을 담고 있다.

화기를 간단하게 말하면 '星의 속성을 한마디로 표현한 별명이다'라고 할 수 있다. 예를 들어 천기의 화기는 善인데 이것은 '천기의 기운은 한마디로 선이 된다'는 뜻이고, 천동의 화기는 福인데 이것도 '천동의 기운을 한마디로 말한다면 福이 된다'는 뜻이라고 할 수 있다.

다시 정리하자면 화기란 '星의 특징을 딱 한마디로 외우기 쉽게 표현한 별명'인 것이다.

화기에 대해 장황하게 설명한 이유는, 星의 복잡한 설명을 일일이 이해하기 어려울 때 화기만 기억해두어도 星의 속성을 파악할 수 있기 때문이다.

2) 성의 오행

星의 속성을 이해하기 위한 또 하나의 도구가 星의 오행이다. 십사정성이나 육길성·육살성·잡성에는 모두 오행이 붙어 있는데,

이 오행은 星의 특징을 어느 정도 짐작할 수 있게 해준다.

가령 화성이나 영성은 오행으로 火에 속한다. 그래서 이 별들이 명궁에 앉아 있으면 성격이 불같이 급하다는 것을 짐작할 수 있다.

자미와 천부와 천량은 모두 土에 속한다. 그렇기 때문에 이 별들은 '土처럼 후중하고 두터워서 어떤 도전도 대지처럼 묵묵하게 받아들이는 저항력을 갖고 있다'는 식으로, 별의 속성을 대충이나마 알아낼 수 있다.

따라서 星의 오행은 정확히 알아두는 것이 좋다. 자미두수에서 오행의 생극제화 부분은 2권을 참조하시기 바란다.

3) 성의 주사

"태음은 전택을 主한다."
"천부는 재백을 주재한다."
"거문은 시비를 主한다."

『자미두수전서』에 나오는 말들이다. 이러한 星의 주사(主司)도 星의 속성을 이해하는 데 매우 중요한 근거가 된다.

주사란 곧 전공이 무엇인가 하는 말과 같다. 가령 친구들끼리 황무지에 집을 짓는다고 하자. 먼저 각자의 주특기대로 일을 분담할 것이다. 톱질을 잘하는 친구는 나무를 베어오고, 땅을 잘 파는 친구는 땅을 파고, 디자인을 잘하는 친구는 디자인하고……. 이렇게 주특기별로 일을 분담하는 것이 주사이다.

거문의 주사는 시비이다. 거문은 시비거는 데 일가견이 있다. 주특기가 시비라는 말이다.

이처럼 각 별들의 주특기를 알려면 주사를 알아야 한다. 주사를 이용하여 별의 색깔을 대충이라도 짐작할 수 있으니, 주사를 아는 것도 星을 이해하는 요령 중 하나라고 하겠다.

4) 성의 소속분야

星의 소속분야를 본다는 것은, 쉬운 말로 그 星이 어느 집 자식인지, 어느 족보에 속해 있는지를 본다는 의미이다.

여기에서 족보는 크게 세 가지로 나누어볼 수 있다. '남두성(南斗星)' '북두성(北斗星)' '중천성(中天星)'이 그것인데, 대부분의 星들이 남두와 북두 소속이다.

소속분야를 알아야 하는 이유는, 북두 계통의 星들은 대체로 강하고 남두 계통의 星들은 대체로 부드럽기 때문이다. 중천성은 물론 그 중간 정도가 될 것이다.

星의 강유를 파악하는 하나의 단서가 바로 북두와 남두이다. 북두와 남두는 운을 추론할 때에도 요긴하게 쓰이는 개념이니 반드시 외워두는 것이 좋다.

그래서 북두성이면 일단 약간 강한 기운이 지배적이겠구나, 남두성이면 부드러운 기운이 지배적이겠구나 하고 파악해보는 것이다.

물론 그것이 절대적인 것은 아니다. 예를 들어 칠살은 남두성인데도 강한 별이다. 따라서 예외도 있을 수 있다는 것을 항상 염두에 두어야 할 것이다.

지금까지 살펴본 특징을 표로 정리해보면 다음과 같다.

星의 化氣, 五行, 主司, 소속분야표

分野	星	化氣	主司	番號	五行	分野	星	化氣	主司	番號	五行
北斗星	紫微	帝座	官祿	主星	己	南斗星	天機	善	兄弟	一星	乙
	貪狼	桃花	禍福	一星	甲		天相	印	官祿	二星	壬
	巨門	暗	是非	二星	癸		天梁	蔭	壽星	三星	戊
	廉貞	殺,囚	官祿	五星	丁		天同	福	福德	四星	壬
	武曲	財	財帛	六星	辛		七殺	權	風憲	五星	辛
	破軍	耗	夫妻子女奴僕	七星	壬		天府	令星	財帛田宅	主星	戊
北斗助星	擎羊	刑	刑剋		庚	南斗助星	天魁	-	科星		丙
	陀羅	忌	災悔		辛		天越	-	科星		丁
	左輔	-	貴		戊		火星	暴星	刑災		丙
	右弼	-	貴		癸		鈴星	暴星	刑災		丁
	文曲	魁星	科甲		癸		文昌	魁星	科甲		辛
	祿存	-	富貴	三星	土						
中天星	太陽	化貴	官祿		丙	中天星	太陰	化富	財帛田宅		癸

＊주성, 일성, 이성 하는 것은 星의 번호인데 추론과정에는 별로 소용되지 않으나 편의상 넣었다.

■북두 남두 외우는 법

북두무정탐거파 양타좌우곡존성(北斗武貞貪巨破 羊陀左右曲存星)

남두기동량상부 화성괴월살창령(南斗機同梁相府 火星魁越殺昌鈴)

5) 전설 속의 인물

星의 성질을 머리에 새기는 가장 빠른 방법은 전설 속의 인물들을 잘 살펴보는 것이다. 너무 많아서 복잡하다 싶으면 전설만이라도 분명하게 기억하고 있으면 여러가지로 편리하다. 전설만 잘 알고 있어도 십사정성 성질의 반은 알게 된다.

6) 성의 이름

星의 속성을 파악하는 또 하나의 지름길은, 각 星이 가지고 있는 이름을 자세히 관찰하고 생각해보는 것이다. 星의 이름만으로도 그 속성을 완전히 파악할 수 있는 경우가 많은데, 염정과 파군이 대표적인 예이다.

이것에 대해서는 십사정성의 설명에서 더 자세히 살펴보겠다.

13. 십사정성의 이해

 자미두수의 모든 변화는 십사정성의 성정과 특징을 통해 일어난다. 따라서 십사정성의 본질을 꿰뚫지 못하면 자미두수 공부는 조금도 진전될 수 없다. 여기서는 십사정성에 대한 설명뿐만 아니라 십사정성끼리 조합되어 구성되는 쌍성에 대해서도 설명했다. 쌍성에 대한 설명은 대만 책에서도 보기 어려운 것으로 소중한 자료가 될 것이라고 생각한다.

1) 자미성

(1) 화기 : 제좌
자미두수의 자미란 자미성(紫微星)에서 비롯된 말이다.
『자미두수전서』의 「제성문답편(諸星問答篇)」을 보면 "자미는 존성(尊星)으로서 인생을 주재한다"고 씌어 있다. 화기(化氣)는 제좌(帝座)인데, '임금 제'에 '자리 좌'니 임금자리에 있는 별이라고 하겠다.

'帝'라는 글자 자체가 머리에 면류관을 쓰고 휘황찬란한 곤룡포를 입은 왕의 모습을 뜻한다고 하니, 자미에 어떤 성질이 있는지 글자만으로도 짐작이 된다. 이를 통해 자미는 임금처럼 위엄과 존귀함을 갖추고 있는 별이라는 것을 알 수 있다.

왕은 그 나라의 신민을 지배하고 주재하므로, "인생을 지배한다"는 「제성문답편」의 표현대로 다른 사람의 위 즉 지배적인 위치에 있기를 원하고 낮은 데 있기를 싫어한다. 또한 사람들을 이끌고 지시하며 명령하기를 좋아하지, 부림을 받거나 따라가는 것을 달가워하지 않는다. 게다가 자존심도 강하여 다른 사람이 자기의 자존심을 건드리는 것을 용납하지 못한다. 그래서 자미가 좌명하면 고고하고 리더십과 관리능력이 뛰어나며 지존무상의 자존심을 가지고 있게 된다.

자미가 좌명한 사람은 대체로 분위기('여론'과도 관계된다)를 중시하고, 명분이나 체통 또는 법통과 같은 것을 챙기느라 자기의 진심을 쉽게 표현하지 못한다. 충신이든 간신이든 어쨌든 신하의 말을 두루 들어야 하므로 자연히 귀가 얇고, 이 말 저 말 듣다 보니 치우치기 쉬우며, 또한 사실이든 아니든 단정적으로 판단하므로 흑백이 분명하다.

그러나 왕의 한마디에 나라가 흔들리니 어떤 것이든 너무 깊게 생각하여, 중대한 문제에 부딪히면 백읍이 변한 토끼처럼 도망가거나 회피하려는 본성이 드러나게 된다.

그래서 자미가 좌명한 남자와 같이 사는 여자는 부부가 함께 쇼핑을 가서 이 옷 저 옷 고르며 의견을 물어보아서는 절대로 안 된다. 항상 중립적인 말을 사용하여 긍정도 부정도 아닌 모호한 답변을 하기 때문이다.

자미는 왕의 자리에 있으므로 반드시 보필하는 현명한 신하가 있어야 한다. 그래야 바른 판단을 하고 현명한 군주로서의 역할을 다할 수 있기 때문이다. 그래서 자미가 좌명하면 보필하는 신하인 좌보·우필이 반드시 필요하다.

보필이 없는 자미는 현명한 신하가 없는 왕과 같아서 쉽게 치우치거나 결정을 그르치기 쉽고, 심하면 독단독행하는 고군(孤君)이나 폭군이 되어서 자기와 나라를 망치는 군주가 되고 만다.

그러므로 자미를 보면 먼저 보필이 비치는가를 살펴야 한다. 삼방사정에 보필이 있으면 왕이 충성스런 신하를 얻은 것과 같으며, 자미가 있는 궁의 양옆 협궁에 보필이 있어도 왕으로서의 역할을 잘 해낼 수 있다.

보필이 없으면 모든 일을 자기가 하게 되며(돕는 사람이 없어서 혼자 하기도 하지만, 다른 사람을 시키면 미덥지 않기 때문에 자기 손으로 하는 경우가 많다), 그러다 보니 고생을 많이 하게 된다. 또한 성격적으로도 원만함을 잃기 쉬우며, 다른 사람들로부터 자기 고집대로 한다는 말을 듣기 쉽다.

『자미두수전서』에는 자미의 이러한 속성을 다음과 같이 다양하게 표현하고 있다.

"자미와 천부는 전적으로 보필의 힘에 의지한다." "자부가 보필을 만나면 극품의 존귀함이 있다." "보필이 없으면 외로운 임금과 같아서 옥의 티와 같으며, 다른 살과 동궁하면 군자는 재야에 있는데 소인은 오히려 한자리씩 차지하고 있는 것과 같아 주인이 간사하며 짐짓 선한 체하기를 좋아하며 평생 악을 쌓는다."

만약 왕의 주위에 간신만 득실거린다면 어떻게 될까? 결국 왕의 체면이 구겨져 구차하게 목숨을 유지하기보다는 자결하려고 할 것이다.

그래서 자미가 백관조공이 없고 악살이 많이 비쳐서 실의(失意)에 빠지면 자기 파괴의 경향이 있게 된다.

(2) 오행 : 기토

자미는 황제의 별이기는 하지만, 오행(五行)이 무토(戊土)가 아니고 기토(己土)라는 점을 유심히 살펴볼 필요가 있다.

기토는 고강한 산맥과 같은 무토와는 달리 대지와 같아서 넓은 포용력이 있고 후중하다. 모든 것을 다 포용하는 특성 때문에 다른 사람의 눈에는 자기 주장이 없는 것처럼 보이며, 아주 부드럽고 풍모가 있어 보인다.

또 음토이기 때문에 적극적인 면이 결여되어 수동적이고, 자기가 직접 움직이려고 하기보다는 다른 사람을 호령하고 시키려 한다.

자기 감정을 잘 드러내지 않고 자제력이 강하기 때문에 겉으로 드러나는 것과 속마음이 다른 경우가 많아서, 속마음을 알게 되었을 때 의외라는 생각이 드는 경우가 많다.

(3) 주사 : 관록주

자미는 부귀(富貴) 중 貴를 담당하는 관록을 主하는데, 이것은 옛사람들이 자미의 속성을 貴적인 본질로 받아들였기 때문이다.

염정·태양·천상과 같은 별들도 모두 관록을 主로 하는데, 한결같이 貴적인 측면이 강하다. (염정은 관록궁에 있을 때만 관록을 主한다. 즉 자미는 항상 명궁에 있으므로 염정 때문에 귀하게 되는 것이 아니라 명궁의 자미를 힘입어 귀하게 되는 것이다.)

관록을 主하는 별들의 특징은 관리능력이나 조직능력이 뛰어나고, 특히 행정관리나 지도력 · 리더십이 발휘되는 분야에서 자기 재능을 쉽게 발휘할 수 있다. 그래서 공직이나 공공계통에서 능력을 발휘하는 경우가 많다.

(4) 쌍성 조합

'우리는 서로가 서로를 재창조한다' 는 말이 있다. 이것은 우리가 다른 사람과의 만남 속에서 탁마되고 창조적인 도전과 응전을 계속 해내기 때문에 가능한 것인데, 별들도 서로 만났을 때 이러한 재창조가 가능하다.

즉 별이 가지고 있던 본래의 성격이 다른 별과 만남으로써 더욱 두드러지기도 하고 옅어지기도 하며, 다른 별의 영향으로 인해 새로운 성격이 형성되거나 속성이 달라지기도 한다는 것이다.

자미가 쌍성(雙星) 조합이 되는 경우는 다음의 다섯 가지이다.

자미 · 파군, 자미 · 천상, 자미 · 탐랑, 자미 · 칠살, 자미 · 천부

이것을 잘 살펴보면 자미와 살파랑이 만나고 있다는 것을 쉽게 알 수 있다.

그런데 여기서 한 가지 짚고 넘어가야 할 것이 있다. 모든 역학이 다 그렇겠지만 자미두수는 특히 그물과 같은 관계를 중시한다. 그 물코 하나만 보면 연결된 다른 그물코를 놓치기 쉬우므로 전체적인 의미를 파악할 수 없게 된다.

별에 대해 이야기할 때 그 한 가지만 보게 되기 쉽다. 즉 자미면 자미, 파군이면 파군만 보기 쉬운데 그렇게 봐서는 안 된다는 것이다. 자미가 있으면 반드시 재백궁에는 염정이, 관록궁에는 무곡이 있어 자미의 속성에 영향을 주며, 칠살이 있으면 반드시 칠살의 재

백궁에는 탐랑이, 칠살의 관록궁에는 파군이 있어 칠살에 영향을 주기 때문에, 나무만 보고 숲은 보지 못하는 잘못을 범하지 않으려면 전체적인 성계를 항상 염두에 두고 접근해야 한다.

① 자미 · 파군

자미파군(紫微破軍)은 자미가 축미궁에 있을 때의 조합이다. 자부염무상과 살파랑이 중첩된 조합이기 때문에 삼방을 보면 별이 다 두 개씩 있다. 자탐 · 자살 조합도 마찬가지이다.

옛사람들은 진술축미의 자파 조합을 '위신불충(爲臣不忠) 위자불효(爲子不孝)'라고 표현했다. 문자 그대로 풀자면, 신하는 임금에게 불충하고 자식은 부모에게 불효한다는 의미인데, 도대체 무슨 근거로 이렇게 표현했을까?

자파 조합의 비밀을 푸는 열쇠는 바로 이 구절에 있다. 파군은 '돌격 앞으로!'의 성격이 강한 별로, 옛것을 깨고 새롭게 창조하고 개창하는 속성이 있다. 그런데 파군은 깨고 부수는 일이 전공이기 때문에 혼자 놓아두면 창조나 개창과는 거리가 멀어지게 된다. 따라서 파군을 감독하고 부리는 황제가 필요하다. 황제가 옆에 있으면 아무리 항우장사라도 무대포로 부수지는 못하지 않겠는가!

파괴와 창조는 동전의 양면이지만, 파괴는 부정적인 성격이 강하고, 창조는 성장이나 도약을 하기 위한 건설적인 의미를 담고 있다. 즉 자파 조합은 저돌적인 파군을 자미가 옆에서 조절하고 있는 형상이라고 할 수 있다.

자미의 보수적이고 체면 위주에 비실천적인 속성이, 파군의 적극적이고 도전적이며 창조적인 속성에 의해 영향을 받고, 파군은 파군대로 자미의 영향을 받아 일방적인 파괴보다는 대안을 가진 창조로 성격이 탈바꿈되는 것이다.

다시 '위신불충(爲臣不忠) 위자불효(爲子不孝)'로 돌아가보자. 이 구절에서는 옛사람들의 편견이 엿보인다.

앞에서도 언급했지만, 자미와 파군이 동궁하면 창조력이나 개창력이 풍부해지기 때문에 현실이나 기존의 질서를 곧이곧대로 받아들이지 않게 된다. 이러한 조합의 신하들은 상명하달식의 구태의연한 전달방식부터 시작해서 왕의 정책에 이르기까지 사사건건 창조적인 발언을 일삼으므로, 옛사람의 관점에서 볼 때는 '위신불충'이 되는 것이다.

또한 자파 조합을 가진 자식은 아버지의 권위적인 태도나 가치관을 받아들이지 않고, 일일이 자기의 의견을 개진하고 창조적인 태도로 일관하므로, 어른들의 눈에는 '위자불효'로 보였던 것이다.

그러나 창조력이 각광받는 현대사회에서는 더없이 필요한 사람이라고 하겠다.

자파가 보좌성의 도움을 많이 받으면 건설적이고 창조적이며 혁신적인 비전을 가지고 박력있게 일을 추진하는 매력적인 사람이 된다. 그러나 살성의 역량이 강해 자미의 힘이 무력하고 파군의 힘만 증가되면, 저항적이고 반항적이 되어 현실에 적응하지 못하는 반항아가 되기 쉽다.

이렇게 되면 현실에 대한 불만이 많아 현실에서 벗어나고자 하므로, 한 가지 일을 끝까지 해내지 못하고 자주 바꾸는 바람에 파동이 많은 삶을 살게 된다.

자미 자체에 좋고 싫음이 분명한 속성이 있는데 '한다면 하는' 파군이 더해지므로, 자파 조합은 자미가 이루는 쌍성 조합 중에서 자미·천상 조합과 더불어 좋고 싫음이 아주 분명하고 성품이 시원하고 솔직한 조합이 된다.

또 타고난 창조력과 개창력으로 인해 창조적인 일에 종사하는 경우가 많으며, 아이디어나 상상력이 뛰어나 두각을 나타내는 경우도 많다. 특히 공직의 속성이 강해 공무원이나 교사나 정치가가 많다. 옛사람들은 자파 조합에 대해 '자미가 파군의 보필이 없고 길성도 없으면 흉악한 서리(胥吏)의 무리'라고 해서, 조합이 낮더라도 하급공무원은 될 수 있다고 보았다.

그리고 자미의 통솔력에 파군의 행동력이 겸해지므로, 자파 조합의 사람들은 대체로 일생 동안 하는 일이 많으며(파군으로 인해 본인이 일을 만드는 경향이 많다), 겸업·겸직·동업 등을 많이 하게 된다. 특히 파군화록과 파군화권이 붙으면 그런 현상은 더욱 두드러진다.

또 자미 자체가 어떤 상황에 대해 고려를 많이 하는데 파군 역시 늘 일을 벌이려고 하므로, 한가하게 있지 못하고 이런 저런 생각이나 궁리가 많으며, 그 때문에 마음이 쉬지 못하고 항상 긴장하게 된다. 그러다 보니 성격이 급해지고, 그 때문에 몸과 마음에 변화와 변동이 많아진다.

황제인 자미는 문무의 백관조공이 필요하다. 그러므로 보필과 더불어 육길성이 비쳐야 힘을 쓸 수 있다. 황제가 제도권 안에서 그들을 부리려면 충분한 보수를 주어서 대우를 해주어야 한다. 그래서 자파 조합은 반드시 화록(녹존도 가능)을 봐야 한다.

녹이 없으면 배고픈 건달들이 월급도 안 주는 사장 밑에서 일하는 격이라, 반항적이고 반역적인 파군의 성격이 걷잡을 수 없게 된다. (돈이 없으면 권력이라도 있어야 한다. 그래서 화권이 있어도 괜찮다.) 신문에 파격적인 문제로 이름을 내는 사람들 중에 이런 자파 조합이 많다.

옛사람들은 자파 조합에 대해 '음분대행(淫奔大行 : 음란한 일로 큰일을 낸다)'이라고 했는데, 이것은 자파 조합이 녹을 보지 않고 살을 본 상태에서 도화성을 많이 보면 대담하고 파격적인 측면이 유감없이 발휘되어 일을 내도 크게 내기 때문에 나온 말이다.

자파 조합은 기본적으로 관록궁에서 염정·탐랑을 보는데, 이 조합은 부처궁에서 끌어다 쓰는 성계이다. 나중에 설명하겠지만 탐랑은 정도화(正桃花), 염정은 차도화(次桃花)로 자미두수에서 최고의 도화성이다. 그러므로 자파 조합이 정탐의 영향으로 인해 도화성을 조금만 봐도 바람을 피우거나 감정곤우가 많다.

② 자미·천상

자미천상(紫微天相)은 자미가 진궁과 술궁에 있을 때의 조합이다. 재백궁엔 무곡천부, 관록궁엔 염정, 천이궁엔 파군이 있다. 이 조합은 축미궁의 자파와 함께 '자파상 조합'으로 불린다.

옛사람들은 이 조합에 대해서도 '자파가 진술궁에 있으면 군신불의(君臣不義)한다(자미와 파군이 진술궁에 있으면 임금과 신하 간에 의가 상한다)' '자파가 진술축미에 있으면 신하는 임금에게 불충하고 자식은 부모에게 불효한다'고 해서 자파와 같은 반역적인 속성이 있음을 암시했다.

자미천상인데도 불구하고 '자파(紫破)'라고 한 것은 관건이 천상이 아니라 파군에 있기 때문이다. 그러나 축미궁의 자미가 파군과 동궁하는 상황과는 상당히 다른 점이 있다.

우선 축미궁의 자미파군은 황제인 자미가 파군을 곁에 두고 함부로 행동하지 못하도록 지키는 것이라면, 진술궁의 자미천상은 파군이 황제인 자미의 변방에 있으므로 배신의 가능성과 반역의 여지가 있어 자미가 파군을 조절하기가 쉽지 않다. (이 宮에서도 파군이 녹과 권을 얻는 것이 관건이 된다.)

그래서 다른 것은 차치하고라도 진술궁의 자미천상은 축미궁보다 인생이 순조롭지 못하며, 회재불우(懷才不遇 : 재주는 있으나 때를 만나지 못하는 것)의 경향이 짙다. 간단히 말해서 축미궁보다 격이 훨씬 낮다는 말이다.

물론 상황이 좋으면 사업에도 성공하고 지도적인 위치에 오르게 되므로, 하나만 보고 단순하게 판단할 일은 아니다. 그러나 선천적인 한계 때문에 부귀를 겸하기는 힘들어, 부하면 귀하지 못하고 귀하면 부하지 못하다고 한다.

예를 들어 이 두 개의 조합이 관록궁에 있어 살을 많이 보고 있는 가운데 변동을 하는 경우라면, 자미파군은 자기가 일을 저질러서 변동을 하고 자미천상은 상황에 쫓겨서 부득이 변동을 하게 된다.

축미궁의 자미파군은 자미가 파군을 쥐고 있기 때문에 자미가 주동적으로 역할을 할 수 있지만, 진술궁의 자미천상은 파군이 대궁에 있어 자미는 먼 산만 바라볼 뿐 파군의 외적인 힘에 의해 휘둘리게 되어 외부적인 상황에 의해 움직이게 되는 것이다. 진술궁의 자미천상이 이렇게 되는 것은 대궁의 파군이 관건성의 역할을 하기 때문이기도 하지만, 자상(紫相) 자체의 문제도 크게 일조를 한다고 볼 수 있다.

가장 큰 이유는 자미가 진술궁에 있으면 천라·지망에 빠지기 때문에 힘을 쓸 수 없다(자미가 진술궁에서는 함지에 가깝다)는 점이다. 두 번째는 천상과 동궁하고 있어서 천상의 보좌적인 속성의 도움은 받겠지만, 적극적이지 못하고 주위의 상황에 영향을 받는 천상으로 인해 자미가 주동적이고 적극적인 대처를 하기 어렵고 같이 발이 묶인다는 것이다. 그래서 대궁 파군의 거센 도전과 반역적인 속성을 감당하기가 더욱 어려워지는 것이다.

따라서 이 조합은 주동적으로 인생을 개척하는 경우보다는 외부에서 오는 특수한 기회와 인연을 잘 잡아 그로 인해 성공하는 일이 많으며, 반대로 외부의 변동으로 말미암아 커다란 좌절을 맛보기도 한다. 대궁의 파군으로 인해 인생에 변화가 많으며, 조합이 좋지 못하면 파동이 많다.

성격적인 측면을 살펴보자. 자파와 같은 반역적인 속성, 좋게 말하면 창조적인 속성이 많으며 참신한 아이디어와 감각이 있는 것도 비슷한데, 자파는 적극적인 반면에 자상은 소극적인 면이 많다는 차이가 있다.

그리고 '인(印)'적인 속성이 있는 천상이 동궁하고 있기 때문에 신용이나 의리·믿음·지조·명분·체면 등에 대한 의식이 아주 강해 자파 못지않게 자존심이 강하다. 체면치레를 소중히 여기며, 완벽주의적인 성향에 이상적인 경향이 농후하고, 동정심이 풍부하다.

또 흑백이 분명하고 피아의 구분이 확실하다. 천상의 속성 때문에 불의나 억울한 일에 대해 곧잘 비분강개하며 곧이곧대로인 면이 있다.

좋고 싫음이 얼굴에 바로 드러나기는 해도 자기의 감정을 쉽게 드러내지 않으려고 하는데, 참다가 안 되면 갑자기 전혀 예기치 못한 행동을 해서 주위 사람들을 놀라게 한다.

자상 조합은 심장이 좋지 않거나 신장이나 방광에 문제가 있기 쉽다.

③ 자미·탐랑

자미탐랑(紫微貪狼) 조합은 묘유궁에서 이루어지는데 재백궁에는 무파, 관록궁에는 정살이 있어 삼방에 정성이 두 개씩 있다. 탐랑은 정도화성으로, 전설에서는 달기로 상징되는 별이므로 달기의 속성을 미루어 탐랑의 속성을 짐작할 수 있다.

도화라는 말은 굳이 이성적인 측면에 한정해서 이해하기보다는 일종의 친화성·매력·아름다움·화려함·심미안(審美眼)·사교능력 등으로도 볼 수 있다. 자미두수의 십사정성 중에서 친화력과 사교성과 접대능력이 가장 뛰어난 별이 탐랑인 것을 보면, 도화의 진정한 의미가 무엇인지 알 수 있다. 이러한 본질 때문에 이성에게 호감을 살 일이 많아지니, 감정적인 측면의 일이 많아지는 것은 당연하지 않겠는가!

옛사람들은 자탐(紫貪) 조합을 '도화범주(桃花犯主, 도화범주가 되려면 도화성인 홍란·천희·함지·대모·천요 같은 별들이 비쳐야 한다)'라고 해서 대표적인 도화격국으로 보았는데(예 2), 도화 즉 탐랑이 주인인 자미를 범한다는 뜻이다.

이것은 마치 전설에서 달기가 백읍을 범하는 것과 유사하다. 아무도 말릴 사람이 없는 가운데 달기가 거리낌없이 백읍을 유혹한 것처럼 자탐 조합이 명궁에 있으면 천이궁에 감시자가 없다. 즉 천이궁에 다른 정성이 없다는 것이다.

이것은 참 교묘하다. 자상·자파·자부·자살 조합 모두 대궁에 정성이 있어 자미에 영향을 주는데 자탐 조합만은 예외다. 견제할 장치가 없다는 것이다. 그래서 자탐 조합이 색(色)과 공(空)을 극에서 극으로 달리는 속성이 있는 게 아닌가 한다.

자미는 본래 여론을 중시하며 주위환경을 많이 고려하는 편으로 천이궁은 황제의 활동무대이다. 여론을 파악하는 이 궁이 비어 있으니 자미가 제멋대로 하는 형상이 되어, 어떤 때는 도화범주로 주색에 탐닉하고 또 어떤 때는 탈속적인 사람이 된다.

일단 어떤 상황으로든 방향타를 고정시키면 자미와 배합된 탐랑이 살파랑을 끼고 있으므로, 탐랑이 강력한 엔진과 같은 작용을 해서 거칠 것이 없게 되는 것이다. 그래서 기본적인 구조 자체가 탐랑의 영향을 많이 받게 되어 있다.

옛사람들은 '극거묘유 탈속지승(極居卯酉 脫俗之僧)'이라고 해서 자탐이 묘유궁에 있으면(반드시 겁공·순공·절공 같은 공망성과 더불어 살을 봐야 한다) 승려가 된다고 했다. (현대사회에서는 꼭 승려가 된다기보다는 생각이나 사상이 탈속적이어서 기공·명상·철학·요가·단전호흡·역학·한의학·종교 등에 관심이 많거나 심취하는 경우도 포함한다.)

이렇게 양극단인 色과 空의 속성이 형성될 수 있는 이면에는, 자탐이 묘유궁에 있을 때는 탐랑의 영향이 지나치다 보니 자미를 갖고 놀기 쉬우며, 대궁에 감시하는 별도 없으니 탐랑의 영향을 받아 아주 자유로운 성향으로 변해서 환락으로 빠지기도 하고, 또 한편으로는 세상을 도피하는 승려가 되는 암시도 있다. 성속의 차이는 있지만 자유로움을 구가한다는 면에서는 같다고 볼 수 있겠다.

세속적인 측면으로는 정욕과 물욕을 극한적으로 추구하고, 탈속적인 측면에서는 그것을 떼어내기 위해 무한히 노력하는 모순이 이 조합 속에 있다.

그래서 자탐 조합에는 유독 음악·미술·무용 등의 예술이나 연예인·문인·디자이너 등으로 일하는 경우가 많은데(이때에도 육길성과 도화성을 봐야 한다), 어느 분야이든 자유가 보장되는 계통에서 자기 능력을 발휘한다는 공통점이 있다. 물론 조합이 좋으면 고급공무원이나 교사·교수도 많이 된다.

자미의 다섯 가지 조합 중에서 화려하고 아름다운 것을 가장 좋아하며, 낭만적인데다가 뛰어난 친화력과 사교력에 외교적인 능력, 풍부한 언어구사력, 게다가 예술감각 등의 특성을 갖추고 있다. 또 포용력이 있고 이해력이 넓으며 사고의 폭이나 신축성이 다른 조합보다 좋다.

그러나 자미는 지배적인 속성이 있고 탐랑은 점유욕·물욕·정욕 등이 많기 때문에 자기 것에 대한 집착이 아주 강하게 나타나는데, 이것이 다른 사람을 강점하거나 전재(다 가지려는 욕구)하거나 독재하는 의식형태로 나타나 다른 사람을 피곤하게 하는 경향도 있다. 이러한 속성은 자탐의 뛰어난 친화력 때문에 종종 감추어지나, 여명의 경우 점유욕이나 전재욕 때문에 질투심이 아주 강하게 발현되기도 한다.

여명이 도화 조합이 되면 유흥업소에 빠지거나 바람이 나기 아주 쉬운 것이 이 조합이다. 남명도 예외가 될 수 없어, 도화성이 많이 비치면 사업의 성취야 어떻든 주·색·도박에 빠지기가 쉬우니, 평소에 몸과 마음을 정결하게 해야 할 것이다.

대만의 문창 거사는 자탐 조합에 대해 특이한 해석을 내린다. 자탐이 명궁에 있을 때 홍란·천희 같은 도화성을 보더라도, 봄이나 여름 태생으로 木이 왕성할 때만 도화적인 성향이 강하고 풍류적이며 이성 인연이 많다고 보며, 가을이나 겨울 태생의 자탐은 도화가 있지도 않고 풍류적이지도 않으며 오히려 음악이나 무용·미술·언어 방면의 재주가 있고 도화가 약화되는 대신 술을 잘 마신다고 한다. 그리고 자탐이 있으면 독재적인 성격이 있고, 자녀궁에서는 딸을 많이 낳으며, 부처궁에 있으면 이성에 대해 낭만적으로 생각하며 풍류적인 성향이 있다고 한다.

이러한 견해가 맞는지는 여러가지 명례를 통해서 검토해야 할 문제라고 생각한다.

• 예1) 자탐 — 탈속지인(脫俗之人)
1952년 10월 ○일 신시 남명
묘궁 자탐 명궁으로 지공이 동궁하고 있고, 신궁이면서 관록궁에는 정살에 지겁이 있어 자탐, 공망 탈속승의 조합이 형성된다. 항상 출가를 생각하고 있으며 참선과 도학에 조예가 깊어 세상에 있으나 스님과 같은 삶을 살고 있다.

孤天恩三天天天 辰空光台喜鉞相 　　　　　旺平	旬蜚天天年鳳天鈴天 空廉月福解閑刑星梁 　　　　　　廟廟 　　　　　　　　祿	天地七廉 才劫殺貞 平旺廟	天龍陰天 傷池煞巫
飛劫晦 24~33　50乙 廉煞氣【福德】　生巳	喜災喪 34~43　51丙 神煞門【田宅】　浴午	病天貫 44~53 52丁 符煞索【身官祿】帶未	大指官 54~63　53戊 耗背符【奴僕】　冠申
解巨 神門 　平 秦華太 14~23　49甲 書蓋歲【父母】　養辰	음력 1952년 10월 ○일 신시 남자 命局 : 金 4局 命主 : 文曲 身主 : 文倉		天八 廚座 伏咸小 64~73　54己 兵池耗【遷移】　旺酉
天地天貪紫 貴空魁狼微 　平廟地旺 　　　　權 將息病 4~13　60癸 軍神符【命】　胎卯			天天天封火陀天 官使虛詰姚星羅同 　　　　　廟廟平 官月歲 74~83　55庚 府煞破【疾厄】　衰戌
截天台天文太天 空哭輔馬昌陰機 　　　　旺陷閑旺	破寡右左天 碎宿弼輔府 　　廟廟廟 　　　　　科	紅擎文太 艶羊曲陽 　陷廟陷	天大紅祿破武 壽耗鸞存軍曲 　　　廟平平 　　　　　　忌
小歲弔　　　59壬 耗驛客【兄弟】絶寅	青攀天　　　58癸 龍鞍德【夫妻】墓丑	力將白 94~　57壬 士星虎【子女】死子	博亡龍 84~93　56辛 士神德【財帛】病亥

• 예 2) 자탐 — 도화범주(桃花犯主)

1966년 9월 ○일 미시 남명

묘궁이 명궁이면서 정성이 없고 대궁에서 자미탐랑을 끌어다 쓴다. 명궁 묘궁엔 함지·천희가 있고, 대궁엔 천요·홍란이 자탐과 동궁하여 전형적인 도화범주격에 해당한다. 명궁의 문창화과와 재백궁에서 비치는 문곡괴월 등은 모두 도화로 변한다.

  이 사람은 자탐이 떨어져 있으므로 접대나 사교 등으로 매우 분주하며, 그 방면에 탁월한 성격을 가지고 있다. 갑오대한 기묘년 묘궁이 유년이 될 때 가정이 있으면서도 바람이 났다.

天破天天祿破武 官碎巫刑存軍曲 廟閑平 博亡病 23~32 36癸 士神符【身福德】病巳	地擊太 劫羊陽 廟平廟 力將太 33~42 37甲 士星歲【田宅】 死午	天天 空府 廟 青攀晦 43~52 38乙 龍鞍氣【官祿】 墓未	孤天天火太天 辰傷馬星陰機 旺陷平閑權 小歲喪 53~62 39丙 耗驛門【奴僕】 絶申
截解寡年鳳地陀天 空神宿解閣空羅同 陷廟平祿 官月吊 13~22 35壬 府煞客【父母】 衰辰	음력 1966년 9월 ○일 미시 남자 命局 : 木3局 命主 : 文曲 身主 : 火星		天封天紅天天貪紫 才誥貴鸞鉞狼微 廟平平 將息貫 63~72 40丁 軍神索【遷移】 胎酉
八天文 座喜昌 平 科 伏咸天 3~12 46辛 兵池德【命】 旺卯			天龍陰鈴巨 使池煞星門 廟旺 奏華官 73~82 41戊 書蓋符【疾厄】 養戌
紅旬蜚天右 艶空廉月弼 廟旺 大指白 45庚 耗背虎【兄弟】 冠寅	大台恩七廉 耗輔光殺貞 廟旺 忌 病天龍 44辛 符煞德【夫妻】 帶丑	天天天天左天 廚福虛哭輔梁 旺廟 喜災歲 93~ 43庚 神煞破【子女】 浴子	天三天文天 壽台魁曲相 旺旺平 飛劫小 83~92 42己 廉煞耗【財帛】 生亥

④ 자미 · 칠살

  자미칠살(紫微七殺)은 사해궁에 있게 되는데 재백궁에 무탐, 관록궁에 정파, 천이궁에 천부가 있어 삼방사정에 정성이 꽉차 있다.

칠살은 장성(將星)이라고도 하는, 장군과 같은 별로 숙살(肅殺)의 기운이 강한 아주 살벌한 별이다. 칠살이 자미를 만나면 자미의 위엄으로 인해 칠살의 살기가 권력으로 변하게 되는데, 이것을 가리켜 '화살위권(化殺爲權)'이라고 한다. 기본적으로는 칠살이 자미를 만나 귀인의 도움을 많이 받음으로써 갑자기 발전하게 된다.

화살위권 조합이 되려면 화록이나 녹존이 있어야 한다. 그래야 격이 높아지고 칠살이 가지고 있는 무용을 세상에서 쓸 수 있다. 그렇지 못하면 강폭해져서 횡발횡파(橫發橫破)가 무상한 삶을 살게 되는데, 실제로 자살이 살을 많이 보면 성격이 사나워지고 건달이나 깡패가 되는 경우도 많다.

화살위권인 사람은 박력과 매력이 넘치고, 적극적이고 창조적이며 뜻이 아주 높아서 큰일을 벌이기를 좋아한다. 사업을 해도 크고 거창하게 시작하지 보잘것없거나 자존심이 상할 것 같은 일은 좀처럼 하려 들지 않는다. 돈을 써도 크게 쓰고, 돈을 벌어도 큰돈을 벌려고 한다.

화살위권이란 말 자체가 어떠한 조건이나 환경, 사물 등에 의해서 위권(威權) 즉 위세를 세우고자 하는 것이므로, 다른 사람에게 그럴듯하게 보여지는 것에 항상 신경을 쓴다. 그렇기 때문에 자살 조합은 대기업이나 대도시, 외국인 회사나 해외지사에 근무하는 경우가 많다.

이것은 전택궁에 거문·태양으로 외국과 관계있는 성계가 있기 때문이기도 하지만, 자살의 본질에 세력이나 힘을 가지고 다른 사람에게 권위적으로 보이려는 속성이 있으므로, 서울도 좁아서 외국으로 나가 힘을 과시하거나 기르겠다는 측면이 강한 때문이다. 따라서 자살 조합은 농촌이나 작은 도시에 있는 것을 답답해하고, 그런 곳에서는 뜻을 실현하기가 쉽지 않다.

화살위권은 관상학적으로도 나타나 겉모습에서도 권위적인 분위기가 나는데, 옛사람들은 이것을 가리켜 '화를 내지 않아도 위엄이 있다'고 표현했다. 즉 눈이 부리부리하고 얼굴이 각지며 위엄이 풍겨 사람들이 쉽게 접근하지 못한다는 것이다.

화살위권은 또 어떤 것을 변화시켜 체계를 갖추게 한다는 의미도 포함하고 있다. 따라서 자살 조합은 현상유지보다는 현상을 개조시키고 변화시키려 하며 현실에 만족하지 못하는 특징이 있다. 옛것을 그대로 답습하는 것과는 거리가 멀고, 창조하고 변화시키고 개량하기를 좋아한다. 그래서 새로운 생각이나 아이디어가 많으며 독특한 사고방식과 견해를 갖고 있다.

이러한 속성이 직업으로 나타나면, 칠살이 무인의 별이고 삼방에 살파랑이 포진되어 있으므로, 특별히 기술적인 속성이나 이과적인 측면에서 두각을 나타내는 경우가 많다. (살이 비치면 더욱 그렇다.) 건축업 · 경찰관 · 군인 · 의사 · 법관 등에 많으며 방송국 PD나 신문기자도 자살 조합을 가진 사람이 많다.

오랫동안 재단사로 일하다가 지금은 중소기업을 운영하고 있는 사람이 있는데, 그는 의상디자인에 독특한 재능을 보여 사업에 성공할 수 있었다. 그의 명반을 보니 해궁에 자살이 있었다. 창조적인 특성에 기술적인 면을 적절히 승화시키며 살고 있는 예라고 할 수 있겠다.

- 예3) 1963년 10월 ○일 자시 여명

비구니 스님의 명이다.

명궁이 해궁의 자미칠살인데 삼방사정에서 보필을 보지 않는다. 그래서 기본적으로 고군(孤君)의 구조인데, 자미가 백관조공을 보지 않으면 반드시 삼방사정에서 공성(空星)과 화개(華蓋)를 보아야

旬蜚天破孤天天天 空廉福碎辰馬鉞府 　　　平旺平	天天天台八天天天 月官使輔座喜刑陰同 　　　　　　陷陷 　　　　　　　科	年鳳龍貪武 解閣池狼曲 　　廟廟 　　　忌	紅大三陰天巨太 艷耗台煞巫門陽 　　　　　廟閑 　　　　　　權
奏歲喪 62~71 39丁 書驛門【遷移】 絶巳	飛息貫 72~81 40戊 廉神索【疾厄】 胎午	喜華官 82~91 41己 神蓋符【財帛】 養未	病劫小 92~ 42庚 符煞耗【子女】 生申
解天天恩文 神傷空光曲 　　　　廟	음력 1963년 10월 ○일 자시 여자 命局 : 水 2局 命主 : 巨門 身主 : 天同		天火天 虛星相 　　陷陷
將攀晦 52~61 38丙 軍鞍氣【奴僕】 墓辰			大災歲 43辛 耗煞破【夫妻】 浴酉
天天破廉 哭魁軍貞 　廟旺閑 　　　　祿			天天鈴文天天 貴姚星昌梁機 　　廟陷旺廟
小將太 42~51 49乙 耗星歲【官祿】 死卯			伏天龍 44壬 兵煞德【兄弟】 帶戌
天天封 壽才誥	截寡擎右左 空宿羊弼輔 　　廟廟廟	紅祿 鸞存 　旺	天地陀七紫 廚劫空羅殺微 　旺陷陷平旺
青亡病 32~41 48甲 龍神符【田宅】 病寅	力月弔 22~31 47乙 士煞客【福德】 衰丑	博咸天 12~21 46甲 士池德【父母】 旺子	官指白 2~11 45癸 府背虎【身命】 冠亥

철리(哲理)를 좋아하거나 종교에 깊이 심취하게 된다. 이 경우가 바로 그렇다.

　명궁에 겁공이 동궁하고 대궁에서 순공이 비치며 재백궁에서 화개가 비치고 있다. 자살의 화살위권 조합에 보필이 없으니 남의 말을 잘 듣지 않고, 위엄이 있어 주위 사람이 접근하기 어려우며, 다른 사람들이 어영부영하는 것을 참지 못한다.

　성격적인 경향과 고군의 상황으로 인해 인간관계가 좋지 못하다고 한다.

⑤ 자미 · 천부

자미천부(紫微天府)는 인신궁에 있는데 재백궁에는 무곡, 관록궁에는 염정 · 천상이 있으며, 대궁에는 칠살이 있다.

자미는 북두주성이고 천부는 남두주성이다. 남북두의 주성이 한 궁에 있으니 그 성세가 다른 궁에 비할 바가 아니다.

그러나 한 산에 두 마리의 호랑이가 있을 수 없듯, 주성의 속성이 서로 달라 충돌을 피할 수 없다. 또 일인지하에 만인지상의 상황이기 때문에 본신에게 내재된 모순이나 고민을 누구에게도 말할 수 없어서 정신적으로 외롭고 고독한 속성이 있다.

큰 주성 둘이 한 명궁에 집중되어 있으므로 뜻이 아주 높아 현실에 쉽게 만족하지 못하며, 그 뜻을 다른 사람들이 이해해주지 못하므로 정신이 공허하기 쉽다. 또한 대궁의 칠살로 인해 화살위권적인 속성도 있어서, 위엄과 권위적인 측면을 고려하느라 이러지도 저러지도 못하는 경우가 많다.

반대로 보필이나 다른 육길성과 녹마교치 등이 되면 아주 혁혁한 성세가 있게 되고, 대기업이나 재계 · 정계 · 학계 등에서 두각을 나타내기도 하는데, 이것은 자부의 힘을 최대한 발휘할 조건이 다른 별들에 의해 조성되었기 때문이다.

대체로 체면을 중히 여기고 자존심이 아주 강하며 일처리가 확실하고 완전무결하며 매사를 확실히 한다. 사상이 청고(淸高)하며 자신을 고매한 인격자로 생각하여 독야청청하는 경우가 많다.

그러나 뜻이나 이상이 너무 커서 현실이 받쳐주지 못할 때는 자기 세계에 몰입해서 교육 · 예술 · 자선사업 등을 하느라 결혼하지 않고 혼자 사는 경우도 있다.

여명의 경우 여장부가 많으며, 자부가 보필과 녹을 보지 않고 살만 보면 고집불통에 자기 생각에만 빠져서 독단독행하고 현실과 인정을 거스르는 경향이 많다. 다른 사람과 잘 어울리지 못하며, 실력은 없으면서 뜻만 높아 세상을 질시하고 비분강개로 세월을 보내기 쉽다. 반면에 자부가 살을 많이 보고 천요 등을 만나면 위인이 간사해진다.

자부 조합은 만나는 별에 따라 자미의 속성이 발현되기도 하고 천부의 속성이 두드러지기도 하기 때문에 자세히 살펴야 한다.

자부가 육친궁에 있으면 대체로 '고독'의 의미를 벗어나지 못하는데, 예를 들어 자녀궁에 자부가 있으면 자녀가 적다든지, 부처궁에 있다면 아내가 기가 세고 높아서 본인이 감정적으로 고독을 느낀다든지 하는 의미로 해석한다.

2) 천기성

(1) 화기 : 선

『자미두수전서』에는 善 앞에 '익산지선성(益算之善星)'이 붙어 있다. 선성(善星)이 단순히 착한 星이라는 뜻이 아님을 알 수 있다. 이어서 '영기응변(靈機應變)의 지(智)'가 씌어 있으니, 善에 '잘한다'의 뜻이 있다고 볼 수 있다. 그래서 '익산지선성'이라는 말의 본뜻은 '계산을 잘한다'라는 뜻이 되는 것이다.

여기서 계산이란 천기(天機)의 기(機)를 의미하는 것으로, 다음 네 가지 부류의 機적인 측면을 잘한다는 의미다. 천기의 機는 네 가지의 해석이 가능하다.

첫째, 기변(機變)으로 변화다단하고 변화막측한 것을 의미한다. 환경의 변화든 인간관계의 변화든 때와 상황에 맞게 적응을 잘한다는 뜻이다.

둘째, 기지(機智)로 머리회전이 빠르고 반응 역시 매우 빨라서 지혜가 풍부하고 계략이 많음을 의미한다.

셋째, 기회(機會)로 수시로 다가오는 인연과 연분을 말한다.

넷째, 기동(機動)으로 생활 속에서 정신적으로든 육체적으로든 동적인 일을 잘한다는 의미이다. 운수 · 컴퓨터 · 여행 · 운동 · 전파 · 판매 등과 같이 동적이면서 머리와 입, 팔다리를 움직이는 일을 뜻한다.

그래서 천기는 기본적으로 기변, 기지, 기동, 기회 포착 등을 잘한다.

두뇌회전이 빨라서 상황에 대해 정확하게 판단하고, 대처능력 · 순발력이 뛰어나다. 이처럼 두뇌플레이에 능한 속성 때문에 천기는 전형적인 모사(謀士) · 참모의 별로 불리는데, 이러한 속성은 『전서』에 "황제의 명령을 받들어 행사한다[佐帝令以行事]"고 표현하고 있는 것을 보아도 알 수 있다.

전설에서 강태공이 문왕의 뜻을 받들어 은나라를 멸망시키고 주나라를 일으킨 사실을 생각해보면, 강태공으로 비유되는 천기가 그러한 속성이 강함을 알 수 있다.

그런데 모사는 목적을 달성하기 위해서 상대편을 함정에 빠뜨리고, 계략을 써서 무찌르기도 하며, 속임수나 위장 등에도 능해야 한다. 또 온갖 감언이설로 상황을 만들어내야 하니 변론이나 언변에도 뛰어나야 한다. 그리고 무엇보다도 뛰어난 판단력과 재치와 기지가 있어야 하고, 임기응변에 능해야 한다.

모사가 갖추어야 할 이러한 점들을 천기는 다 가지고 있다. 그래서 기획력이 뛰어나고 계획적이며, 꾀를 잘 쓰고 상황에 따른 변신도 잘하며, 움직이기 좋아하고 배우기 좋아하며 언변이 좋다.

그러나 예민하고 순발력이 있어 모든 것을 빨리 배우고 넓게 알기는 하나 깊이 들어가지 못하고, 다재다능하고 뜻은 높으나 머리만 쓰지 실천력이 없다. 현대사회에서는 대기업이나 공직에서 총무를 맡는 등 좋은 인재가 되는 경우가 많다.

천기가 좌명한 사람은 무슨 일에 종사하든 본업과는 무관한 어떤 것을 배우는 일에 흥미를 느끼게 되는데, 이런 성향 때문에 주위 사람들에게 다재다능하다는 인상을 준다. 길성이 많이 비치면 한 몸에 여러가지 직책을 겸하고 있는 경우가 많다.

또한 천기 자체가 두뇌회전이 빠르고 순발력이 좋으며 임기응변에 뛰어나고 변화에 민감하므로, 현대사회처럼 컴퓨터나 첨단 전자 장비를 다루는 시대에 각광을 받게 되며, 다른 별보다 컴퓨터를 잘 다루는 경향이 있다.

그래서 이런 계통에서 두각을 나타내는 사람이 많다. 소프트웨어를 개발하는 프로그래머나 디자이너·건축사·설계사 등의 명에서 천기 조합을 많이 볼 수 있다. (반드시 천기가 명궁에 있어야 하는 것은 아니고, 천량이 있는데 대궁에 천기가 있거나 거문이 있는데 대궁에 천기가 있는 경우도 천기의 영향을 받으니 그럴 수 있다.)

그러나 천기가 함지에 있으면서 살을 많이 만나면, 간사하고 도덕관념 없이 자기 이익만을 위해서 다른 사람을 이용하며, 자기 꾀에 자기가 빠지고 방탕하거나 주색에 빠진다. 또 속이 좁고 겉만 번지르르하며, 강한 자에게는 아부하고 약한 자는 무시하며, 시간과 장소에 따라서 말을 바꾸며 지조 없이 행동한다.

이러한 속성 때문에 옛사람들은 '기월동량 작리인(機月同梁 作吏人)'이라고 하여, 윗사람에게는 아부하고 아랫사람에게는 함부로 하는 직급이 낮은 공무원이 된다고 했다. 이런 사람들은 특별히 인격수양에 힘쓰고 정도를 가려고 노력해야 할 것이다.

탐랑이 신궁에 있으면 운에서 천기화기(天機化忌)를 만나는 것을 아주 싫어한다. 변화가 심하고 근심이 많으며 분파노록하거나 주색과 도박에 빠지기 쉽다.

(2) 오행 : 을목

을목(乙木)은 같은 木이라고 해도 갑목과 같은 동량지목이 아니라 화초나 덩굴과 같은 木이다.

천기의 오행이 을목인 것은 그 의미가 아주 깊다. 명리의『궁통보감』에 "구월의 을목이 등라계갑(을목 덩굴이 갑목이 있어 의지하고 타고 올라갈 수 있다는 뜻)하면 가을이나 겨울에도 좋다"는 말이 있듯이, 을목은 뭔가를 의지해야 하는 본성이 있다.

따라서 천기는 항상 보좌의 자리, 참모의 자리에 있어야 한다. 우두머리나 오너가 되기에는 부적합하고, 그래서 사업가보다는 직장생활이 좋다.

을목은 부드러움이 본질이므로 상황에 따른 적응력이 뛰어나 새로운 것을 좋아하고 신지식을 쉽게 받아들인다. 또한 작은 바람에도 쉽게 흔들리듯 사상과 행동이 민첩하여 상대방과 쉽게 융합한다.

(3) 주사 : 형제

천기는 형제(兄弟)를 主로 한다. 그래서 천기가 화기(化忌)를 맞으면 형제가 다치는 경우가 많다.

또 형제는 지체라고도 하는데 우리 몸에서는 팔다리가 지체가 되기 때문에, 질액궁이나 천이궁에서 천기화기를 보면 팔다리가 다치는 경우가 많고 소아마비나 반신불수가 되는 경우도 있다.

몸의 기관에서 세세한 신경들은 동맥이나 정맥 입장에서 볼 때 지체가 되기 때문에, 천기화기가 되면 신경이 다치거나 신경쇠약에 걸리기 쉽다. 천기·태음이나 천기·거문 조합에서 특히 그렇다.

그리고 명궁에 천기가 있으면서 살을 많이 보면, 형제궁이 아무리 좋아도 형제에게 형극이 많거나 형제와 사이가 좋지 않고 일평생 형제로부터 부담을 받는다.

(4) 쌍성조합

천기와 조합되는 별은 천량·태음·거문이다. 그래서 자오묘유는 기거 조합(자오궁에서는 기거 대조, 묘유궁에서는 기거 동궁), 인신사해에서는 기월 조합(인신궁에서는 기월 동궁, 사해궁에서는 기월 대조), 진술축미에서는 기량 조합(진술궁에서는 기량 동궁, 축미궁에서는 기량 대조)이 된다. 천기가 이러한 별들과 동궁하거나 마주보면 천기의 속성이 독특하게 변화하므로 잘 살펴야 한다.

① 천기·천량

천기와 조합되는 별 가운데 가장 후중하고 무게있는 별이 천량(天梁)이다. 그래서 천기는 천량과 만날 때 격이 가장 높다.

이기적인 속성이 강한 천기가 이타적이고 공적인 속성이 강한 천량을 만나니 '선음조강 인자지장(善蔭朝綱 仁慈之長)'이라고 해서 인자하기가 으뜸인 조합이 된다고 했다.

천기 자체에도 달변의 속성이 있는데 천량 역시 자기 표현을 좋아하고 한량의 특징이 있어 고담준론을 좋아하므로 '기량회합 선담병(機梁會合 善談兵)'이라고 해서, 독특한 화젯거리로 이야기하기를 좋아하고 자기를 표현하기 좋아하며 입담이 좋다고 했다.

그리고 천기는 모사의 특징대로 다재다능한 속성이 있는데 천량은 원칙적이고 엄격한 일면이 있어, 천기와 천량이 만나면서 과학기술성인 양타 등을 만나면 '고예수신(高藝遂身 : 높은 재주를 가지고 있음)'한다고 해서 뛰어난 전문기능이 있다고 보았다. 실제로 기량 조합에는 전문기능을 가진 사람이 많으며, 겁공을 만나면 창조력이나 아이디어가 풍부해져서 발명가가 되기도 한다.

언젠가 우리나라에서 김 굽는 기계를 처음 발명한 사람의 명을 본 적이 있는데, 술궁의 기량에 양타와 겁공을 보고 있었다.

그러나 천기에도 고독한 경향이 있는데 천량 역시 형극적인 의미가 강하여, 기량이 양타를 만나면 '조유형극만견고(早有刑剋晚見孤 : 일찍 육친을 형극하고 늙어서는 자식이 없이 외로워진다)'라고 해서 육친과 인연이 없고 고독하며 탈속적이어서 세상을 등지는 경우가 많거나, 탈속적인 것과 관계되는 종교·철학·심리학·역학·기공·명상 등에 심취되는 경향이 많다.

또한 사고에 능한 천기의 속성에 천량의 원칙적이 속성이 더해지므로, 기량 조합은 천기의 세 가지 조합 중에서 규칙적이고 원칙적인 속성이 가장 강하다. 그래서 옛사람들은 '기량좌우창곡회, 문위귀현, 무위충량(機梁左右昌曲會, 文爲貴顯, 武爲忠良 : 천기·천량이 보필·창곡을 만나면 문관에서는 귀현하고 무관에서는 충량하다)' 이라고 해서, 원칙적인 속성을 통해 성공하는 예를 들고 있다.

이렇게 보는 근거는 삼방에서 천량과 태양을 같이 보기 때문인데, 거일이 부처궁에 있고 관록궁엔 주성이 없어 차성안궁을 통해 기량이 거일을 만나므로, 태양의 원칙적인 속성과 천량의 엄격성이 합쳐져 원리원칙에 매우 충실한 조합이 되는 것이다.

천기의 세 가지 조합 중에서 유일하게 기월동량과 거일을 다 만나는 조합이므로, 세 조합 중에서 좋은 격이 이루어지기가 가장 쉽다.

② 천기·태음

천기의 조합 중 유독 기월 조합에 대해서만 '기월동량 작리인(機月同梁 作吏人, 예 4)'이라고 하며, 인신궁의 기월 조합을 하급관리에 적합하다고 판단했다. 이것은 본질적으로 인신궁에 기월이 있으면 자미와 천부가 협하여 주성에 의해 보호받고 부림받는 천기의 운명을 이야기한 것이지만, 이런 의미 외에도 기월의 성격적인 측면이 '작리인'에 일조하는 면도 있다.

태음은 여성을 상징하는 별로 어머니·여자형제·부인 등을 암시하는데, 여성을 상징하는 별이 남자의 명궁에 있으면 성격 자체가 어느 정도 여성화하는 경향이 있다. 게다가 천기와 같이 가볍고 신중하지 못한 별이 동궁하니, 기월은 옆에 있는 자부의 세력을 믿고 간교한 심보로 트집잡기 좋아하며 돈을 탐하고 권모술수를 부린다. 이처럼 전형적인 하급관리의 성격을 갖고 있어 고대사회에서는 대접받지 못했던 것이다.

그러나 길성과 길화가 있으면 임기응변에 능하고 모략을 잘 꾸미며 계획에 능하고 말재주도 좋다. 그래서 대기업의 총무나 기획, 관리직을 맡아 편안하게 살 수 있다.

또 천기는 동적인 성향(주로 두뇌적인)이 강한데다가 태음도 역시 차고 기우는 변덕을 부리면서 밤하늘을 가로질러 떴다 졌다 하므로, 기월에 대해서 옛사람들은 '천기태음이 인신궁에 동궁하면 타향으로 떠남을 면치 못한다'고 했다.

기월은 주로 역마성이 강한 조합이 되는데, 천마와 화령성을 보면 역마적인 속성이 더욱 강해져 한곳에 가만히 있지를 못한다. 현대사회에서는 이민, 출국, 원행 등이 잦다.

또 기월은 성격적으로 민감하고 예민하다 보니 정서적으로 흐르기 쉬우며, 낭만적이고 예술적인 경향이 농후하다. 그렇기 때문에 감정문제가 많다.

사해궁의 천기는 마시기를 좋아하며 성격이 간교하다고 했는데, 이는 사해궁에서는 천기가 함지여서 천기의 부정적인 속성이 유감없이 드러나기 때문이다. 반응이 빠르고 민첩한 천기가 모성을 자극하는 태음의 아름다움을 만나 예술적인 속성이 농후해지는 것이다.

그래서 기월 조합이 도화성을 보면 낭만과 환상이 증가하고 미적인 감각이 발달하여 예술적인 감각이나 천분이 있기 쉬우며, 무용가나 디자이너·음악가 등 독특한 재주를 표현하는 경우가 많다.

• 예4) 기월동량격 — 공무원
1955년 8월 ○일 축시 남명

旬天天文破武 空壽馬曲軍曲 　　平廟閑平 伏歲弔　32~41　47辛 兵驛客【子女】冠巳	天太 廚陽 　　廟 大息病　22~31　48壬 耗神符【夫妻】帶午	截天台天天 空月輔貴府 　　　　廟 病華太　12~21　49癸 符蓋歲【兄弟】浴未	紅天孤天紅天天太天 艶福辰空鸞姚鉞陰機 　　　　廟平閑 　　　　　　　忌祿 喜劫晦　2~11　50甲 神煞氣【命】　　生申
天寡天擎天 官宿刑羊同 　　　　廟平 官攀天　42~51　46庚 府鞍德【財帛】旺辰	음력 1955년 8월 ○일 축시 남자 命局：水 2局 命主：廉貞 身主：天相		文貪紫 昌狼微 廟平平 　　科 飛災喪　　　　51乙 廉煞門【父母】養酉
蜚天天年封鳳祿右 廉使才解誥閣存弼 　　　　　　旺陷 博將白　52~61　57己 士星虎【疾厄】衰卯			地火巨 空星門 陷廟旺 奏天貫　　　　52丙 書煞索【身福德】胎戌
解三天陀 神台喜羅 　　　　陷 力亡龍　62~71　56戊 士神德【遷移】病寅	破天天七廉 碎傷虛殺貞 　　　　廟旺 青月歲　72~81　55己 龍煞破【奴僕】死丑	大八陰地天天 耗座煞劫魁梁 　　　　陷旺廟 　　　　　　權 小咸小　82~91　54戊 耗池耗【官祿】墓子	天龍恩天鈴左天 哭池光巫星輔相 　　　　廟閑平 將指官　92~　　53丁 軍背符【田宅】絶亥

2000년 경진년 현재 경찰서장이다. 기월이 신궁에 있어 묘왕지에 있고 축시생이다. 천기에 화록, 천량에 화권·괴월이 비치고 있으며 경양·타라·천형이 있어 경찰이 되었다. 낮은 직급의 경찰에서 점점 승진하여 경찰서장까지 되었으므로, 기월동량이라고 해서 무조건 하급관리밖에 될 수 없다고 단정할 수는 없을 것 같다.

③ 천기·거문

천기도 후중한 별이 아니고 거문은 더더욱 후중한 별이 아닌데 이 두 별이 동궁하거나 만났으니, 다른 조합과는 달리 흠이 많다.

천기는 '機' 자가 암시하듯 기능과 기예에 능한 속성이 있는데 거문은 집중력이 강하고 자세하게 따지는 속성이 있으며 회의심이 많으므로, 천기와 거문이 만나면 예민한 감각이 필요한 설계사·프로그래머·르포작가·신문기자·문학가·의사로서 재능을 발휘하게 된다.

그러나 거문이 있으면 항상 태양을 보라고 했는데, 태양이 축미궁에 있고 일월이 교차지에 있어 거문의 어두움을 해소했다 말았다 하면서 서산으로 넘어가버리므로, 기거 조합은 지속적인 일에 적합하지 않다. 또 거문의 어두운 속성에 천기의 자기만 아는 성격이 한데 어울리니 구속받지 않고 하고 싶은 대로 할 수 있는 프리랜서나 자유직업 등에 맞다.

그러나 이 조합은 부풀려서 말하고 잘난 체하기 좋아하며, 겉만 번지르르하고 이기적이며, 속이 좁고 신경이 예민하며, 의심이 많고 가볍다. 쉽게 말해서 이론가이지 실천가는 아니다.

유궁의 기거 조합은 천기목이 유궁에서 십이운으로 사지가 되고 거문수는 목욕지가 되어 목사수패지에 있다 하여, 비록 재관이 있다 하더라도 오래가지 못한다고 했다.

• 예5) 1959년 5월 ○일 묘시 여명

旬天封天天天陀天 空虛詰巫姚馬羅梁 　　　　　　平陷陷 　　　　　　　　科 官歲歲 26~35 43己 府驛破【福德】 冠巳	陰祿右七 煞存弼殺 　　旺旺旺 博息龍 36~45 44庚 士神德【田宅】 旺午	天天擎文文 月哭羊曲昌 　　廟旺平 　　　　忌 力華白 46~55 45辛 士蓋虎【官祿】 衰未	天天天地天左廉 廚傷壽空鉞輔貞 　　　廟廟平廟 青劫天 56~65 46壬 龍煞德【奴僕】 病申
紅大紅天紫 艷耗鸞相微 　　　旺陷 伏攀小 16~25 42戊 兵鞍耗【父母】 帶辰	음력 1959년 5월 ○일 묘시 여자 命局 : 火6局 命主 : 文曲 身主 : 天機		截天破台天恩 空官碎輔貴光 小災弔 66~75 47癸 耗煞客【身遷移】 死酉
龍八巨天 池座門機 　　廟旺 大將官 6~15 53丁 耗星符【命】 浴卯			寡天天破 宿使喜軍 　　　旺 將天病 76~85 48甲 軍煞符【疾厄】 墓戌
天孤天地貪 福辰刑劫狼 　　　平平 　　　　權 病亡貫 52丙 符神索【兄弟】 生寅	蜚天鈴太太 廉刑星陰陽 　　陷廟陷 喜月喪 51丁 神煞門【夫妻】 養丑	解天火天天武 神空星魁府曲 　平旺廟旺 　　　　　祿 飛咸晦 96~ 50丙 廉池氣【子女】 胎子	年鳳三天 解閣台同 　　　廟 奏指太 86~95 49乙 書背歲【財帛】 絶亥

명궁과 천기·거문이 묘궁에 있고 삼방사정에서 길화(吉化)나 길성은 안 보이고 흉살만 많이 보인다. 축궁의 星을 미궁으로 차성안궁해서 보면, 묘궁의 입장에서는 경양·천형·영성·문곡화기가 비친다.

의심이 아주 많으며 다른 사람을 믿지 않고 어떤 것에도 빠져들지 못하는 성격이다.

피아노학원을 운영하는데 나이가 마흔이 넘도록 결혼하지 않고 혼자 살고 있다.

3) 태양성

(1) 화기 : 주귀

태양(太陽)도 자미처럼 貴를 主로 한다. 그래서 겉모습이나 행동거지, 인품에 귀티가 난다. 자미도 존귀하기는 마찬가지이지만, 자미의 貴는 외부적인 것에 치중하는 반면 태양은 내부적으로 인격적인 측면에서의 貴를 主로 한다.

태음이 富를 主하는 것과 달리 태양은 貴를 主하므로, 태양의 富는 貴로 말미암아 온다. 그래서 태양이 좌명한 사람은 명대어리(名大於利 : 명예나 이름이 이익보다 크다)의 경향이 많다.

태양이 귀한 것은 만물을 밝게 비추기 때문이다. 밝을수록 더욱 귀한 것이다.

당연히 태양은 빛을 내는 때에 있어야 좋은데, 보통 인궁·묘궁·진궁·사궁·오궁·미궁에 있으면 태양이 빛을 내는 때이므로 좋고, 신궁·유궁·술궁·해궁·자궁·축궁은 태양이 빛을 잃을 때이므로 貴의 본질이 퇴색된다.

또한 태양은 묘왕지에 있어야 할 뿐만 아니라 낮에 태어나야 더욱 귀한데, 태양이 함지에 있을지라도 낮에 태어나면 정성(正星)에서 주성(主星)으로 변화한다. 주성이 되기 때문에 자미나 천부처럼 백관조공을 필요로 하며, 백관조공이 있으면 극품의 貴가 있게 되는 것이다.

태양은 남자에게는 아버지별이고 여자에게는 남편을 상징하는 별이다. 여명은 남편을 貴로 삼으므로 태양이 남편성이 되는데, 여명의 명궁이 태양이면 남편성을 깔고 앉아 있는 형국이므로 남편을 쥐어잡고 산다. 이것을 탈부권(奪夫權)이라고 한다. 남편의 권리를 빼앗는다는 말이다. 태양이 명궁이면 부처궁에는 반드시 부드러운 천동이 있게 되므로, 남편이 부인에게 눈을 부라린다는 것은 있을 수 없는 일이다.

조합이 좋지 않으면, 즉 태양이 함지에서 양타·화기 등의 살을 만나면 남편을 극하여 박복한 명이 되기 쉽다. 여자가 남자의 별을 깔고 앉으니 남자 같은 구석이 있어 여장부 같은 속성이 있으며, 남자의 별이 앉아 있으니 주위의 남자들이 친구인 줄 알고 주변에 많이 꼬인다. 남자가 많이 따른다는 말이다.

태양은 살 중에서 양타를 극히 꺼리는데(예6), 貴적인 성질을 죽일 뿐더러 태양이 상징하는 남자육친(아버지·아들·남자형제·남편)과 인연이 박하게 된다.

건강 측면에서도 태양이 눈을 상징하므로 눈이 안 좋거나 심장이나 혈관질환이 있기 쉽다(예7). 두 가지 경우 모두 태양화기면 더더욱 좋지 않다.

- 예6) 1954년 1월 ○일 묘시 여명

필자가 잘 아는 비구니 스님이다.

해궁에서 함지의 태양이 화기가 되었고 관록궁에서 경양이 비치고 있다.

태양화기에 양타를 만나는 형국이 되어 아버지는 일찍 돌아가시고 어머니만 살아 계시며, 형제도 남자형제는 없고, 스님이니 남편은 더더욱 있을 리 만무하다.

물론 아들이 있을 리 없다.

天破天封天巨 廚碎才詰巫門 平	紅天鈴天廉 艶使星相貞 廟旺平祿	天天天文文天 官空鉞曲昌梁 旺旺平旺	截解孤天地七 空神辰馬空殺 旺廟廟
大亡病 66~75　48己 耗神符【身遷移】絶巳	病將太 56~65　49庚 符星歲【疾厄】墓午	喜攀晦 46~55　50辛 神鞍氣【財帛】死未	飛歲喪 36~45　51壬 廉驛門【子女】病申
旬寡天年鳳天恩火左貪 空宿傷解閣貴光星輔狼 　　　　　　閑廟廟	음력 1954년 1월 ○일 묘시 여자 命局：火6局 命主：巨門 身主：火星		天台紅天天 福輔鸞刑同 平
伏月弔 76~85　47戊 兵煞客【奴僕】胎辰			奏息貫 26~35　52癸 書神索【夫妻】衰酉
天擎太 喜羊陰 陷陷			天龍右武 月池弼曲 廟廟 科
官咸天 86~95　58丁 府池德【官祿】養卯			將華官 16~25　53甲 軍蓋符【兄弟】旺戌
輩三陰祿地天紫 廉台煞存劫府微 廟平廟廟	大天陀天天 耗姚羅魁機 廟旺陷	天天八破 虛哭座軍 廟 權	天太 壽陽 陷 忌
博指白 96~　57丙 士背虎【田宅】生寅	力天龍　　56丁 士煞德【福德】浴丑	青災歲　　55丙 龍煞破【父母】帶子	小劫小 6~15　54乙 耗煞耗【命】冠亥

• 예7) 1985년 12월 ○일 사시 여명

신궁(申宮)이 명궁이면서 정성이 없어 인궁의 거일을 끌어다 쓴다. 그러나 인궁의 거문·태양은 태양이 화기가 되어 있다.

질병에 불리한 천형이 명궁에, 천월이 인궁에 태양화기와 동궁해 있다.

여덟 살 신미년에 오빠와 놀다가 눈이 찔려 각막을 상했고, 수술을 하여 인공각막으로 대체해 끼웠다.

天破文七紫 廚碎昌殺微 　　廟平旺	紅解天天天地 艷神壽虛哭空 　　　　　廟	天大封火天 官耗詰星鉞 　　　　閑旺	截蜚天天天 空廉才貴刑
大劫小 34~43 18己 耗煞耗【子女】 生巳	病災歲 24~33 19庚 符煞破【身夫妻】養午	喜天龍 14~23 20辛 神煞德【兄弟】 胎未	飛指白 4~13 21壬 廉背虎【命】 絶申
龍恩陰地天天 池光煞劫梁機 　　　陷旺廟	음력 1985년 12월 ○일 자시 여자 命局 : 金4局 命主 : 廉貞 身主 : 火星		天天文破廉 福喜曲軍貞 　　廟陷平 　　　權祿
伏華官 44~53 17戊 兵蓋符【財帛】 浴辰			奏咸天　　　22癸 書池德【父母】墓酉
天三紅鈴擎左天 使台鸞星羊輔相 　　　　廟陷陷陷			旬寡年鳳 空宿解閣
官息貫 54~63 28丁 府神索【疾厄】帶卯			將月弔　　　23甲 軍煞客【福德】死戌
天孤祿天巨太 月辰存馬門陽 　　廟旺廟旺 　　　　　忌	天天陀天貪武 傷空羅魁狼曲 　　廟旺廟廟 　　　　　科	天太天 姚陰同 　廟旺	台八天右天 輔座巫弼府 　　　閑旺
博歲喪 64~73 27丙 士驛門【遷移】 冠寅	力攀晦 74~83 26丁 士鞍氣【奴僕】 旺丑	青將太 84~93 25丙 龍星歲【官祿】 衰子	小亡病 94~　 24乙 耗神符【田宅】病亥

(2) 오행 : 병화

태양은 오행으로 병화(丙火)이다. 병화는 또 태양이다. 태양은 빛과 열을 낸다. 그래서 광명과 박애를 상징한다.

태양은 빛을 내는 별이므로 정직하고 솔직하며 시원하고 담백하며 사심이 없다. 자신만 밝은 것이 아니라 다른 사람도 밝게 하므로 박애정신이나 정의감, 공익을 위하는 정신이 강하다.

태양은 만물을 두루 비추면서 삼라만상에게 빛과 열을 골고루 주므로 성격이 이기적이지 않고 자비하며 공평하고 치우치지 않는다.

그러나 빛과 열을 받는 대상은 많으면 많다고, 적으면 적다고 불평불만을 하기 쉬우므로 까닭없는 원망을 듣기 쉽고, 뭔가를 해주고도 욕을 먹기 쉽다.

또 태양은 빛과 열을 주기만 할 뿐 받는 것은 없으므로 시이불수(施而不受 : 베풀고 받지 않는다)의 본질이 있는데, 그런 본질 때문에 공적인 일에 적합하다. 그래서 태양이 좌명한 사람들 중에는 특히 교사나 공무원, 변호사 등 공적인 일에 종사하는 사람이 많다.

주기만 하고 받지는 못하는 본질 때문에 돈에 대한 관념은 자연히 약하고, 버는 돈도 태양의 빛과 열 즉 명예와 학력 또는 명성에 비례하게 된다.

태양은 강렬한 빛으로 어둠을 몰아낸다. 그래서 정의로움과 옳음으로 그른 것을 몰아내려 한다. 자연히 잘못된 것을 물리치려는 언동, 즉 입바른 소리를 잘한다. 태양빛이 강할수록 어둠을 물리치는 능력 또한 강할 것이므로 묘왕지의 태양은 이런 성향이 더욱 강하고 함지는 덜하다.

함지 중에서 태양이 신유궁(경우에 따라서는 미신궁)에 있으면, 황혼의 태양이 겉보기에는 휘황찬란해도 금방 져버리는 것처럼 겉만 번지르르하고 부귀 또한 오래가지 못하는 결점이 있고, 일할 때에도 항상 겉모습에 신경을 쓰며 인내력이 부족한 경향이 있다.

(3) 쌍성 조합

태양과 조합되는 별은 천량 · 거문 · 태음이다. 자오묘유궁에서는 태양 · 천량 조합(묘유궁에서는 동궁, 자오궁에서는 대조), 인신사해에서는 태양 · 거문 조합(인신궁에서는 동궁, 사해궁에서는 대조), 진술축미궁에서는 태양 · 태음 조합(축미궁에서는 동궁, 진술궁에서는 대조)이 된다.

① 태양 · 천량

묘유궁에서 태양이 천량과 동궁한다. 태양은 광명정대한 속성이 있고 천량은 청고한 본질이 있으므로, 이 조합은 광명정대하고 청고한 본성이 유감없이 발휘된다.

그래서 옛사람들은 이 조합이 문창과 녹존 · 화록을 만나면 '양양창록'이라고 해서 과거급제하는 격으로 보았다(예8). 특별히 이 조합을 지칭한 것은 공적인 부분에서 청렴결백하게 일처리를 할 수 있는 본질이 있기 때문이다.

실제로 양양창록격이 되면 공부를 잘하고 시험운이 있다. 그래서 고급공무원 · 변호사 · 검사 · 회계사 · 한의사 · 교수 · 교사 등 소위 '사(師)'자가 들어가는 직업을 갖는 경우가 많다.

성격이 양명하며 도량이 넓고 열정적이며 논리적이고 신사적이다. 완벽주의적인 성향이 강하며 남의 티를 잘 보고 직언을 잘해서 다른 사람들로부터 원망을 사기도 한다.

남의 일에 간섭을 잘하며, 어떤 분야에서든 다른 사람의 문제를 해결해주는 면에서 두각을 나타낸다. (이 별의 본성이 그렇다.) 공적인 속성이 강하므로 정치적인 성향도 있다.

대만의 문창 거사는 양양 조합에 과학기술적인 재능이 있다고 본다. 그래서 기계조작에 흥미를 가지거나 컴퓨터나 녹음기 · 무전기 등을 잘 만지며, 이런 것과 관련된 분야에 독특한 천분을 가지고 있다고 한다.

그러나 필자가 보기에는 양타 · 화령 · 겁공 등의 살과 창곡 · 천재 · 용지 · 봉각 등의 별을 본다면 몰라도, 이런 별을 보지 않았다면 꼭 그렇다고 말하기는 어렵지 않을까 생각한다.

천량은 고극(孤剋)의 본성이 있으므로 태양의 빛과 열에 의해 그 본성을 해소해야 한다. 따라서 태양은 반드시 묘왕지에 있어야 한다. 그래서 양양 조합이 묘궁에 있을 때는 좋으나, 유궁에 있을 때는 태양이 함지에 있으므로 하는 일이 용두사미가 되기 쉽고 일생 동안 우여곡절이 많다.

여명은 남자와 같이 여장부적인 기질이 있어 다른 사람의 일에 참견하기를 좋아하고 똑똑하며, 앞에서 언급한 속성들을 다 가지고 있다.

• 예8) 1943년 9월 ○일 진시 남자

天恩天天天天破武 福光巫刑馬鉞軍曲 　　　平旺閑平 　　　　　祿 喜歲弔 16~25 59丁 神驛客【兄弟】 絶巳	天封文太 官誥昌陽 　　陷廟 飛息病 6~15　60戊 廉神符【命】 墓午	天地天 貴空府 　　平廟 奏華太　　　　61己 書蓋歲【父母】 死未	紅孤天紅文太天 艶辰空鸞曲陰機 　　　平平閑 　　　　　科 將劫晦　　　　62庚 軍煞氣【福德】 病申
解寡天 神宿同 　　平 病攀天 26~35 58丙 符鞍德【夫妻】 胎辰	음력 1943년 9월 ○일 진시 남자 命局 : 火6局 命主 : 破軍 身主 : 天相		旬天天貪紫 空壽姚狼微 　　　平平 　　　　忌 小災喪 96~　 63辛 耗煞門【田宅】 衰酉
蜚年鳳地天 廉解閣劫魁 　　平廟 大將白 36~45 69乙 耗星虎【子女】 養卯			台陰巨 輔煞門 　　旺 　　權 靑天貫 86~95 64壬 龍煞索【官祿】 旺戌
天八天鈴右 月座喜星弼 　　　廟廟 伏亡龍 46~55 68甲 兵神德【身財帛】生寅	截破天天天火擎七廉 空碎使才虛星羊殺貞 　　　　　旺廟廟旺 官月歲 56~65 67乙 府煞破【疾厄】 浴丑	大三祿左天 耗台存輔梁 　　旺旺廟 博咸小 66~75 66甲 士池耗【遷移】 帶子	天天天龍陀天 廚傷哭池羅相 　　　　陷平 力指官 76~85 65癸 士背符【奴僕】 冠亥

13. 십사정성의 이해 219

태양이 오궁에 있으면서 문창과 동궁하고, 대궁에 천량이 녹존과 동궁하여 양양창록격이 이루어진다.

모 국가기관 직원의 명이다.

②태양·거문

기본명반을 보면 희한하게도 태양이 자식궁 사궁에 있으면서 태양과 밀접한 관계가 있는 별들이 삼방에 포진되어 있는데, 축궁에는 천량, 유궁에는 태음, 해궁에는 거문이 있다.

이 세 별은 모두 태양이 묘왕지에 있어서 그들의 단점을 보완해주기를 원하는데, 실제 명반에서 태양과 조합되는 별도 태양·천량, 태양·거문, 태양·태음이다. 이중에서도 거일 조합은 양양 조합과 함께 태양의 강렬한 빛으로 거문이 가지고 있는 어두운 본성을 해소시키는 것을 아주 좋아한다.

거문은 시비구설을 주로 하고 따지기 좋아하며 다른 사람의 단점을 캐기 좋아하는데, 이러한 부정적인 성격이 태양의 빛과 열에 의해 광명하게 되어 긍정적으로 변화된다. 즉 거문이 가지고 있는 긍정적인 말솜씨와 태양의 빛이 가지고 있는 반사력·전달력이 겸해지므로 전파(傳播)의 속성이 아주 강해진다.

그래서 거일 조합에는 특히 말을 많이 하는 교사나 교수 등이 많다. 또 전파의 속성 때문에 정치계에 나가 영향력을 행사하려고 한다거나, 언론계나 사회에 영향을 끼칠 수 있는 대중적인 일, 공적인 일, 종교 등에서 두각을 나타내는 경우가 많다.

하지만 거문이 가지고 있는 어두움을 해소하여 밝히기까지는 어느 정도의 과정을 거쳐야 하므로, 사업이나 명예나 재물 모두 늦게 발달하여 만년이 좋은 경우가 많다.

그러나 신궁에서는 태양이 힘이 없기 때문에 거문의 어두운 본성에 버거워하고, 빛이 서산에 지는 태양이므로 황혼의 노을이 아름답게 반짝 드리웠다 지는 것처럼 어느 순간에 찬란한 상황을 연출하다가 금방 떨어져버리는 단점이 있다. 좋은 상황이 계속되기가 쉽지 않다는 말이다.

성격은 인궁이냐 신궁이냐에 따라 상당한 차이가 있는데, 그것은 태양 역량의 강약에 비례한다.

거일이 좌명한 사람은 대체로 신중하며 인격자가 많다. 성격이 반듯하고 곧은 사람이 많고, 순수하고 때묻지 않은 인품을 지니고 있는 경우가 대부분이다.

장사보다는 학문을 하거나, 법조계 또는 정치계에 있거나, 문예적인 경향이 있거나, 예술을 하는 사람들이 많다. 외교관 또는 외국과 관련된 일을 하는 사람도 많다.

그러나 신궁에서는 모든 일을 용두사미로 처리하는 경향이 있고 유순하며, 교육계에서 종사하는 사람이 많다. 세상의 번뇌에서 벗어나 편안하게 살려고 하는 성향이 있고, 재주는 많으나 뜻을 펴지 못하는 경우도 많다.

인궁이든 신궁이든 거일 조합은 공직에 종사하는 게 가장 알맞는 성격이다.

여명도 대체로 여장부적인 기질을 가지고 있으며 감정상으로 좌절을 겪기 쉽다. 신궁의 태양은 더욱 그러해서 늦게 결혼하는 것이 좋다.

인신궁 거일의 독특한 특징은 외국 또는 외국인과 관계된 성계라는 것이다. 특히 辛년생이어서 거문화록, 태양화권이 되면 그러한 암시가 더욱 짙다.

인신궁의 거일은 자미두수 144개 조합 중에서 유일하게 명궁을 제외한 재백궁·관록궁·천이궁이 다 비어 있다. 옛사람들이 보기

13. 십사정성의 이해 221

에 이 조합은 재관·천이가 모두 무력해서 안정되게 고향에서 살지 못하고 타향이나 다른 나라에서 사는 경우가 많으므로 '이족성계(異族星係)'로 분류했던 것이다.

하지만 고대사회와 같이 안정을 추구하고 고향을 목숨처럼 소중히 여겼던 시대에는 거일 조합이 불리했을지 몰라도, 오늘날같이 글로벌한 시대에는 생존하기에 가장 적합한 환경이라고 할 수 있을 것이다.

실제로 거일 조합이 이루어지면 외국에서 생활하거나 외국으로 나가거나 외국과 관계되는 일, 즉 외국어를 가르치거나 외국인 기업에서 일하거나 외국 브랜드로 장사한다거나 외국과 무역을 한다거나 외국 여행을 전문으로 하는 여행사를 운영한다거나 하는 경우가 많다(예9).

부처궁에 거일 조합이 되면 국제결혼을 하는 경우가 많고, 전택궁에 거일 조합이 되면 외국인 회사에서 근무하는 경우가 많다. 또 형제궁에 거일 조합이 되면 형제가 외국에서 살고 있는 경우를 흔히 볼 수 있다.

게다가 거일 조합이 있는 사람들의 성격을 보면 낯선 상황, 특히 외국인이나 외국을 다른 사람들에 비해서 별로 두려워하지 않는, 다른 사람들이 보기에는 불가사의한 면모를 가지고 있다.

- 예9) 1947년 11월 ○일 술시

명궁이 인궁이면서 거문태양에 거문화기가 있다.

신해대한의 전택궁에 거문·태양이 있는데 대한의 거문화록, 태양화권이 붙자 서른네 살에 외국에 나갔다가 마흔여섯 살이 되어서야 들어왔다.

10년을 넘게 외국에서 공부하다가 들어온 것이다.

大天天恩天陀七紫 馬廚虛光馬羅殺微 平陷平旺	大解八陰祿 鉞神座煞存 旺	紅旬天天天火擎 艷空傷哭貴刑星羊 閑廟	大三鈴 陀台星 旺
力歲歲　94~　55乙 士驛破　【田宅】　生巳 　　　　【大遷】	博息龍　84~93　56丙 士神德　【官祿】　養午 　　　　【大疾】	官華白　74~83　57丁 府蓋虎　【奴僕】　胎未 　　　　【大財】	伏劫天　64~73　58戊 兵煞德　【遷移】　絶申 　　　　【大子】
大台紅天天 耗輔鸞梁機 　　　旺廟 　　　　科	음력 1947년 11월 ○일 술시 남자 命局：金 4局 命主：祿存 身主：天機		大破天天地天破廉 祿碎使壽劫鉞軍貞 　　　平廟陷平
青攀小　　54甲 龍鞍耗　【福德】　浴辰 　　　　【大奴】			大災弔　54~63　59己 耗煞客　【疾厄】　墓酉 　　　　【大夫】
截龍天 空池相 　　陷			大天寡 羊月宿喜
小將官　　65癸 耗星符　【父母】　帶卯 　　　　【大官】			病天病　44~53　60庚 符煞符　【身財帛】死戌 　　　　【大兄】
大大天孤天文左巨太 曲魁官辰巫曲輔門陽 　　　　　平廟廟旺 　　　　　　　　忌 　　　　科　　祿權	蜚天地貪武 廉才空狼曲 　　　陷廟廟	大天封文右太天 昌空詰昌弼陰同 　　　旺旺廟旺 　　　　　祿權 　　　　　忌	天年鳳天天天 福解閣姚魁府 　　　　旺旺
將亡貫　4~13　64壬 軍神索　【命】　冠寅 　　　　【大田】	奏月喪　14~23　63癸 書煞門　【兄弟】　旺丑 　　　　【大福】	飛咸晦　24~33　62壬 廉池氣　【夫妻】　衰子 　　　　【大父】	喜指太　34~43　61辛 神背歲　【子女】　病亥 　　　　【大命】

③ 태양 · 태음

축미궁의 태양과 태음은 밤낮으로 일월이 임무교대하는 宮이다. 태양의 조합 중 유일하게 이 궁에서만 일월이 혼잡되어 있다.

　태양은 잠시 있다가 태음에게 임무를 넘겨주고, 태음도 잠시 있다가 태양에게 임무를 넘겨주어야 한다. 그래서 홍콩의 중주파 육빈조 선생은 축미궁의 일월을 '홀음홀양(忽陰忽陽 : 갑자기 陰이었다가 갑자기 陽이 된다)'이라고 표현했는데, 홀음홀양은 일월 조합의 성격적 · 사업적인 측면의 속성을 잘 나타내주고 있다.

일월 조합은 사업을 한다 해도 변화가 있는 업종이 좋다. 장기적인 시간이나 노력이 필요한 일은 쉽게 싫증을 내거나, 자의든 타의든 중간에 바꾸기 쉬우므로 적합지 않다.

문창 거사는 홀음홀양의 속성을 '쌍중성격에 변덕이 많다'고 보았다. 즉 이쪽으로 가다가 금방 저쪽으로 가고, 좋은 일을 생각했다가도 금방 나쁜 일을 생각하는 등 모순적인 속성이 있다는 것이다. 또 반복(反覆)함이 많고, 이러지도 저러지도 못하는 면이 강하다. 이러한 속성 때문에 사고가 치밀하고 설계나 기획에 능해서, 마케팅·교사·의사 등 지식분야의 일에 종사하는 경우가 많다고 한다.

그러나 필자가 보기에 축미궁의 일월은 대체로 시원시원한 개성을 가지고 있으며(예10), 공적인 정신이 강하고, 중용의 감각이 뛰어나며, 태음의 영향으로 인해 직관력이나 감각이 아주 뛰어나고, 문예적인 성향도 다분하여 매력적인 부분을 많이 가지고 있다.

그러나 불의를 참지 못하고 잘못된 것을 용납하지 못하는 성격 때문에, 살을 보면 입바른 소리를 아주 잘한다.

이 궁에서는 육길성과 삼길화(화록·화권·화과)가 비치지 않고 살을 보면 인생에 파동이 많아 정말로 홀음홀양의 상황이 연출되는데, 머리는 기가 막히게 좋고 능력은 많아도 때를 만나지 못해 좌절하기 쉽다.

미궁에서는 태양이 아직 빛이 있으나 축궁에서는 태양이 빛이 없으므로, 축궁보다 미궁이 좋고 성취도 크다. 공직 또는 대기업에서 근무하거나 교직 등에 종사하는 것이 좋으며, 사업은 파동이 많아서 좋지 않다. 대체로 안정적이고 고정적인 속성의 직업이 알맞다고 할 수 있다.

축미궁의 일월은 옛사람들이 '길함을 보지 못하면 살이 없어도 흉하다'고 표현했을 정도로 불안정한 조합이므로, 이 궁에서 살을 보는 것은 아주 꺼린다. 성격적인 측면이나 부와 귀, 연분 등 여러 부분에서 흠이 생기기 때문이다.

여명이 축미궁의 일월이면, 남자와 같은 호방함과 여장부적인 속성으로 인해 결혼생활이 좋지 않은 경우가 많다. 조합이 좋으면 괜찮으나 살을 보면 결혼을 늦게 하고 감정처리를 신중하게 하는 것이 좋다.

• 예10) 1961년 9월 ○일 묘시 남명

旬截天天封龍天天天 空空福哭誥池巫刑梁 　　　　　　　陷	天大八火天七 廚耗座星鉞殺 　　　廟　旺	天文文 虛曲昌 　旺平 　科忌	天三天地陀廉 才台喜空羅貞 　　　廟陷廟
將指官 24~33　41癸 軍背符【夫妻】　生巳	小咸小 14~23　42甲 耗池耗【兄弟】　養午	青月歲 4~13　43乙 龍煞破【命】　　胎未	力亡龍　　　　44丙 士神德【父母】　絶申
解天紫 神相微 　旺陷 奏天貫 34~43　40壬 書煞索【子女】　浴辰	음력 1961년 9월 ○일 묘시 남자 命局 : 金4局 命主 : 武曲 身主 : 天相		紅蜚天年台鳳天祿 艶廉官解輔閣姚存 　　　　　　　旺 博將白　　　　45丁 士星虎【福德】　墓酉
巨天 門機 廟旺 　祿 飛災喪 44~53　51辛 廉煞門【財帛】　帶卯			寡陰擎破 宿煞羊軍 　　　廟 官攀天 94~　　46戊 府鞍德【田宅】　死戌
天天天恩紅地天右貪 使壽空貴光鸞劫魁弼狼 孤天　平　廟平 辰月 喜劫晦 54~63　50庚 神煞氣【疾厄】　冠寅	破鈴太太 碎星陰陽 　陷廟陷 　　　權 病華太 64~73　49辛 符蓋歲【身遷移】旺丑	天左天武 傷輔府曲 　旺廟旺 大息病 74~83　48庚 耗神符【奴僕】　衰子	天天 馬同 平廟 伏歲弔 84~93　47己 兵驛客【官祿】　病亥

현재 치과의사로 활동하고 있다.

미궁이 명궁이면서 정성이 없고 문곡화과·문창화기가 있으며, 대궁에서 태양화권에 태음이 동궁하면서 명궁으로 끌어다 쓴다.

축궁의 일월은 보필이 협을 받고 있으며 명궁으로 재백궁에서 거문화록이, 관록궁에서는 천마가 들어와 녹마교치가 이루어지고 있다. 명궁 미궁은 일월의 부하인 삼태와 팔좌(삼태팔좌의 성질에 대해서는 잡성부분 참조)가 양옆으로 협하고 있어 일월의 성세를 더해 주고 있다.

4) 무곡성

(1) 화기 : 제, 주사 : 재백

무곡(武曲)은 자미두수에서 세 개의 財星(천부·태음·무곡) 중 하나이다. 그중에서도 무곡은 행동으로 돈을 버는 성격의 재성이다. 그래서 무곡이 녹마교치가 되거나 녹권과를 보면 부자가 되는 경우가 많다.

반면에 무곡이 화기(化忌)가 되면 거대한 파재가 있다(예 11). 많이 번 사람이 많이 깨지는 것, 이것이야말로 공평하지 않은가!

(2) 오행 : 신금

무곡의 성격으로 봐서는 신금(辛金)이 어울리지 않아 보이지만, 무곡은 금성(金星)이다.

金의 속성은 우선 차갑다. 그래서 성격적으로 맺고 끊는 것이 확실하며, 우물쭈물하거나 어영부영하지 않는다.

그러나 차갑기는 하지만 표리부동하지 않아서 마음이 곧고 바르며, 쓸데없는 말을 하지 않는다. 그러므로 무곡은 일단 결정한 것을 번복하는 법이 없으며 실천력이 아주 강하다. 자연히 자기가 목표한 것을 이루기 위해서는 어떤 고생도 마다하지 않는다.

이런 성향으로 인해 무곡이 좌명한 사람은 대부분 자기 관리를 철저히 하며, 어린아이나 학생일지라도 자기가 할 일을 알아서 하므로 부모들이 대견해하는 경우가 많다.

옛사람들은 '과숙(寡宿)'과 '장성(將星)'이라는 말로 무곡을 표현했는데, 과숙이란 '적을 과'에 '머물 숙'이니 무곡의 주변에는 사람들이 적게 모인다는 말이 된다.

이것은 무곡의 전형적인 특징이다. 잔정도 없고 매사가 확실하고 강직하며 한번 결정한 것은 무슨 일이 있어도 번복하지 않으니 누가 옆에 가려고 하겠는가. 그래서 무곡은 인간관계나 감정생활 부분에서 썩 좋지 못하다.

여명의 경우, 탈부권하는 것은 기본이고 매사에 남자처럼 강직한 성격에 확실하고, 잔정과 애교는 없으면서 싸우면 절대로 물러서지 않고 지기 싫어한다. 그래서 여명에 무곡이 있으면 늦게 결혼하거나, 부부간에 뜻이 맞지 않고 얼굴 보는 일이 적거나, 생리사별하는 경우가 많다.

특히 무곡은 화성·영성에 화기를 만나면 '과숙격'이 형성되어 아주 좋지 않은데, 실제로도 무곡화기가 여명의 명궁이나 부처궁에 있으면 결혼생활이 원만하지 못한 것을 여러 번 경험했다.

무곡은 결단력이 있기는 하나 섣부른 결정으로 일을 그르치기가 쉽다. 먼 장래를 생각하는 사려가 부족한 것이 단점이라고 할 수 있다. 과숙격처럼 무곡이 화성·영성을 만나거나 무곡화기를 만나면 그러한 결점은 더욱더 증폭된다.

장성이라는 별명도 무곡의 성격을 잘 드러내준다. 칠살이나 파군 같은 장성처럼 격렬하고 무서운 속성을 가지고 있지는 않지만, 고독하고 행동력이 있으며 과감한 속성이 무곡에게 있어서 이렇게 불렸던 것이다.

무곡은 금성이므로 금융계통, 칼을 휘두르는 군·경·사법계통, 금속을 주무르는 기술이나 이공계통에서 두각을 나타내는 경우가 많다.

• 예11) 1959년 8월 ○일 술시 남

大旬天天陀天 鉞空虛馬羅府 　平陷平 　　　　科 力歲歲　66~75　43己 士驛破　【遷移】　絶巳 　　　　【大子】	天天祿太天 使壽存陰同 　　旺陷陷 博息龍　56~65　44庚 士神德　【疾厄】　墓午 　　　　【大夫】	天天火擎貪武 月哭星羊狼曲 　　閑廟廟廟 　　　權祿 　　　　忌 官華白　46~55　45辛 府蓋虎　【身財帛】　死未 　　　　【大兄】	天天鈴天巨太 尉姚星鉞門陽 　　旺廟廟閑 伏劫天　36~45　46壬 兵煞德　【子女】　病申 　　　　【大命】
紅天大台紅天 艶傷耗輔鸞刑 青攀小　76~85　42戊 龍鞍耗　【奴僕】　胎辰 　　　　【大財】	음력 1959년 8월 ○일 술시 남자 命局 : 火6局 命主 : 巨門 身主 : 天機		截天破地天 空官碎劫相 　　　平陷 大災弔　26~35　47癸 耗煞客　【夫妻】　衰酉 　　　　【大父】
大龍八右破廉 魁池座弼軍貞 　　　　陷旺閑 小將官　86~95　53丁 耗星符　【官祿】　養卯 　　　　【大疾】			大寡天天天天 陀宿才喜梁機 　　　　旺廟 　　　　科祿 病天病　16~25　48甲 符煞符　【兄弟】　旺戌 　　　　【大福】
大大解天孤文 馬昌神福辰曲 　　　　平 　　　　忌 將亡貫　96~　52丙 軍神索　【田宅】　生寅 　　　　【大遷】	蜚天地 廉貴空 　　陷 奏月喪　　　51丁 書煞門　【福德】　浴丑 　　【大奴】	大大天封除天文 曲羊空詰煞魁昌 　　　　　旺旺 飛咸晦　　　50丙 廉池氣　【父母】　帶子 　　【大官】	大年鳳恩三天左七紫 祿解閣光台巫輔殺微 　　　　　　閑平旺 　　　　　　　　權 喜指太　6~15　49乙 神背歲　【命】　冠亥 　　　　【大田】

228 왕초보 자미두수

정축년 대한노복궁에, 대궁에서 대한의 무곡화기에 경양·화성의 대파재 조합이 되어서, 후배 때문에 도박을 하다가 1억 원 가까이 날렸다.

(3) 쌍성 조합
무곡과 조합하는 성으로는 자오묘유 무부살 조합(자오궁 무부 동궁, 묘유궁 무살 동궁), 인신사해 무파상 조합(인신궁 무상 동궁, 사해궁 무파 동궁), 진술축미 무탐 조합(축미궁 무탐 동궁, 진술궁 무탐 대조)이 있다.

이중에서 무곡이 진술축미궁에 있을 때가 묘왕지가 되며, 묘유궁에 있으면 함지가 된다.

① 무곡 · 천부

무곡천부(武曲天府)는 자오궁에서 동궁한다. 무곡도 주재(主財)하고 천부도 주재고(主財庫)하므로 부자가 되기 쉽다. 이 둘은 재백을 主로 하는 것은 같지만, 무곡은 행동력이 강하고 천부는 지키고 안주하려는 보수적인 속성이 있으므로 약간의 모순이 있다.

중주파의 초급강의에 의하면, 무부 조합은 이러한 모순 때문에 반드시 복덕궁과 부모궁을 보아야 한다고 한다. 복덕궁에 살이 많이 비치면 명궁의 본질과 충돌하고, 길성을 많이 보면 명궁의 본질과 상응하여 얌전하고 공손하며 동정(動靜)을 적절하게 할 줄 안다.

부모궁이 좋지 않으면 유년시절에 부모의 덕을 입지 못하고 교양을 쌓지 못해 명궁의 성질과 충돌해서 이러지도 저러지도 못하는 성격이 되고 만다.

무부 조합에 대해 옛사람들은 상황이 좋으면 '재부지관(財賦之官)'이라고 해서 돈을 맡아 관리하는 관리, 즉 세무공무원이나 재경

부공무원, 증권이나 은행의 장급 인사가 되기 쉽다고 했다. 그러나 화록이나 녹존을 본 경우에 해당할 뿐, 천요와 살을 보면 오히려 간사해지기 쉽다.

또 "무곡천부가 동궁하면서 보필·창곡을 보면 높은 점수로 과거에 합격한다" "무곡천부가 자오궁에서 동궁하면 오래 산다"고 해서, 무부가 동궁했을 때 길성을 보면 좋은 조합이 된다고 한다.

무부 조합은 성격적으로 온화하고 충후하며 총명하고, 돈을 관리하고 지키는 데 능하다. 보수적인 속성이 강해서 인색하다는 말을 들을 정도로 돈에 대한 관념이 강하며(겁공과 더불어 살이 있으면 반대로 돈이 나간다), 여명의 경우는 대갓집 맏며느리감이다.

② 무곡·칠살

묘유궁에서 무곡칠살(武曲七殺)이 동궁하는데, 무곡과 칠살은 모두 금성으로 金의 살기가 태강하다.

무곡과 칠살 모두 강하고 결단력이 있으며, 과감하고 잔정이 없으므로 성격이 아주 강렬하다. 자기 고집이 강하고 선입견이 심하며, 금성이 둘이다 보니 매우 예민하고 성급하다. 머리는 좋으나 깊은 생각이 부족한 것이 흠이다.

옛사람들은 무살 조합에 대해 좋지 못한 표현을 많이 했다.

"무곡칠살이 경양을 만나면 돈 때문에 칼을 든다" "무곡이 양타에 화성을 보면 돈 때문에 목숨을 잃는다" "묘궁에서 악살·파군·염정을 만나면 반드시 나무에 깔리고 벼락을 맞는다" "묘궁에서 함지의 염정을 만나면 반드시 조업을 파하는 무리가 된다" 등등.

이런 표현들은 모두 무곡칠살의 숙살 기운 때문인데, 특히 칠살도 같이 함지어서 그 해가 매우 심하다. 그래서인지 무살 조합은 유년(幼年)에 좋지 않은 경우가 많고, 칠살 때문에 병치레가 잦다.

문창 거사도 무살 조합에 대해 유년시절에 대부분 몸이 약하고 병치레가 잦으며 혈액 쪽의 질환이 많다고 했는데, 심장병과 혈압 관계 병이 많다고 한다.

그러나 필자는 오히려 폐나 대장과 관련된 질환, 특히 기관지계통이 좋지 않은 경우를 많이 경험했다.

그중에서도 유궁은 그 地가 또 금지(金地)이므로, 무곡·칠살·유궁이 함께 있으면 세 개의 金이 모여 있으므로 묘궁보다 훨씬 심한 상태가 된다.

또 무살 조합에는 반체제인사가 많다고 하는데, 고대에는 혁명가의 부류였으며 현실에 불만족이 많다고 해석했다. 그래서 무살이 부처궁에 있으면 파격적인 결혼, 예를 들어 비행기에서 결혼을 한다든지, 행글라이더를 타고 결혼을 한다고 한다.

따라서 보필·창곡 등이 비치고 화록 또는 녹존을 만나야 인생이 순조로워지며 복이 있게 된다. 조합이 좋으면 공직이나 재경계, 군경, 의사, 공장 등을 경영하여 성공하는 경우가 많다.

옛사람들은 칠살과 파군이 함지에 있으면 '외출(外出)' 하는 것이 좋다고 했는데, 실제로 무살 조합은 고향을 떠나서 성공하는 경우가 많다.

무살 조합이 살기(煞忌)를 보면 인생에서 반복과 좌절이 많고, 육친과 헤어지거나 흩어지며 불운을 많이 만나게 된다. 또 공성(空星)을 보면 대부분 소극적이어서 고대에는 승도가 되는 경우가 많았다. 현대사회에서는 승도가 되지는 않더라도, 인생이 고적하고 현실에 적응하지 못하는 경우가 많다.

기본적으로 칠살이 함지에 있으면 재주로 먹고 사는 속성이 있다. 무살 조합에서는 특히 그러한데, 여기에 창곡·용지·봉각·천재 등을 보면 그런 속성이 더욱 강해진다.

무살 조합에서 무곡화기를 보면 결혼뿐만 아니라 재정, 건강 등이 좋지 않은 것을 많이 경험했다.

③ 무곡·천상

인신궁에서 동궁하는데, 무곡은 강직한 성격이 있지만 천상은 포용력과 부드러움을 가지고 있어서 강유가 잘 조화되어 성격이 아주 좋다.

천상의 영향 때문에 다른 사람을 돕기 좋아하며, 막료인재로 알맞다. 성격도 신중하고 충성스러우며, 돈후하고 강강하며, 공사가 분명하고 정의감이 넘친다. 공무원이 되는 경우가 많고, 장사를 하더라도 복무업과 관계된 장사(도매·소매·대리점 등)를 하는 것이 좋다.

그러나 천상이 있으면 항상 파군이 대궁에 있게 되는데, 이 파군의 영향 때문에 종종 고생을 면치 못하며 일이 많게 된다.

옛사람들은 무상 조합이 창곡을 만나면 총명하고 교예(巧藝)가 무궁하다고 했다. 사해궁의 무파처럼 기술적인 속성이 잠재하고 있기 때문에 재능의 별인 창곡을 보면 교예, 즉 기술이나 이공계통에서 두각을 나타낸다.

또한 도화성을 보면 연예·연극·영화 등의 탤런트나 연극인이 되는 경우도 많다.

④ 무곡·파군

사해궁에서 동궁하는데, 무곡은 강한 수렴의 성질이 있고 파군은 그것을 깨는 파괴적인 속성이 있으므로 금속을 깨뜨리는 분위기가 감돈다.

그래서 무파 성계는 특별히 기술적인 성계로 알려져 있다.

"무곡이 파군을 만나면 귀현하기 어렵다." "무곡과 파군은 조업과 집안을 파하고 노록한다." "무곡이 한궁(閑宮)에 있으면 손재주가 많다."

무파 조합에 대해 옛사람들이 한 말인데, 고대사회에서는 공장(工匠)이나 기술자들이 천대를 받았기 때문에 나온 말들이 아닌가 생각된다.

무파 조합은 전문기능을 연구하기 좋아한다. 설사 쌍록에 창곡을 본다 해도 금융계통의 전문지식이나 남이 알아주지 않는 쪽의 지식을 쌓아 일하지 일반적인 일은 하지 않는다. 이러한 경향은 살을 보면 더욱 강하게 나타나 기술에 의지하여 먹고 산다. 녹권과나 육길성을 보면 탁월한 전문가가 되어 이공계통에서 두각을 나타내는 교수나 금융계통의 수장이 된다.

여명의 무파 조합도 강한 것을 면할 수 없다. 따라서 혼인이 좋지 못한 경우가 많다.

무곡도 감정에 불리하고 파군도 감정에 불리한 星이다. 특히 파군으로 인해 반드시 녹을 봐야 하는데, 녹을 보지 않고 살을 보면 파군의 광적인 속성이 유감없이 발휘되어 남녀를 막론하고 감정적인 면이 좋지 않다.

인생의 변화 또한 극심하다. 큰 성취를 이루었다가 갑자기 무너진다든지, 주식으로 엄청난 돈을 벌었다가 얼마 후에 다 탕진하는 식으로 일생 동안 변화무쌍하다.

그래서 무파 조합이 관록궁에 있으면 직업을 많이 바꾸고, 전택궁에 있으면 늘 이사를 다니며, 부처궁에 있으면 혼인에 변화가 많고, 재백궁에 있으면 재래재거(財來財去)하게 된다. 속전속결하는 성격으로 모든 성패가 하룻밤 사이에 결정되어, 크게 성공했다가 크게 패하기를 반복하는 것이다.

그러나 무조건 그렇다고 말할 수는 없다. 무년생으로 사궁에서 무파에 녹존이 동궁하는 사람을 알고 있는데, 아주 조심스럽고 침착하며 신중한 성격으로(이때는 관록궁에서 또 탐랑화록을 본다) 별다른 풍파 없이 잘살고 있다. (해궁에서 녹존이 동궁하면 임년생으로 무곡화기가 되어 양타협기의 구조가 되므로 아주 좋지 않다.)

어쨌든 일반적으로 무파 조합은 변화무쌍하여, 학문의 길로 나가더라도 진로를 여러 번 수정하고, 사업을 해도 크게 성공했다가 어느 순간에 빈털터리가 되는 등 운의 기복이 심하다.

여명이라도 국내에서 외국으로 늘 돌아다니며, 웬만한 남자들이 감당하지 못할 포부나 담력을 가진 경우가 많다.

⑤ 무곡 · 탐랑

무곡은 재성, 탐랑은 교재와 수완에 능한 토이므로, 두 성이 만나면 쉽게 성공할 수 있는 조합이다. 화성 · 영성을 만나 화탐 · 영탐을 이루면 횡발하는 구조가 된다. 그러나 반드시 화록 · 녹존 등을 보고 살을 만나지 않아야 한다. 그렇지 않으면 횡발했다가 횡파하는 일이 있게 된다.

옛사람들은 무탐 조합에 대해서 "무탐이 축미궁에서 동궁하면 소년에 불리하고 30세 후에 발복하는데, 먼저는 가난했다가 뒤에는 부자가 되나 인색한 사람이다"라고 말했다. 소위 대기만성형이라는 것이다. 실제로 축미궁의 무탐과 진술궁의 무곡 대조 탐랑 조합을 보면 늦게 발달하는 경우가 많다. 어떤 사람은 이것을 탐랑이 갑목으로 동량지목이기 때문에 무곡금이 다듬느라고 시간이 걸리니 만발(晚發)한다고도 한다.

그리고 무탐 조합은 권력과 권세를 主하는데, 대체로 조합이 좋으면 대기업이나 정부에서 경제의 대권을 쥐거나 큰 부자가 된다.

무탐은 또 재예가 있으므로 살을 보면 전문기술을 배워서 전문업으로 나아가는 것이 좋다. 여명도 여장부가 많으며 사업을 하는 여성이 많다.

5) 천동성

(1) 화기 : 복, 주사 : 복덕

천동(天同)의 화기(化氣)는 福이고 복덕을 主한다. 또한 천동은 자수성가의 별이며, 처음에는 어려움을 겪다가 나중에야 편해지는 별이다. 아마 복성이라는 것과 자수성가의 별이라는 것이 모순되게 보일 것이다.

'福'이라는 글자를 한번 풀어보자. 좌변인 '示'는 술병에 술이 담긴 것을 상징하므로, 福은 술을 가득 부어놓고 제사를 지내 복을 받는다는 의미가 있다. 이것을 어떤 사람은 아주 독특하게 해석하기도 한다.

福은 '示 + 一 口 田'인데, 그중 '田'은 또 '十 + 口'이다. 즉 복은 한[一] 목숨[口] 밭[田]에 의지하여 먹고 살 수 있게 해달라고 기도하는[示 : 제사지내다→기도하다] 글자이다. 게다가 밭은 열[十] 사람의 입[口]이(고대의 대가족제도를 생각해보라) 먹고 살게 해달라고 토지신에게 비는 글자이다. 이렇게 해서 잘 먹고 사는 게 복이라는 것이 福 자의 의미라는 것이다.

농사는 열심히 한다고 해서 늘 풍성한 소득을 얻을 수 있는 것이 아니다. 눈·비·바람·태풍으로 인해 열심히 지었던 농사가 순식간에 사라지기도 한다. 그래서 열심히 농사를 짓는 그만큼 기도도 드렸을 것이다.

그러나 어쨌든 수확을 거두려면 아무것도 없는 밭에 씨를 뿌리고 김매는 수고를 해야 한다. 그래서 福을 主하는 천동에 자수성가의 의미가 있고, 먼저는 수고로움이 있다가 나중에 편해지는 의미가 있는 것이다. 천동은 십이궁 모두에서 福이라고 하는데, 여기에서 福이란 항상 이러한 관점에서 이해해야 한다. 즉 전화위복(轉禍爲福 : 어려움을 겪고 난 뒤의 편안한 복)인 것이다.

또한 수고로움을 통해서 수확을 거둔 다음에는 농작물을 먹고 즐길 수 있으니, 천동에는 '향수(享受)'의 의미도 있다.

福이라는 글자의 초점은 결국 수고롭게 열 사람 몫의 농작물을 거두는 데 있는 것이 아니라, 수확 후 편하게 먹고 쓰는 데 있는 것이다.

옛사람들은 천동을 황제의 잔칫상을 마련하는 직책을 맡은 신하로 비유했다. 잔칫상이란 결국 먹고 마시며 즐기자고 준비하는 것이다. 그러나 배불리 먹고 마시며 즐기다 보면 게을러지기 쉬우니, 이러한 비유를 통해 천동에게 게으른 속성이 있음을 알 수 있다.

게으르면 투지가 부족하고 용두사미의 성격이 되며, 어떤 상황에서든 자족하고 분투하려는 마음을 갖지 않으며, 투쟁을 싫어해서 잔치 분위기를 깨는 다툼이나 긴장·경쟁 등을 싫어하게 된다.

잔칫상을 받으면 아무리 영웅호걸이라도 다 좋게 넘어가려는 마음이 생긴다. 또한 잔치에는 거지도 왕자도 하녀도 다 같이 참여한다. 그래서 어떤 부류의 사람들과도 사귈 수 있는 친화적인 속성이 있게 되며, 술을 옷에 엎지르는 실수를 하더라도 웃으며 넘기는 미덕을 발휘한다. 또 잔치에서 춤도 추고 노래도 부르듯이 노는 것을 좋아하고 즐기게 된다.

그리고 잔치에 참석할 때는 우아하게 파티복을 입고 고상한 표정을 지으며, 격조있게 행동하고 분위기 파악에 특별히 신경을 써야 하니 총명할 수밖에 없다. 이러한 모든 것이 천동의 성격에 포함되어 있다.

옛사람들은 이러한 속성의 천동을 두고 악살을 두려워하지 않는다고 했다. 배부르게 먹고 즐기려는 천동에게 살이란 격발이나 자극제가 되므로 오히려 좋다는 것이다. 유명한 '마두대전격(馬頭帶箭格)'과 '건궁반배격(乾宮反背格)'이 바로 천동이 살을 만나서 형성되는 격국들이다.

격국에 대해서는 나중에 설명하겠지만, 간단히 말하자면 마두대전은 오궁에서 천동과 태음이 동궁하고 경양이 동궁하는 것을 말하는 것으로, 丙년생과 戊년생이 합격한다.

건궁반배격은 술궁에서 천동이 丁년생으로 천동화권이 되면서 거문화기의 격발을 받는 것을 말한다. 실제로도 운에서 천동이 명궁에 있으면 칠살운에서는 격발이 되어 원국의 천동이 어지간히 나쁘지만 않으면 좋게 된다.

그러나 천동이 모든 살에 대해서 저항력이 있으며 많이 만나도 괜찮다고 생각한다면 큰 오산이다. 잔치음식을 많이 먹고 늘어지게 한숨 잘 때 적당하게 자극을 가해야 분발을 하는 것이지, 무자비하게 몰아치면 결국 소화불량에 걸리듯, 항상 '적당한 조건'에서 살성의 격발이 필요한 것이다.

앞에서 언급한 두 격국은 대표적으로 경양과 화기에 의해 격발되는 것으로, 두 격국의 핵심은 화록을 보는 것이다. 즉 잔치음식을 먹이고 자극을 줘야지, 먹이지도 않고 자극을 가하면 결국 "천동이 사해궁의 함지에 있으면서 사살을 만나면 신체장애가 되며, 고독하고 형극하게 된다"는 식이 되어서, 살을 감당하지 못하고 주저앉게 된다.

이러한 천동의 속성으로 인해, 여명은 여성다움을 한껏 갖고 있으며 복이 있다. 그러나 먹고 사는 것에는 걱정이 없지만 의지가 박약하고 향락에 쉽게 빠지는 속성이 있어서 옛사람들은 "사해궁에서 길화를 만나면 아름다우나 음난하기 쉽다"고 했다. 배부르면 음욕이 생긴다는 옛말도 있지 않은가.

(2) 쌍성 조합

천동과 조합이 되는 쌍성은 자오묘유 동월 조합(자오궁 천동·태음 동궁, 묘유궁 천동 대조 태음), 인신사해 동량 조합(인신궁 천동·천량 동궁, 사해궁 천동 대조 천량), 진술축미 거동 조합(축미궁 천동·거문 동궁, 진술궁 천동 대조 거문)이 있다.

① 천동·거문

천동과 거문은 축미궁에서 동궁한다. 양귀비와 동탁의 여인이었던 초선의 명이 거동 조합이었다(예12).

천동은 감정의 별이고 거문은 암성(暗星)이다. 거문의 暗은 다른 별의 속성을 어둡게 가리는 속성이 있어서, 감정을 主로 하는 천동과 동궁하면 자연스럽게 감정적으로 어두운 의미가 있게 된다. 그래서 천동거문 조합은 소위 '남모르는 고충'이 많기가 쉽다. 운에서 거문에 화기가 붙든지 천동에 화기가 붙어 남모르는 고충이 많게 되는데, 부처궁에서나 복덕궁 등에서는 더욱 치명적이다.

그중에서도 미궁의 거동과 축궁의 거동은 두 궁 다 함지인데, 그래도 약간의 차이가 있다. 천량이나 거문이 있으면 반드시 태양과의 관계를 봐야 한다. 축궁의 거동은 재백궁에서 묘궁의 태양천량을 끌어다 쓰고, 미궁의 거동은 재백궁에서 함지에 있는 유궁의 태양천량을 끌어다 쓰면서 만나기 때문에, 미궁의 거동이 감정적인 고충이 훨씬 심하다.

함지의 태양천량은 형극적인 의미가 강하므로, 미궁의 거동이 좌명한 여명은 조금만 조합이 좋지 않아도 일부종사를 하지 못하고, 일생 동안 감정적으로 복잡한 경우가 많다. (축궁도 마찬가지이지만 그 정도가 좀 낫다.)

물론 길성과 녹권과를 보면 선조의 도움을 받고 부동산이 아주 많으며, 부귀하고 여러 분야에서 두각을 나타내며 순조로운 경우도 있다. 축궁의 천동에 그런 경우가 많다. 차성안궁한 태양을 만나 거일격이 형성되어서 그렇게 되는지는 몰라도, 언어적인 측면에서 탁월한 재능을 발휘하기도 하고, 차성안궁하는 양양 조합이 공적인 속성을 띠므로 육길성을 만나(축미궁에서는 창곡·보필이 협하는 경우가 많다) 공직이나 교직, 대기업 직원 등 대중복무의 직업에 종사하는 경우도 많다.

그리고 거문은 시비구설을 主하고 천동은 감정·정서·향수 등을 의미하므로, 정서나 감정을 고양시키거나 그런 것들을 누리도록 가르치는 직업, 즉 메이크업이나 미용·꽃꽂이·요리 등을 가르치는 직업을 갖고 있는 경우도 많다.

거동 조합 중에는 또 명궁에 정성이 없고 삼방에서 태음과 태양천량을 관·재궁에서 만나는 조합이 형성되는 경우도 있다. 이중에서 미궁에 정성이 없으면서 명궁이 되고 대궁의 거동을 끌어다 쓰는 경우는 일월이 재관궁에서 묘왕지에 있으면서 비치는데, 이것을 명주출해격이라고 한다.

명주출해격은 삼공의 지위에 오른다고 할 정도로 높은 격이다. 물론 길성과 녹권과가 비쳐야 한다.

거동 조합은 길성을 만나느냐, 흉성을 만나느냐, 도화성을 보느냐에 따라서 성격의 변화나 격의 고하가 심하게 달라지므로 판단할 때 조심해야 한다.

• 예 12) 갑자년(편의상 1984년으로 작성) 1월 ○일 미시 여명

天破天鈴太 廚碎巫星陰 　　　旺陷 大劫小　25~34　18己 耗煞耗【夫妻】冠巳	紅天天地貪 艶虛哭劫狼 　　　　廟旺 病災歲　15~24　19庚 符煞破【兄弟】帶午	天天大天巨天 官才耗鉞門同 　　　　旺陷陷 喜天龍　5~14　20辛 神煞德【命】　浴未	截解輩恩天武 空神廉光相曲 　　　　廟平 　　　　　科 飛指白　　　21壬 廉背虎【父母】生申
龍天八地左天廉 池貴座空輔府貞 　陷廟廟旺 　　　　　　祿 伏華官　35~44　17戊 兵蓋符【子女】旺辰	음력 1984년 1월 ○일 여자 命局：土5局 命主：武曲 身主：火星		天天封天天火天太 福壽詰喜刑星梁陽 　　　　　陷地閑 　　　　　　　忌 奏咸天　　　22癸 書池德【身福德】養酉
紅擎文 鸞羊昌 　陷平 官息貫　45~54　28丁 府神索【財帛】衰卯			旬天寡年鳳三右七 空月宿解閣台弼殺 　　　　　　廟廟 將月弔　95~　23甲 軍煞客【田宅】胎戌
孤天陰祿天破 辰使煞存馬軍 廟旺陷 　　　　權 博歲喪　55~64　27丙 士驛門【疾厄】病寅	天台天陀天 空輔姚羅魁 　　　廟旺 力攀晦　65~74　26丁 士鞍氣【遷移】死丑	天紫 傷微 　平 青將太　75~84　25丙 龍星歲【奴僕】墓子	文天 曲機 旺平 小亡病　85~94　24乙 耗神符【官祿】絶亥

양귀비의 명이다.

미궁이 명궁이면서 거문천동이 동궁해 있고 대모와 목욕이 동궁하며 대궁에는 천요가 있다. 신궁은 유궁의 태양천량이면서 천희가 있고, 묘궁은 천희가 있으며 함지와 동궁하고 있다.

묘궁에 정성이 없으므로 유궁의 별을 다 끌어다 쓰는데, 명궁인 미궁 입장에서는 목욕·천요·함지·대모·홍란·천희를 다 보고

있다. 이 상황에서 축미궁의 괴월이나 해궁과 묘궁의 문창·문곡은 모두 도화로 변한다.

• 예 13) 양귀비와 비슷한 명
　　　1962년 9월 ○일 묘시 여명

孤封天天天太 辰誥巫刑鉞陰 　　　　旺陷 飛亡貫 22~31 40乙 廉神索【夫妻】冠巳	天龍鈴貪 福池星狼 　　廟旺 奏將官 12~21 41丙 書星符【兄弟】帶午	天文文巨天 喜曲昌門同 　　旺平陷陷 將攀小 2~11 42丁 軍鞍耗【命】浴未	天年鳳天地天武 虛解閣馬空相曲 　　旺廟廟平 　　　　　　忌 小歲歲 43戊 耗驛破【父母】生申
旬解天天恩八火天廉 空神哭貴光座星府貞 閑廟旺 科 喜月喪 32~41 39甲 神煞門【子女】旺辰	음력 1962년 9월 ○일 묘시 여자 命局：水2局 命主：武曲 身主：天梁		天破天大台天天太 廚碎才耗輔姚梁陽 　　　　　　地閑 　　　　　　　祿 青息龍 44己 龍神德【福德】養酉
天天天 壽空魁 廟 病咸晦 42~51 50癸 符池氣【財帛】衰卯			蜚天三陰陀七 廉官台煞羅殺 廟廟 力華白 92~ 45庚 士蓋虎【田宅】胎戌
截天天地右破 空月使劫弼軍 平廟陷 大指太 52~61 49壬 耗背歲【疾厄】病寅	寡紅 宿鸞 伏天病 62~71 48癸 兵煞符【身遷移】死丑	紅天擎左紫 艷傷羊輔微 陷旺平 權 官災弔 72~81 47壬 府煞客【奴僕】墓子	祿天 存機 廟平 博劫天 82~91 46辛 士煞德【官祿】絶亥

명궁이 미궁의 거문천동으로 양귀비와 같다.
문창문곡이 동궁하고 있으며 목욕과 천희가 동궁하고 대궁에는

홍란이 있다. 묘궁 재백궁에는 함지가 있으며, 복덕궁 유궁은 태양 천량에 천요대모가 동궁하면서 묘궁으로 차성안궁하고 이것이 명궁 미궁을 비춘다.

평소에 남자들과 교제가 많았으며 기묘년에 바람이 났다가 남편에게 들켜 이혼하게 되었다.

② 천동 · 천량

인신궁에서 동궁한다. 삼방사정에서 기월동량 작리인의 완벽한 격이 이루어지므로, 동량 조합은 일반적으로 복무성의 직업에 적합하다.

천량의 노인성으로 인해 행동거지가 노숙하고 어른스럽다. 또 천량은 약간 깐깐한 속성이 있는데, 천동의 '좋은 게 좋다'는 식의 성격이 천량의 영향을 받아 약간의 고집과 원칙을 갖게 된다. 양타를 보면 천량의 속성이 강화되어 깐깐한 성격으로 발현되고 까다롭게 변하는 경우도 있다.

그러나 천동은 본래 성격이 원만하고 선량하여 가리는 것이 없으므로 인간관계가 넓으며, 천이궁에 정성이 없고 자부의 협을 받고 있어 대체로 귀인의 조력이 많다.

반면에 동량 모두 봉흉화길(逢凶化吉)의 속성이 있으므로, 일생동안 흉험한 일을 많이 당하고 놀라는 일이 많으나 결국 길하게 변한다.

동량 조합은 대체로 다재다능하여 문화사업이나 광고계통의 직업을 갖는 경우가 많으며, 도화성을 보면 유흥업(노래방 · 다방 · 술집 · 오락실 · PC방 등) · 연예인 · 예술인 등의 직업을 갖는 경우가 많다.

임상경험에 의하면 천량의 노인성에 천동의 감정성이 결합되어서인지 유부녀 또는 유부남과 사랑에 빠지는 경우가 많았다. 감정적으로 좋은 조합은 아니어서 결혼생활에 감정적으로 우여곡절이 많은 경우도 종종 보았다.

③ 천동 · 태음

자오궁에서 동궁한다. 자궁에서는 두 성이 다 묘왕지이고 오궁에서는 함지가 되므로, 자궁이 훨씬 안정적이고 좋다.

그러나 오궁의 동월도 丙년생이나 戊년생으로 동월과 경양이 동궁하고 쌍록의 협이나 녹을 만나면, 마두대전격이라고 해서 변방의 오랑캐를 진압하는 격이 되어 무관으로 이름을 날린다고 했다. 오궁이 함지이지만 특별하게 격을 이루면 의미가 달라지게 되는데, 이런 명은 자수성가의 의미가 더욱더 강하며 일생 동안 극적인 변화를 많이 경험하게 된다.

마두대전격은 오궁 명궁에 정성이 없고 병년생으로 경양이 단수하며 대궁에 동월이 있을 때 성립한다. 명궁의 입장에서 천이궁이 동월에 천동화록이 되므로 진정한 위진변강(威鎭邊疆)을 할 수 있다고도 해석할 수 있다.

또 한편으로는 동월이 자궁이든 오궁이든, 재백궁에 정성이 없어 복덕궁의 거일을 끌어다 쓰게 되므로, 외국과 관계된 거일의 영향으로 인해(특히 辛年生) 외국 또는 외국인과 관계된 업무를 하는 경우도 많다.

자궁의 동월이 격이 좋으면 수징계악격(水澄桂萼格)격이 되어 청렴함을 요구하는 직책에 있게 된다고 하는데, 실제로 자궁의 동월 조합은 교육자나 의사 혹은 간호사, 공무원이 되는 경우가 많다.

자오궁 모두 성격이 순수하고 깨끗한 경우가 많다. 여명은 얼굴이 예쁘고 감정이 풍부하나, 감정적으로 맺고 끊음이 분명하지 못하고 지나치게 감정적으로 흘러 곤란한 일이 많이 발생한다. 오궁의 동월이면 더욱 그러한데, 이 궁이 명궁이면서 길성을 보지 못하면 일생 동안 안정된 삶을 살지 못하고 떠돌아다니게 된다. 즉 유흥업소를 전전한다든지 하여 행복한 삶을 이루지 못하는 경우가 많다. 그래서 동월 조합은 감정적인 문제를 처리하는 데 특별히 주의해야 한다.

남명이 동월 조합인 경우(예 14), 묘왕지면 몰라도 오궁같이 함지가 되면 사람됨이 변덕스럽고 이기적이며, 의심이 많고 꾀가 많으며 가볍고, 감정적으로 일을 처리하게 되므로 지조나 줏대가 없다. 또한 이성에게 약하여 유혹받기 쉽고, 속이 좁고 신경질적이다. 게다가 다른 사람의 말에 상처를 쉽게 받아 군자가 사귈 만한 성격이 아니다.

한의 광무제 유수가 오궁의 마두대전으로 높은 격이었음에도 불구하고 신하를 의심하고 공신들을 주살하였다가 나중에 신경착란증으로 죽었는데, 임상경험 결과 실제로 많은 사람들로부터 이러한 경향이 발견되었다.

- 예 14) 1948년 7월 ○일 인시 남명

전형적인 마두대전격이다.

오궁에 동월이 경양과 동궁하여 태음화권이 되고, 녹존과 탐랑화록이 오궁을 협하여 경양을 제화하고 있다. 쌍록이 협하므로 부모가 거부여서 부모의 사업을 물려받았다.

명신궁으로 화과에 문창문곡, 좌보우필, 삼태팔좌, 용지봉각, 태보봉고 등 백관조공의 길성들이 비치고 있다. 이름만 대면 알 만한 유명한 관광회사 사장이다.

성격은 앞에서 서술한 그대로이다.

破祿天 碎存府 　　廟平 博劫小　　　54丁 士煞耗【兄弟】冠巳	旬天天天天擎文太天 空廚才虛哭羊曲陰同 　　　　　平陷陷陷 　　　　　　權 力災歲 6~15　55戊 士煞破【命】　旺午	大天天天貪武 耗貴姚鉞狼曲 　　　　旺廟廟 　　　　　祿 青天龍 16~25　56己 龍煞德【父母】衰未	蜚台文巨太 廉輔昌門陽 　　旺廟閑 　　　　科 小指白 26~35　57庚 耗背虎【福德】病申
紅封龍火陀右 艶詰池星羅弼 　　　閑廟廟 官華官　　　53丙 府蓋符【夫妻】帶辰	음력 1948년 7월 ○일 인시 남자 命局 : 火6局 命主 : 破軍 身主 : 火星		恩天地天 光喜空相 　　　廟陷 將咸天 36~45　58辛 軍池德【田宅】死酉
天天紅天破廉 福官鸞刑軍貞 　　　　旺閑 伏息貫 96~　64乙 兵神索【子女】浴卯			寡天年鳳左天天 宿壽解閣輔梁機 　　　　　廟旺廟 　　　　　　　忌 奏月弔 46~55　59壬 書煞客【身官祿】墓戌
解孤八陰天天 神辰座煞巫馬 　　　　　旺 大歲喪 86~95　63甲 耗驛門【財帛】生寅	天天地天 使空劫魁 　　陷旺 病攀晦 76~85　62乙 符鞍氣【疾厄】養丑	截三鈴 空台星 　　陷 喜將太 66~75　61甲 神星歲【遷移】胎子	天天七紫 月傷殺微 　　平旺 飛亡病 56~65　60癸 廉神符【奴僕】絕亥

6) 염정성

(1) 화기 : 수, 살

염정(廉貞)의 화기(化氣)는 囚(가둘 수)이다. 바로 이 '囚'에 염정의 비밀이 숨겨져 있다.

'囚'는 '口 + 人'이다. 즉 사람이 '口'에 갇혀 있는 형상이다. 가장 직접적인 의미는 글자의 생김새 그대로 염정이 관록궁에서 화기(化忌)가 되면 관재소송으로 감옥에 간다는 것이다. 몇 가지 조건이 갖추어져야 하지만, 실제로 염정 때문에 소송이 걸리거나 감옥에 가는 일이 많다.

엄밀한 의미에서는 염정화기(廉貞化忌)일 때 '囚'라고 할 수 있으나, 囚의 의미를 염정의 보편적인 속성으로 이해해도 큰 무리는 없다.

염정은 우선 패밀리 정신이 강하다. 가족 중심주의, 내 식구·내 사람·내 조직의 사람을 보호하고 챙기며 그들을 소중히 여기는 의식구조가 강하다는 것이다. 그것은 囚라는 글자를 자세히 보면 알 수 있다. 사람〔人〕을 동서남북에 울타리를 쳐서 보호하고 있는 형상이지 않은가!

옛사람들은 염정이 혈(血)을 主로 한다고 해서 혈연·혈육의 의미가 있다고 보았는데(그래서 염정이 질액궁에서 化忌가 되면 '혈질', 즉 피에 관련된 질환이 있다고 한다), 직접적으로 언급한 것은 아니지만 여기에서도 역시 강한 패밀리 정신을 엿볼 수 있다.

가족이란 혈연관계이므로 정과 사랑이 넘치며 무엇이든 주고 싶어진다. 그래서 염정이 좌명한 사람은 대체로 감정이 풍부하다. (감정을 극하는 파군이나 칠살과 조합이 되면 이러한 경향이 약해진다.) 그렇기 때문에 염정은 이지적인 별이라기보다는 감정적인 별이라는 인상을 많이 주는데, 조합에 따라 지나치게 감정적이어서 흥분을 잘하고 감정이 불안한 경우도 있다.

또한 가족주의적인 경향은 가족 이외의 사람이나 집단, 조직에 대해서 배타적인 모습으로 나타나, 자기만의 세계(자기 가족, 자기 조직, 자기 식구)에 안주하려 하고 이기적이며 잘 베풀지 않고 집착이 강하다. 또한 다른 사람들이 자기의 성역을 침범하고 위협하는 것을 아주 꺼린다.

그리고 다른 사람들 위에 서려는 본질적인 성향 때문에 경쟁심과 승부욕이 강하며, 자기 것을 성취하려는 의욕이나 샘이 많다.

　자기 안의 것만 소중히 여기고 자기 밖의 것에는 담을 쌓으므로, 우물 안 개구리가 되기 쉬우며 속칭 공주병이나 왕자병에 걸리기 쉽다.

　자기 도취, 자기 폐쇄, 자기 우월의 공주병적인 속성으로 인해서 나와 다른 사람을 구별짓기 좋아하고, 다른 사람들에게 비밀스럽게 굴며 권위적이고, 자기 것을 과시하려는 경향이 있다.

　그래서 옛사람들은 염정을 나쁜 별로 인식했다. 염정의 속성이 강하게 나타나는 인궁 · 신궁 · 미궁 등에서는 염정청백격(廉貞淸白格, 여명에만 해당된다)이라고 해서 그야말로 청백한 본질을 드러내게 되는데, 사람됨이 고고하고 자존심이 강하며 완벽주의적인 성향에 결백한 속성이 있어서, 다른 사람에게 대리석 같은 느낌이나 심각한 공주병에 걸린 듯한 인상을 주게 된다고 했다.

　또 囚란 감옥에 사람이 갇혀 있는 형상이다. 그러므로 강박적인 심리가 있다. 자타를 막론하고 이 강박적인 심리가 나타나는데, 특히 자신을 심하게 강제하는 속성이 있다.

　이러한 강제적인 자기 억제나 통제로 말미암아 자칫 심각한 자기 모순에 시달리게 되어, 감정적으로 매우 불안한 상황에 처하게 되는 경우가 많다.

　또 다른 사람에게도 압박감을 주어 피곤하게 만드는 속성이 있다. 이러한 압박이나 스트레스는 결국 순전히 자기를 위한 것이므로 동기가 이기적인 경우가 많다.

　또 囚는 사람이 외부로부터의 유혹을 차단하고 홀로 칩거하는 형상이다. 그래서 염정은 집중력이 강하다.

　더불어 '口' 안에 사람[人]을 가두고 도망가지 못하게 하는 형상이므로, 염정이 좌명한 사람은 관리능력이 뛰어나고 목표의식이 강하다. 감시의 대상이 한 사람뿐이므로 자연히 목표의식이 강하다고 하겠다. 이러한 관리능력 때문에 사람을 피곤하게 하는 경우도 매우 많다.

여명의 경우라면 애인을 지나치게 감시하여 피곤하게 만든다. 또한 상대방을 자기 안에 가두고 혼자만 즐겨야지 다른 사람이 넘보면 안 되므로 질투심이 굉장히 강하다.

그래서 옛사람들은 염정이 관록궁에 있으면 관록을 主한다고 했다. 관록 즉 사업이나 직장에서는 집중력과 관리능력, 행정능력, 목표의식 등이 도움이 되기 때문이다.

囚에서 口를 부숴버리면 안에 있는 사람〔人〕이 자유롭게 돌아다닐 수 있다. 오랫동안 감옥에 있다가 나오면 하고 싶은 일이 매우 많은데, 그중에서도 특히 술이나 여자와 같이 본능과 관계된 것에 강렬한 흥미를 느끼게 된다. 그래서 염정은 상황에 따라 차도화(次桃花)적인 속성을 갖게 된다.

술과 여자에 빠진 건달들과 함께 있다 보면 분위기에 동화되어 다시는 죄를 짓지 않겠다고 다짐했어도 결국 한통속이 되듯이, 탐랑이라는 정도화성(正桃花星)과 같이 사해궁에 있으면 염정의 청백한 속성도 탐랑의 영향을 받게 되어 차도화로 변해버리고 마는 것이다.

이처럼 宮에 따라, 만나는 星에 따라 현격한 차이가 나므로 염정은 추단하는 데 상당한 복잡한 별이라는 것을 알 수 있다.

(2) 쌍성 조합

자오궁은 염정 · 천상 조합, 묘유궁은 염정 · 파군 조합, 진술궁은 염정 · 천부 조합, 축미궁은 염정 · 칠살 조합, 사해궁은 염정 · 탐랑 조합이 된다.

①염정 · 천상

자오궁에서 동궁한다. 염정은 화성(火星)이고 천상은 수성(水星)이다. 수극화(水剋火)하여 염정의 악을 제하므로 천상과 동궁하는 것을 좋아한다. 천상의 영향을 받기 때문에 염정의 조합 중에서 염정천부 다음으로 성격적인 측면이 좋아 보인다.

염정은 감정이 풍부한 별이고 천상은 동정심과 정의감과 책임감이 강한 별이므로, 이 조합은 책임감이 강하고 감정이 풍부하며 보수적인 색채가 강하다. 길성을 보면 사람이 방정하고 예의가 있으며 신중하다.

그러나 공주병 염정과 책임감이 강한 천상이 만났으므로, 매사를 자기가 직접 하려고 하는 경향이 강하다. 염정도 배타적인 속성이 있는데다 천상도 자기가 섬기는 주인밖에 모르는 외곬적인 성격이 있으므로, 배타적이고 흑백이 분명하며 공주병적인 영웅주의 속성이 더욱 강해지는 것이다.

자기 폐쇄적인 염정과 보좌적인 속성의 천상이 만났으니, 독자적으로 하는 사업이나 우두머리가 되기보다는 대기업 직원이나 공무원, 교사 등의 직업을 갖는 것이 좋다.

염정의 조합 중 공무원 속성이 가장 강한 조합이다. 염정에도 관록을 主하는 속성이 있는데 천상에도 관록의 의미가 있기 때문에 더욱 그러한 것이다.

부득이하게 장사를 한다면 천상과 대궁의 파군의 영향을 받아 독자적으로 하기보다는 동업을 하는 경우가 많다.

그러나 이 조합이 염정화기가 되면 오궁에서는 경양과 동궁하고, 자궁이라면 양타를 보게 되므로 성계가 아주 불안해져서 횡발횡파하는 경향이 있다. 또 감정색채가 농후한 염정에 화기가 되고 도화성을 보면 주색에 빠져 신세를 망치기 쉽다. 그리고 정상(貞相)이 육살과 화기를 만나면 관재로 감옥에 가거나 사고를 당하고, 질병에 걸리거나 수술을 하는 등 좋지 않은 일이 생기게 된다.

이것에 대해 홍콩의 학자 문기명은 더욱 구체적인 언급을 하고 있는데, 소위 오렌지족(여기서 말하는 오렌지족이란, 아버지가 조정의 재상인 것을 빌미로 패도를 저지르고 무위도식하며 양가의 부녀자들이나 건드리는 고대사회의 건달을 지칭한다)이 될 가능성이 있는 조합이 염정천상이라고 주장한다.

염정이 명신궁에 있으면 도화성으로 주색에 빠지고 변덕이 심하다. 천상은 인성(印星)으로 자기 주관이 전혀 없으므로 외부적인 영향을 받기 쉽다. 그러므로 이 두 가지 성격이 합해지면 마음이 강하고 성격이 이리와 같으며 안정되지 못하고 조급하며 폭력적이기 쉽다는 것이다.

염정천상이 명궁에 있으면 부모궁에 반드시 천량이 있게 되는데, 천량은 음덕의 성으로 부모가 고위에 거하고 권세가 있을 수 있는 조합이다. 가령 명궁에 이런 조합이 있으면서 길성을 만난다면 좋은 스승과 이로운 친구를 만나 자기를 단속하고 재예(才藝) 방면으로 발전하지만, 명궁에서 살성을 만나면 나쁜 친구와 건달을 만나는 것과 같아서 무리를 지어 악을 행하며 주색에 빠지고 세력만 믿고 횡행하기 쉽다.

재예 방면으로 발전한다면 성취가 있겠지만, 후자처럼 세력만 믿고 횡행한다면 결국 색으로 인한 화를 당하거나 관재가 있고 암해를 당하거나 파산하게 된다.

오늘날로 치면 고급공무원이나 중소기업사장, 또는 교수인 아버지의 위세를 믿고 제멋대로 행동하며 못된 짓을 저질러 텔레비전이나 신문의 사회면을 장식하는 젊은이들이 이런 조합에서 살을 만나는 경우가 많다는 것이다. 참고하기 바란다.

② 염정 · 파군

묘유궁에서 동궁한다. 묘유궁의 염정파군(廉貞破軍)은 평 · 함지이다. 그래서 염정은 화성, 파군은 수성으로 水剋火하지만, 자오궁의 정상처럼 수화기제(水火旣濟)가 되는 것이 아니라 화수미제(火水未濟)가 되므로 염정의 결점이 폭로되기 쉽기 때문에, 옛사람들은 이 조합을 좋지 않게 보았다(예15).

묘궁은 木地므로 염정 火가 힘을 얻고 유궁은 金地로 파군 水가 힘을 얻으므로, 염정의 속성을 더 파괴시키는 궁은 유궁이다.

파군의 파괴적인 속성으로 인해 염정의 囚적인 본질이 파괴되고 위협받게 되므로 감정과 이지적인 속성이 충돌하여 불안정하기 쉽고, 파군의 파구창신 · 자수성가적인 속성으로 인해 대부분 조업을 의지하지 않고 혼자 자수성가하게 된다.

파군이 염정을 水剋火해서 염정의 보수적인 속성이 깨어지고, 파군의 노도와 같은 속성의 영향으로 인해 염정 조합 중에서 개창력이 가장 강하다.

안정적으로 한곳에 오래 있기보다는 불안정한 상황을 좋아하고 일을 만드는 파군의 속성으로 인해 일생 동안 일을 벌이느라 한가롭게 쉬지 못해 심신이 고달프다. 파군은 겸직 · 겸업 · 동업의 속성이 있으므로 일생 동안 이런 상황을 많이 만나게 된다.

정의감과 동정심이 풍부하며 포부와 이상이 크고 추진력이 강한 성격이다.

옛사람들은 이 조합이 살을 보면 염치없는 하급공무원이나 교예(巧藝)로 먹고 살게 된다고 했는데, 실제로 이 조합이 녹권과를 보고 길성을 보면 공직이나 교육 · 정치 · 법률 등에 종사하는 경우가 많고, 살을 보면 기술로 먹고 살거나 군인 또는 경찰이 되는 경우가 많다.

또한 화성·영성을 보면 자살하는 경향이 있고, 천이궁에 있으면
서 살을 보면 교통사고로 길에서 죽는다고 했는데, 실제로도 살을
보면 험한 경우를 많이 만나게 된다.

• 예15) 1956년 4월 ○일 신시 여명

天天祿七紫 官才存殺微 　廟平旺 博劫天　46~55　46癸 士煞德【財帛】　絶巳	鈴擎 星羊 廟平 官災弔　36~45　47甲 府煞客【子女】　墓午	寡紅地右左 宿鸞劫弼輔 　平廟廟 伏天病　26~35　48乙 兵煞符【夫妻】　死未	天陰 貴煞 大指太　16~25　49丙 耗背歲【兄弟】　病申
旬截蜚天三天陀天天 空空廉使台姚羅梁機 　　　廟旺廟 　　　　　權 力華白　56~65　45壬 士蓋虎【疾厄】　胎辰	음력 1956년 4월 ○일 신시 여자 命局：火6局 命主：文曲 身主：天梁		破天天天破廉 碎壽空鉞軍貞 　　廟陷平 　　　　　忌 病咸晦　6~15　50丁 符池氣【命】　衰酉
大地天 耗空相 　　平陷 青息龍　66~75　56辛 龍神德【遷移】　養卯			解天封恩八火 神哭詰光座星 　　　　　廟 喜月喪　　　51戊 神煞門【父母】　旺戌
天天天年台鳳天文巨太 月傷虛解輔閣馬昌門陽 紅　　　旺陷廟旺 艶　　　　　　　科 小歲歲　76~85　55庚 耗驛破【奴僕】　生寅	天貪武 喜狼曲 　廟廟 將攀小　86~95　54辛 軍鞍耗【身官祿】　浴丑	天天龍天文太天 廚福池刑曲陰同 　　　廟廟旺 　　　　　　祿 奏將官　96~　53庚 書星符【田宅】　帶子	孤天天天 辰巫魁府 　　旺旺 飛亡貫　　　52己 廉神索【福德】　冠亥

유궁이 명궁이면서 염정화기와 파군이 동궁하고 있다. 부처궁은
괜찮아 보이나 감정의 별인 염정이 화기로 깨져 있는데 파군과 동

궁하니 감정적인 면이 아주 불리하다.

결혼에 세 번 실패한 후 지금은 10년 연하의 남자와 동거하고 있다. 고향에 안주하지 못하고 일본에 오래 살면서 사업을 하여 한때는 돈을 엄청나게 벌었으나, 지금은 먹고 살기가 답답할 정도로 어렵다.

③ 염정 · 천부

진술궁에서 동궁한다. 염정은 수(囚), 천부는 재고(財庫)로 염정과 천부의 보수적인 속성이 맞아떨어지고, 염정 火가 천부 土를 생하는데다 土地에 있어서 염정의 조합 중 가장 안정적이다.

그래서 이 궁에서 길을 보면 '요금우차부(腰金又且富)'해서 부귀쌍전하는 명이 된다고 했다. 염정의 主 관록, 즉 사권령(司權令)하는 속성과 천부의 主 재백하는 속성이 만나 재관쌍미의 격국이 이루어지는 것이다.

평온한 성격에 침착하며 재주가 있다. 천부 때문에 귀티가 있고 신사적이며 문학적인 소양이 있다. 묵묵히 자기 일에 최선을 다하며 책임을 완수하려는 경향이 강하다. 따라서 재정이나 금융계통, 기업에서 행정적인 일을 맡는 것이 좋다. 문화나 문예방면 즉 예술가나 교수, 의사, 은행 · 보험회사 직원 등 다방면에서 두각을 나타낸다.

천부의 속성으로 인해 염정의 불안정한 속성이 사라지고 안정적인 상태가 되겠지만, 보수적인 성향이 지나치게 강하여 개창력은 부족할 수 있다.

④ 염정 · 칠살

축미궁에서 동궁한다. 염정은 미신인궁에서 묘왕지가 되는데, 축미궁의 정살(貞殺) 중에서도 미궁에 있으면 웅숙건원격(雄宿乾垣格)이라고 해서 비교적 격이 높게 된다.

염정의 두 가지 모습 즉 차도화와 사품질(司品秩)·사권령(司權令)하는 성질이 칠살의 대살장(大殺將)과 같이 있으므로, 품질(品秩)과 권령(權令)을 맡는 염정 본연의 모습이 배가되고, 이러한 성질이 대장군인 칠살의 손에 있는 것과 같으니 무관으로 혁혁한 공을 세우는 웅숙건원격이 구성될 수 있는 것이다. 이처럼 염정의 장점을 잘 발휘할 수 있게 되어, 염정의 격국 중에서 상당한 고격이 형성된다.

그러나 상황이 좋지 않으면 대장군이 권령을 모반하는 데 쓸 수도 있으므로 노상매시(路上埋屍 : 길 위에 시체를 묻는다)의 흉격(凶殺을 볼 때)이 이루어지기도 한다.

오행으로는 염정 火가 칠살 金을 제련하는 형국이 되나, 흉살을 만나면 기문에서처럼 화금상전(火金相戰)된다.

염정이 칠살을 만나므로 변동하는 칠살의 속성으로 인해 변동이 많아져 자연히 늦게 발달하고, 설혹 부업(父業)이 있더라도 자립하여 자수성가하는 경우가 많으며, 독립적인 정신이 강하다. 행정능력이 뛰어난 염정과 관리능력이 뛰어난 칠살이 동궁하고 있으므로 의외로 꼼꼼하고 치밀한 데가 있어서 컨설팅이나 총무 같은 일에 아주 적합하며 이재(理財)능력 또한 뛰어나다.

공주병이 심각한 염정이 독립적이고 장군 같은 기세의 칠살과 만났으므로 품은 뜻이 크며 기세가 당당하다. 또 승부욕이 강하며 이익보다 이름이 더 높게 된다.

염정이 가지고 있는 차도화적인 속성이 칠살의 영향을 받아 문예적인 기질이나 시나 음악을 좋아하는 경향으로 바뀌지만, 살을 많이 보면 주색에 빠지기 쉽다.

칠살이나 염정 모두 무성(武星)이므로 살을 보면 이공계나 공예 등 기술계통으로 성공하는 경우도 많다.

정살 조합에서 유명한 것이 노상매시격국으로, 염정이 화기(化忌)가 되고 사살을 보면 교통사고 조합이 되는데 상당히 잘 맞으므로 이런 조합이 들어오면 주의해야 한다.

⑤ 염정 · 탐랑

사해궁에서 동궁한다. 염정탐랑(廉貞貪狼) 조합은 감옥[囚]에 갇힌 사람 옆에서 탐랑 정도화가 유혹하는 모습이다. 따라서 염정의 사품질과 차도화 속성 중에서 차도화의 속성이 유감없이 드러나게 된다.

감옥에 갇힌 사람이 살기는 틀렸으니 쾌락이나 즐기다 죽자고 하면서, 염정의 사품질 · 사권령의 품위와 위엄을 버리고 『전서』에서 말한 '탐랑염정동궁[男浪蕩 女多淫]'의 형국으로 변해 불습례의(不習禮義)하게 되므로, 염정의 청백함이나 웅숙적인 면이 사라지고 주색에 빠져버리게 된다.

염정의 조합 중에서 사해궁의 정탐 조합은 함지이다.

앞에서 설명한 것처럼, 정탐 조합은 주색에 빠져 인생의 변화가 심한가 하면, 신사적이고 부유하며 안정된 삶을 사는 사람도 있어 염정 성계 중에서 변화가 심한 조합의 하나이다. 그래서 사화와 육길성, 육살성의 조합을 유심히 살펴야 한다.

앞에서 말한 '남자는 낭탕하고 여자는 음란함이 많다'는 말은, 이 성계가 대부분 고향에 뿌리를 내리지 못하고 외지에서 성공하는 경우가 많기 때문에 나온 것이다. 살파랑을 끼고 있기 때문에 중년 이후에 성공하는 경우가 많으며, 군인 · 경찰, 건축업 또는 예술계통이나 서비스업에 종사하는 경우가 많다.

정탐 조합은 또한 호기심이 많고 정도화(탐랑)·차도화(염정) 속성으로 인해 새로운 것을 좋아하며, 성격도 사교적이고 흥취가 아주 광범위하다. 재예의 별(문창·문곡·용지·봉각 등)과 도화성을 보면 예술감각이 뛰어나고, 연예계나 설계·화가·사진작가·요리·화장·미용·꽃꽂이 등에 종사하는 경우가 많다. 그리고 탐랑으로 인해 투기나 모험을 즐긴다.

정탐이 문창·문곡을 보면 겉만 번드르르하여 실속이 없고 표현이 과장되며 성실함이 부족하다.

여명은 정신적인 측면과 물질적인 측면 모두 강하므로, 길성을 보지 못하고 살성을 많이 보면 정신적인 수요와 물질적인 욕망을 채우기 위해 유흥업소로 빠지기 쉬운데, 도화성을 보면 더욱 그러하다.

7) 천부성

(1) 화기 : 재고, 오행 : 무토, 주사 : 재백

천부(天府)는 남두의 주성(主星)이다. 십사정성 중 주성은 네 개로 북두주성인 자미, 남두주성인 천부, 중천주성인 태양·태음(이 경우는 일월이 무슨 궁에 있든 태양은 낮에 태어나야 주성이 되고 태음은 밤에 태어나야 주성이 된다)이다.

만약 자미천부가 인신궁에 동궁하면 어떻게 될까? 당연히 자미가 황제가 되고 천부는 신하의 위치에 있게 된다.

천부와 자미는 성격적으로 유사한 부분이 많다. 우선 천부 역시 자미처럼 문무백관의 조공(보필·창곡·괴월)을 보는 것을 좋아한다. 또 황제성이므로 호령하기를 좋아한다. 체면치레를 잘하고 자기 감정을 잘 내색하지 않으며 후중하고 자존심도 강하다.

그러나 자미와는 다른 천부만의 독특한 특징도 있다. 우선 오행으로 자미는 기토(己土)에 해당하고 천부는 무토(戊土)에 해당한다. 주사(主司)도 다르다. 자미는 관록을 主하는 반면 천부는 재백을 主한다. 좋아하는 궁도 다르다. 자미는 명궁·재백궁·관록궁을 좋아하는데, 천부는 재백궁·전택궁을 좋아한다. 또한 자미는 천라·지망궁[辰戌宮]을 꺼리지만 천부는 오히려 좋아한다.

자미가 貴를 의미한다면 천부는 富를 의미하며, 자미가 적극적이고 창조적이며 개혁적인 일을 하는 데 이롭다면, 천부는 소극적이고 보수적으로 기존에 있는 것을 지키는 데 이롭다.

자미가 이상적이라면 천부는 현실적이다. 자미는 어느 궁에 있든 재백궁에서 무곡을, 관록궁에서 염정을 보고, 천부는 어느 궁에 있든 천이궁에서 칠살을, 관록궁에서 천상을 본다.

이제 天府라는 글자를 해부해보자. 천부는 '天 + 府'이다. 府는 '곳집 부'로 '하늘의 곳집'이라는 뜻이다. '곳집'이란 '문서나 재물을 갈무리해두는 곳'이니 창고나 금고쯤 되겠다. 그래서 흔히 천부를 재고(財庫)라고 부른다.

창고나 금고는 쉽게 옮기는 것이 아니고 쉽게 열려서도 안 되며 주인 아닌 사람이 기웃거려서도 안 된다. 이 의미를 천부에 대입시켜 천부의 속성을 잘 알 수 있다.

중요한 것이 보관되어 있는 금고는 조심스럽게 다루어야 하므로, 천부는 조심스럽고 신중하다. 창고나 금고는 쉽게 움직이는 것이 아니므로 신중하고 안정을 좋아하며 변동을 싫어한다. 창고 안에는 먹을 것, 쓸 것 다 있으므로 누리고 즐기려는 경향이 강하고 현실적이다. 이런 속성 때문에 녹존(祿存)이 동궁하고 있으면 다른 조합보다 더 이기적이게 된다.

금고는 돈을 지키는 도구이므로 천부는 특히 재물에 대한 애착이 강하며, 있는 돈을 굴리거나 지키는 데는 능하지만, 돈을 직접적으로 버는 데는 능숙하지 않다. 금고는 지키는 것을 생명으로 하고 있으므로, 천부는 기존에 있는 것을 지키는 데는 능하지만 새로운 것을 개발·창조하고 개척하는 데는 부적합하다.

이것을 학자들은 '현성사업(現成事業 : 이미 이루어졌거나 토대나 기반이 있는 사업)에 마땅하다, 수성(守成)에 능하다'고 한다. 우스갯소리로 하자면 이미 밥상이 차려진 곳에서 일하는 경우가 많다는 것이다. 이미 기반이 튼튼한 사업이라면 국가기관이나 대기업 등과 같은 곳을 예로 들 수 있을 것이다.

'재고'의 의미대로라면 사설 금융기관보다는 국가나 대기업에서 운영하는 금융기관에서 일하는 것이 좋다고 볼 수 있다. 즉 요즘 유행하는 벤처기업은 천부의 적성에 맞지 않는다. 창조력이나 아이디어가 있어도 중소기업보다는 대기업이나 국가기관에서 운영하는 연구소에서 그 창조력을 발휘하는 것이 좋다.

개인이 운영하는 곳보다 조직이나 단체, 법인 등이 운영하는 곳에서 자기 능력을 훨씬 잘 발휘할 수 있다는 것은 천부의 가장 큰 특징 중 하나이다.

금고는 돈이 있어야 제노릇을 한다. 그래서 천부는 녹을 보는 것을 가장 좋아한다.

금고는 비어 있는 것을 가장 싫어한다. 그래서 천부는 겁공을 만나거나 녹을 보지 못하는 것을 싫어한다.

이런 경우를 창고가 비었다고 해서 '공고(空庫 : 빈 창고)'라고 한다. 창고가 빈데다 도둑까지 들면 큰일나는데, 천부가 사살을 만나면 '노고(露庫 : 드러난 창고, 열린 창고)'가 되어 좋지 않다.

여기서 조심해야 할 것이 있다. 천부는 후중하지만 어떤 경우에는 간사하고 권모술수를 쓰는 성격으로 변하기도 한다는 것이다. 왕정지는 이것을, "천부는 중앙은행의 은행장과 같다. 중앙은행의 금고가 비게 되면(겁공·사살), 세리들이 횡행하여 세무조사를 한답시고 갖은 명목을 내세워 백성들로부터 돈을 뜯어내어 금고를 채우려 한다. 이럴 때의 천부의 성질은 수단을 잘 쓰고, 겉으로는 원만하고 잘하는 것처럼 보이나 내심으로는 권모술수를 많이 써서 결국 고립된다"고 설명했다.

천부가 이렇게 공고·노고가 되면서 천요·천허·대모를 만나면 더욱 간사해진다.

천부의 또 다른 특징은, 천부를 볼 때는 반드시 천상을 살펴야 한다는 것이다. 이것을 '봉부간상(逢府看相, 천부가 명궁에 있으면 관록궁에는 항상 천상이 있다)'이라고 한다.

국가의 금고를 열려면 황제의 명령을 받았다는 확인서나 허가서를 받아야 한다. 천부의 격의 고저는 어느 정도의 권력을 가진 명령서로 금고를 여는가에 달려 있다. 즉 천부의 충실 여부는 돈이 얼마나 있는가가 관건이 되므로 녹을 보아야 한다. 그리고 창고의 돈을 쓰는 사람이 어느 정도의 지위와 권력을 가지고 있는가는 천상(도장·문서를 주한다 — 主印)을 보아야 한다.

천상이 형기협인(刑忌夾印)이 되거나 살을 많이 보면 보잘것없는 사람이 창고를 열라고 명령하는 것과 같아서, 창고는 권력이 전혀 없는 사람의 사금고 역할밖에 하지 못하니 자연히 격이 낮아진다.

그러나 천상이 재음협인(財蔭夾印)이 되거나 길성을 많이 보면 고관대작이 금고를 가지고 있는 것과 같아서, 천부의 금고는 졸지에 권세있는 사람의 금고가 되어 격이 높아진다.

또 천부의 대궁에는 항상 칠살이 있게 되는데 이것 역시 소홀히 볼 수 없는 부분이다. 앞에서도 말했다시피 천부는 보수적인 속성이 강한데, 천부가 명궁에 있는데도 개창력이 아주 강한 사람도 있을 수 있다. 그것은 성격적으로 조정역할을 하는 신궁의 성질이 결정적인 영향을 끼치겠지만, 한편으로는 대궁에 있는 칠살의 영향 때문이기도 하다. 칠살이란 본래 창조적이고 개창력이 강한 별이다. 따라서 칠살의 삼방사정의 상황이 좋으면 같은 천부라 하더라도 개창력이나 창조력이 뛰어나게 되는 것이다.

같은 천부라도 宮에 따라 성질이 다르다. 술궁의 염정·천부 조합이 가장 좋다. 사해궁의 천부는 대궁에서 자미칠살을 보므로 자살대권위(紫殺帶權位)적인 속성의 영향을 받아 貴적인 의미가 있고 성격도 상당히 권위적이며 강하다.

묘유궁의 천부는 대궁에 무곡칠살이 있어 재권(財權)을 장악하는 의미가 있고, 축미궁의 천부는 대궁에서 염정칠살의 웅숙건원과 적부지인의 성계가 영향을 주므로 전문업에서 발전하고, 이로 말미암아 권록(權祿)의 성질을 갖게 된다. 자세한 것은 앞에서 설명한 쌍성 조합을 참고하기 바란다.

대만의 두수 명가 진계전은, 여명의 천부는 결혼생활이 좋지 않아서 남편이 바람을 피우거나, 가정에 책임을 다하지 않거나, 양자를 키우거나, 남편을 먹여 살리거나, 헤어지거나 떨어져 있기가 쉬우며, 심지어는 남편이 처자를 버리고 가정생활을 돌보지 않는 경우가 많다고 한다(예16). 필자도 임상을 하며 이런 경우를 많이 볼 수 있었다. 그러나 정성과 보좌살화성(補佐煞化星)의 상황을 보고 판단해야 하므로 무조건 그렇다고 선입관을 가질 필요는 없다.

홍콩의 자미양이나 문기명은 여명의 명궁이 천부이면서 사궁이나 묘궁이면, 부모궁에는 함지의 태음이 있게 되므로 얼굴이 예쁘다고 한다. 옛사람들은 부모궁을 상모궁으로 보았기 때문에, 부모궁에 함지의 태음이 있으면 태음이 자신의 장점을 최대한 발휘하려고 애쓰므로 얼굴이 예쁘다고 하는데, 이는 필자도 많이 경험한 내용이다.

• 예16) 1972년 6월 ○일 인시 여명

破天天右天 碎才鉞弼府 旺平平 科 飛劫小 6~15 30乙 廉煞耗【命】 絶巳	天天天天文太天 福虛哭姚曲陰同 陷陷陷 奏災歲 31丙 書煞破【父母】 墓午	大天貪武 耗貴狼曲 廟廟 忌 將天龍 32丁 軍煞德【福德】 死未	蜚台天文巨太 廉輔巫昌門陽 旺廟閑 小指白 96~ 33戊 耗背虎【田宅】 病申
封龍陰火 誥池煞星 閑 喜華官 16~25 29甲 神蓋符【兄弟】 胎辰	음력 1972년 6월 ○일 인시 여자 命局：火6局 命主：武曲 身主：火星		天天恩天地左天 廚壽光喜空輔相 廟陷陷 青咸天 86~95 34己 龍池德【身官祿】 衰酉
天八紅天破廉 月座鸞魁軍貞 廟旺閑 病息貫 26~35 40癸 符神索【夫妻】 養卯			天寡天年鳳陀天天 官宿傷解閣羅梁機 廟旺廟 祿 力月弔 76~85 35庚 士煞客【奴僕】 旺戌
旬截孤天天 空空辰刑馬 旺 大歲喪 36~45 39壬 耗驛門【子女】 生寅	天地 空劫 陷 伏攀晦 46~55 38癸 兵鞍氣【財帛】 浴丑	紅解天鈴擎 艷神使星羊 陷陷 官將太 56~65 37壬 府星歲【疾厄】 帶子	三祿七紫 台存殺微 廟平旺 權 博亡病 66~75 36辛 士神符【遷移】 冠亥

사궁의 천부로 우필·천월이 동궁하고 있다.

계묘대한 무인년에 결혼했다가 남편이 무능해서 기묘년에 이혼했다. 대한부처궁·축궁으로 무곡탐랑 쌍화기가 비쳐서 이혼한 것이기도 하겠지만, 남편이 무능했던 것은 진계전의 징험대로 천부가 명궁에 있기 때문이 아닌가 싶다. 더구나 사궁의 천부는 다른 궁에 비해서 힘이 약간 떨어진다.

8) 태음성

(1) 화기 : 부, 오행 : 계수, 주사 : 전택

태음(太陰)은 중천주성이다. (반드시 申·酉·戌·亥·子·丑時에 태어나야 주성이 된다.) 주성이므로 백관조공을 좋아한다. 특히 태음은 재성이어서 녹존과 화록을 좋아한다.

태음은 밤에 힘을 쓰는 별이므로, 태음이 좌명하면 반드시 묘왕지(신궁부터 축궁까지)에 있어야 좋고 함지에 있으면 좋지 않다. 또 밤에 태어나면 좋지만 낮에 태어나면 좋지 않다. (신시부터 축시까지를 밤으로 본다.)

태음은 상현과 하현에 따라 크기가 달라지는데 상현(1~15일)에서는 달이 커지므로 좋고, 하현(16~30일)에서는 달이 작아지므로 태음의 역량이 줄어든다. 즉 상현에 해당하는 날에 태어나면 좋지만, 하현에 해당하는 날에 태어나면 좋지 않다는 것이다.

태음은 달이다. 달은 태양이 비춰주는 빛이 없으면 존재가치를 잃으므로 태음은 태양과 짝성이 된다. 그런데 태양은 낮을 主로 하고 태음은 밤을 主로 하는 별이므로 속성상 다른 부분이 많다.

낮은 광명을 의미하고 밤은 어둠을 의미한다. 그래서 태양은 적극적이고 강하며 火의 성질이 있고, 태음은 소극적이고 부드러우며 水의 성질이 있다. 그래서 태양은 陽을 主하고 태음은 陰을 主한다. 태음은 陰이므로 여명에는 좋으나 남명에는 좋지 않다.

陽은 드러나는 것이므로 태양은 貴를 主하고, 陰은 감추는 것이므로 태음은 富를 主한다. 따라서 태양은 사회적인 지위나 명예에 특히 민감하여 그런 것들을 쟁취하려고 애쓰지만, 태음은 풍요롭게 쓰고 누리는 삶에 더 비중을 둔다.

태양은 자기를 태워서 빛을 발산하는 별이고, 태음은 단지 태양이 비추는 빛만을 반사해서 비추는 별이다. 따라서 태양은 자기를 희생해서 남을 돌보는 희생정신이 강하고, 적극적이며 열정적이고 솔선수범하면서 자기 것을 감추거나 숨기지 않는다. 그러나 태음은 자기를 희생하기보다는 자기를 보호하고, 열정이나 적극성이 없으며, 다른 사람의 힘에 의지하여 보호와 편안함 속에서 걱정없이 한세상을 보내려고 하고, 자기 것은 감추고 숨기려는 보수적인 성향이 강하다.

이처럼 감추고 숨기려는 자기 보호적인 속성 때문에, 태음이 육살에 화기·천요 등을 만나면 음모가 많고 마음이 이리 같다고 한 것이다. 그래서 어떤 학자는 태음의 陰에 대해 '음유(陰柔), 음침(陰沈), 음모(陰謀)'라는 세 단어로 그 성질을 압축하여 표현했다.

태양은 아버지로, 태음은 어머니로 비유해서 태음을 어머니성이라고도 한다.

자기 몸을 태워가면서 빛과 열을 방출하여 만물에게 기운을 주는 태양처럼, 아버지는 가족의 생계를 위해 자기를 희생하면서 책임을 감당한다. 태양이 자기를 희생하며 방출하는 빛을 태음이 반사해서 비추듯, 어머니는 아버지가 자기를 희생하며 벌어온 돈을 가지고 자식을 키우고 가정을 유지한다. 그래서 태음을 어머니성이라고 하는 것이다.

추론을 하다 보면 옛사람들의 관점에 탄복하게 될 때가 많다. 일례로 태음이 함지에 있고 낮에 태어난 사람이 화기(化忌)가 되거나 살을 많이 만나면 어머니나 처 또는 딸에게 불리한 경우가 많다. (포괄적으로 태양은 남성을 主로 하고 태음은 여성을 主로 하기도 한다.) 부모궁이 혹 좋을지라도 어머니에게 불리한 경우가 많은 것이다. 이것은 어머니성과 처의 별을 깔고 앉아서 어머니를 극하거나 처를 극하기 때문이다. (여기서 극한다는 것은 의사소통이 안 되는 것부터 분리·사망 등 포괄적인 의미를 담고 있다.) 물론 전체적인 상황을 보고 형극의 강약을 판단해야 한다.

태양은 만물에게 빛과 열을 주어 세상을 따뜻하고 밝게 하면서도 그에 따르는 책임을 지게 되는 반면, 달은 오히려 사랑스럽고 예쁘고 아름답게 봐준다. 그래서 태양은 인간관계가 복잡하고 시비와 구설이 많은 상황에서 생활하는 것을 좋아하지만, 태음은 시비구설과 복잡한 인간관계를 싫어하고, 인간관계에서의 긴장과 대립을 싫어하며, 그러한 상황에서는 압박감을 많이 느끼고 적응하지 못하는 경향이 있다.

태음은 태양처럼 강렬하지는 않지만, 어머니와 같이 내향적이고 부드러움과 포용력과 관용이 있으며 도량이 넓다. 온유하고 깔끔하며 낭만적이고 정서적인데다가 예민하기 때문에 다른 사람들을 섬세하게 고려하고 살핀다. 또한 감정이 풍부하며 친화력이 있고 살림이나 집안일을 조리있게 잘한다. 이런 특성 때문에 옛사람들은 태음이 재백과 전택을 主한다고 했다.

태음이 묘왕지에 있으면 단정하고 총명하며, 남녀 모두 이성의 접근이 많다.

남명에 태음이 좌명하면 성급하고 분위기나 말·태도·생활방식·생각 등이 여자 같은 경우가 많다. 게다가 함지에 태음이 있으면서 살을 보고 천기·천동 등과 만나면 사람됨이 변덕스럽고 쫀쫀하며 대범하지 못하다.

태음은 복덕궁을 중요하게 살펴야 하는 별이다. 태음의 복덕궁에는 반드시 거문이 있어서 태음의 길흉에 많은 영향을 끼치기 때문이다. 천부와 마찬가지로 태음의 富의 정도 역시 태음이 만나는 길성 여하로 살피고, 貴 역시 태양의 길흉으로 판단한다.

일월 모두 규칙적으로 떴다 지므로 규칙성이 강조되는 공직이나 교직이 좋고, 태음의 모성과 시적인 감흥을 불러일으키는 분위기가 상징하듯이 문예나 예술계통에서 일하는 것이 좋다.

대만의 자운 계열 학자들이나 홍콩의 문기명은, 태음이 인궁에서 미궁까지 함지에 수명하는 사람을 '야귀(夜鬼)'로 분류한다. 밤이 되어야 신체리듬이 활발해져서 정신이 유쾌하고 맑아지기 때문에 밤에 일을 많이 하게 된다는 것이다. 그래서 태음이 이런 궁에 있으면 밤에 일하는 직업에 종사하거나 야근을 많이 한다거나 밤늦게까지 일하는 습관이 있는 경우가 많다고 한다.

이 이론이 맞는지는 태음이 함지에 있는 명을 광범위하게 보고 나서 확인해보아야 할 것이다.

9) 탐랑성

(1) 화기 : 도화, 오행 : 갑목

탐랑(貪狼)은 살파랑을 구성하는 별 중의 하나이다. 貪은 '탐할탐', 狼은 '이리 랑'으로서, 말 그대로 이리처럼 탐한다는 뜻을 가지는 별이다.

'貪'은 욕심의 다른 말인데, 탐랑의 대표적인 속성이 욕심과 기도심(企圖心)이다. 그리고 욕심 중에서 가장 특징적인 것이 물욕(物慾)과 정욕(情慾)이다.

옛사람들은 탐랑의 이러한 속성을 "탐랑이 자오묘유궁에 있으면 종신 좀도둑이 된다"와 같은 말로 경계했다.

그런데 여기에도 조건이 필요하다. 申子辰년생이 자궁 탐랑(예17), 寅午戌년생이 오궁 탐랑, 亥卯未년생이 묘궁 탐랑, 巳酉丑년생이 유궁 탐랑인 경우가 해당한다. 어쨌든 이 말은 탐랑의 물욕적인 면을 말한 것이라고 하겠다.

"탐랑이 亥子궁에서 양타(羊陀)를 보면 범수도화(泛水桃花)가 된다" "탐랑이 인궁에서 양타를 보면 풍류채장(風流綵杖)으로 도화격국이 된다" 같은 말은 모두 탐랑의 정욕적인 측면을 말한 것이다.

그리고 '狼'은 '이리 랑'으로서, 물욕과 정욕을 실현하는 방법이 이리 같다는 뜻이다. 이리는 목표가 정해지면 한시도 주의를 게을리하지 않고 오로지 잡아먹을 생각만 한다. 행동방식이 합리적이고 현실적이며, 목표를 실현하는 방식이 적극적이고, 수단방법을 가리지 않는다.

그러나 급하게 목적을 달성하려고 하므로 투기적인 마음이 있거나 횡발(橫發)하려는 경향이 있어서, 쉽게 성공했다가 쉽게 실패하는 경향이 있다(예18).

옛사람들은 이러한 속성에 대해 "성격이 평범하지 않고 마음에 계교가 많으며, 일할 때 급히 하고 가만히 있지를 못하며, 꾀를 부리다가 일을 망치고 도박과 주색을 좋아한다"고 평가했다.

또한 이리는 목적을 달성하기 위해서 여러가지 계책을 구사하고, 동화에서처럼 위장을 하거나 꾸미기를 잘하며, 상대를 위하는 척하면서 간사한 방법을 써서 자기의 목적을 달성하는 등 수완이 뛰어나다.

이러한 속성이 있는 탐랑은 물욕이나 정욕이 많으므로 하고 싶은 것이 많고, 물질적인 측면이든 정욕적인 측면이든 간에 광범위하게 관심을 가지며, 호기심이 많고 새로운 변화에 능숙하여 팔방미인의 속성이 있다.

기도(企圖)와 욕망이 길성을 만나 순조롭게 달성되면 탐랑은 아주 큰 부자가 되거나, 짧은 시간에 커다란 성취를 이루어 성공하게 된다.

물질적으로나 감정적으로 성공을 거두기 위해서 탐랑은 비상한 수단을 쓰는데, 그것이 탐랑에 '이리 랑' 자를 쓴 이유이다. 사회생활에서 성공하려면 인간관계에서 승리해야 한다. 타고난 수완가인 탐랑은 교제와 접대에 매우 능숙하다. 물욕과 정욕을 성취할 만한 천부적인 교제능력을 타고났다는 것이다.

이것에 대해 옛사람들은 '호시소혜(好施小惠)'한다 하고 '화적위우(化敵爲友)'한다고 했다.

호시소혜란 작은 은혜를 베풀기 좋아한다는 말이고, 화적위우란 적을 친구로 만든다는 말이다. 작은 것 베풀기를 좋아하는 것은 상대방의 호감을 사는 데 아주 좋은 방법이다. 자연히 상대방도 관심을 갖게 되어 친해지게 되는 것이다.

또 탐랑이 가지고 있는 탁월한 교제능력은 어떠한 적이나 원수라도 내 편으로 만들어버리므로, 인간관계에 문제가 발생했을 때 대체로 원만하게 해결할 수 있다. 이런 측면에서 탐랑에는 일종의 해액(解厄)능력이 있다고도 볼 수 있다.

그러나 사교적인 탁월함 뒤에는 깊이가 없고 겉만 번지르르하여 실속이 없기 쉬우며, 접대용 말을 잘해서 다른 사람에게 경박한 인상을 주기 쉽고, 마음에도 없는 소리로 다른 사람의 환심을 사지만 진심이 아닌 경우가 많다.

사교와 접대를 잘하는 속성에는 반드시 뒤따라오는 것이 있는데, 바로 도화(桃花)이다. 사교와 접대에는 항상 술, 여자, 도박이 따라다니듯이 탐랑은 이러한 것에 빠져들기 쉽다. 그래서 탐랑이 양타를 보고 홍란·천희·함지·대모·천요·목욕 등을 보면 도화문제를 야기하여 주색으로 패가망신할 수도 있다.

하지만 사교가 반드시 룸살롱이나 술집에서만 이루어지는 것은 아니다. 오페라를 관람한다든지, 영화나 연극을 감상한다든지, 시화전이나 전시회를 간다든지 하는 예술적인 성향으로 발전할 수도 있다. 실제로 탐랑의 조합이 좋을 때 도화성을 만나면 예술적인 경향이 있어 탁월한 예술가 즉 작가·시인·음악가·화가 등이 되는 경우도 많다.

탐랑의 도화적 속성이 공망성(천공·절공·순공·지공)과 천형을 보면 절제가 되어 예술로 화하거나 종교적으로 화하는 경우가 많다. 신비한 종교나 철학적인 사고를 좋아하는데다 예술적인 기질이 있으므로, 이런 별들을 만나면 탐랑의 본성이 유감없이 드러나게 되는 것이다.

공성과 천형의 제화가 있으면, 물욕과 정욕에 목숨을 거는 탐랑의 본성이 나타나 종교나 예술적인 방면에 헌신하는 경우가 많다(예19).

탐랑은 화성과 영성을 좋아하여 화탐과 영탐격이 형성된다. 진술축미궁에서 화탐·영탐이 이루어지면 상격이 된다. 진술축미궁의 탐랑은 묘왕지가 되어서 좋은 격이 이루어지기 쉽다.

자궁과 해궁, 인궁에서는 도화격국이 이루어지기 쉬우므로 양타의 동궁 여부와 여타 도화성을 보는가를 살펴야 한다. 또 사해궁에서는 함지가 되어 좋지 못한 상황이 발생하기 쉬우므로, 특히 살을 보지 않고 제길성과 녹권과를 봐야 한다.

또한 탐랑이 명궁에 있을 때에는 신궁에 무슨 성이 있는가를 유심히 살펴야 한다. 칠살이나 파군이 신궁에 있으면 좋지 않은 반응을 일으키는데, 특히 신궁에 살이 동궁하면 아주 나쁘다.

칠살이 신궁에 있으면 "여자는 바람을 피우고 남자는 도둑질을 하며, 많은 길성이 있어 눌러주어도 복이 되지 않고, 여러 흉성이 모여 있으면 더욱 간사해지며, 일할 때에는 겉만 번지르르하고, 다른 사람과 사귈 때 후한 사람에게는 박하고 박한 사람에게는 후하다"고 했다.

파군이 신궁에 있으면서 다시 천마가 있고 생왕지에 있으면 "남자는 마시기 좋아하고 도박으로 방탕하며, 여자는 중매도 없이 혼자 시집가고 음란하게 사통하며, 가벼우면 애인을 따라 떠돌아다니고 무거우면 창기로 놀아난다"고 했다.

- 예 17) 여명

申년생에 명궁이 자궁 탐랑이므로 물욕 조합에 해당된다.

이 여자는 편집증과 의처증, 점유욕 등이 아주 심하다. 남편이 사회지도층 인사인데도 노예처럼 부리고 몽둥이로 때리는데 그 정도가 지나치다고 한다. 주위 사람들이 정신병원에 가야 할 사람이라고 평가할 정도로 심한 편집증이 있다.

天天祿天 官傷存機 廟平權	解台陰擎紫 神輔煞羊微 平廟	寡天紅天 宿使鸞刑	天天破 壽才軍 陷
博劫天 75~84 46癸 士煞德【奴僕】 冠巳	官災弔 65~74 47甲 府煞客【遷移】 帶午	伏天病 55~64 48乙 兵煞符【疾厄】 浴未	大指太 45~54 49丙 耗背歲【財帛】 生申
旬截蜚陀文七 空空廉羅曲殺 廟廟旺	여자 命局 : 土5局 命主 : 貪狼 身主 : 天梁		破天恩天 碎空光鉞 廟
力華白 85~94 45壬 士蓋虎【官祿】 旺辰			病咸晦 35~44 50丁 符池氣【子女】 養酉
大天天太 耗貴梁陽 廟廟			天天鈴文天廉 月哭星昌府貞 廟陷廟旺 科 忌
靑息龍 95~ 56辛 龍神德【田宅】 衰卯			喜月喪 25~34 51戊 神煞門【夫妻】 胎戌
年封鳳三天天火左武 解詰閣台巫星輔曲 天紅 旺廟廟廟閑 虛艷	天巨天 喜門同 旺陷 祿	天天龍八右貪 廚福池座弼狼 旺旺	孤天地地天太 辰姚劫空魁陰 旺陷旺廟
小歲歲 55庚 耗驛破【福德】 病寅	將攀小 54辛 軍鞍耗【父母】 死丑	奏將官 5~14 53庚 書星符【身命】 墓子	飛亡貫 15~24 52己 廉神索【兄弟】 絶亥

• 예18) 1951년 2월 ○일 오시 남명 — 횡파

46세에서 55세 癸巳대한이 선천의 재백궁이면서 정탐(貞貪)에 대한 탐랑화기가 있고 겁공·절로공망이 있어 불리하다.

1997년 정축년 47세는 대한의 재백궁이 되는데, 오궁의 거문이 유년에 의해 화기로 변하자 진궁의 문창화기와 거문화기가 대한사궁의 탐랑화기에 겁공·절공을 협해 대한궁이 붕괴된다.

이 해에 주식투자를 했다가 하루 만에 21년 직장생활의 퇴직금 1억 5천을 날렸다.

탐랑이 화기가 되면서 화기가 겹치고 겁공과 절공이 있어 횡파한 명례다.

天破孤三天天地地左貪廉 福碎辰台馬劫空輔狼貞 天蜚截大流流血天陷陷 月廉空鉞陀曲蟲 力指官　　　　　　忌 士背符 將歲喪　46~55　　51癸 軍驛門　【財帛】　　絶巳 　　　　【大命】【流官】	將流天天天巨 軍祿廚喜鉞門 　　　　　旺 　　　　　祿 博咸小　　　　權 士池耗　　　　忌 小息貫　36~45　52甲 耗神索　【子女】　墓午 　　　　【大父】【流奴】	流旬年鳳龍天 羊空解閣池相 　　　　　閑 官月歲 府煞破 靑華官　26~35　53乙 龍蓋符　【夫妻】　死未 　　　　【大福】【流遷】	天暴解大封天陀天天 喜敗神耗詰巫羅梁同 　　　　　陷陷旺 伏亡龍 兵神德　　　　　權 力劫小　16~25　54丙 士煞耗　【兄弟】　病申 　　　　【大田】【流疾】
勾天天鈴文太 絞使空星昌陰 　　旺旺閑 　　　　　科 　　　　　祿 靑天貫 龍煞索 奏攀晦　56~65　50壬 書鞍氣　【疾厄】　胎辰 　　　　【大兄】【流田】	음력 1951년 2월 ○일 오시 남자 命局：火6局 命主：文曲 身主：天同		流紅天天天八祿右七武 鉞艶官虛貴座存弼殺曲 流解　　　　　旺陷閑旺 昌神 大將白 耗星虎 博災歲　　6~15　　55丁 士煞破　【身命】　衰酉 　　　　【大官】【流財】
大大天恩火天 昌魁哭光星府 　　　　　平平 小災喪 耗煞門 飛將太　66~75　61辛 廉星歲　【遷移】　養卯			直寡券天擎文太 符宿舌刑羊曲陽 　　　　　廟陷陷 　　　　　科權 病攀天 符鞍德 官天龍　　　　　56戊 府煞德　【父母】　旺戌 　　　　【大奴】【流子】
奏紅孤火天天天 書鸞辰血傷姚魁 將劫晦 軍煞氣 喜亡病　76~85　60庚 神神符　【奴僕】　生寅 　　　　【大子】【流父】	大寡破紫 羊宿軍微 　　　旺廟 奏華太 書蓋歲 病月弔　86~95　59辛 符煞客　【官祿】　浴丑 　　　　【大財】【流命】	飛大天天台陰紅天 財祿壽輔煞鸞機 　　　　　　　廟 飛息病 廉神符　　　　　科 大咸天　96~　　58庚 耗池德　【田宅】　帶子 　　　　【大疾】【流兄】	血流流大大大 刃馬魁馬曲陀 喜歲弔 神驛客 伏指白　　　　　57己 兵背虎　【福德】　冠亥 　　　　【大遷】【流夫】

• 예 19) 1931년 6월 ○일 인시 남명

매스컴에 자주 오르내렸던 종교가의 사주다.

사궁의 천상이 명궁이며, 신궁은 유궁으로 정성이 없고 대궁의 자탐을 끌어다 쓴다. 명신궁의 삼방사정에서 절공·순공·지공·지겁 네 개의 공망성을 보고 신궁이 자탐에 겁공·절공을 만났으니 전형적인 탈속승이다.

신궁에 녹존이 동궁하고 대궁의 자탐은 亥卯未년생으로 묘궁의 탐랑이므로 탐랑왕궁(貪狼旺宮)에 해당되어 '종신서절(終身鼠竊)'의 격이 이루어진다.

탐랑의 물욕적인 측면이 극강하게 발현되고 신궁에 녹존까지 동궁하니 선입관이나 사상에 대한 집착이 매우 강하다. 게다가 명궁의 천상은 주인(主印)하니 자신이 믿는 대로 종교가의 외길을 간 것이다.

截天天右天 空福馬弼相 　平平平 將歲弔　2~11　71癸 軍驛客【命】　冠巳	天天天文天 廚姚鉞曲梁 　　陷廟 　　　科 小息病　　　72甲 耗神符【父母】帶午	七廉 殺貞 　旺廟 青華太　　　73乙 龍蓋歲【福德】浴未	孤天台天天紅陀文 辰空輔貴巫鸞羅昌 　　　　　陷旺忌 　　　　　　　旺 力劫晦　92~　　74丙 士煞氣【田宅】　生申
寡天封陰巨 宿壽詰煞門 　　　　平 　　　　祿 奏攀天　12~21　70壬 書鞍德【兄弟】旺辰	음력 1931년 6월 ○일 인시 남자 命局：水2局 命主：武曲 身主：天相		紅天祿地左 艶官存空輔 　　旺廟陷 博災喪　82~91　75丁 士煞門【身官祿】養酉
蜚天年鳳貪紫 廉月解閣狼微 　　　　地旺 飛將白　22~31　81辛 廉星虎【夫妻】　衰卯			天恩擎天 傷光羊同 　　廟平 官天貫　72~81　76戊 府煞索【奴僕】　胎戌
八天天天太天 座喜刑魁陰機 　　　　閑旺 　　　　　廟 喜亡龍　32~41　80庚 神神德【子女】　病寅	破天地天 碎虛劫府 　　陷廟 病月歲　42~51　79辛 符煞破【財帛】死丑	解天天大三鈴太 神使才耗台星陽 　　　　　陷陷 　　　　　　權 大咸小　52~61　78庚 耗池耗【疾厄】墓子	旬天龍火破武 空哭池星軍曲 　　　平平平 伏指官　62~71　77己 兵背符【遷移】絶亥

10) 거문성

(1) 화기 : 암, 오행 : 계수 또는 기토 또는 신금, 주사 : 시비

『자미두수전서』에는 거문(巨門)에 대해 "재수즉장집시비(在數則掌執是非) 주어암매(主於暗昧), 의시다비 기만천지(疑是多非 欺瞞天地), 진퇴양난(進退兩難), 기성즉면시배비(其性則面是背非) 육친과합(六親寡合), 교인초선종악(交人初善終惡)"이라고 씌어 있다. 그 뜻은 이렇다.

"거문이 성계에 있으면 시비를 일삼고 어둡고 캄캄함을 주로 하며, 옳은 것을 의심하고 대부분 아니라 하며 천지를 기만하고, 진퇴양난하며, 성격이 보는 데서는 그렇다 하고 뒤에서는 아니라 하여 육친과는 잘 어울리지 못하며, 다른 사람과 교제할 때는 처음에는 잘하다가 나중엔 좋지 않게 된다."

『전서』의 이러한 표현은 지나친 감이 없지 않지만 어느 정도 타당하다고 생각된다.

巨門이라는 글자를 풀이해보면 재미있는 사실을 알 수 있다. 문자 그대로 하면 큰문이라는 뜻이다.

문을 세우는 이유는 낯선 사람이나 도둑이 들어오지 못하게 하는 데 있다. 따라서 낯선 사람의 입장에서 볼 때 문이란 문안의 사람을 만나지 못하게 하는 장애물이다. 문은 벽이나 울타리를 의지해서 서 있는 것이므로, 문을 세우면 자연히 안과 밖이 생긴다. 거문은 매사에 문을 만들기 좋아하는 속성이 있다.

한글의 '나'와 '남'은 'ㅁ'이 있고 없다는 차이가 있다. 어떤 사람은 사면으로 문을 세워서 나를 가두면 비로소 나와 남이 생기게 되어, 'ㅁ'이 나 밑에 붙으면 남이 된다고 해석하기도 한다. '나'로

존재한다면 온 우주가 나 아닌 것이 없지만, 나에게 울타리를 치는 순간부터 나는 좁은 울타리 안의 존재가 되고 울타리 밖은 남이 되어 순식간에 대립과 상대가 발생한다는 것이다.

다시 본론으로 돌아가자. 거문이 매사에 문 만들기를 좋아한다는 뜻은, 어떤 사안이든(人·事·物 모두에서) 있는 그대로 보지 않고 울타리를 쳐놓은 다음 안과 밖을 비교해서 보는 습관이 있다는 것이다. 이러한 속성은 대인관계에서도 나타나, '저 사람은 어떤 사람일까, 혹시 나를 해치려는 것은 아닐까, 저 사람의 말을 믿을 수 있을까?' 하는 생각을 하면서, 요리조리 재고 따져보고 의심해보는 습관이 있기 쉽다.

이런 습관 때문에 거문이 좌명한 사람은 다른 사람의 긍정적인 부분이나 장점보다는 부정적인 면이나 단점을 보고, 사물을 있는 그대로 보지 않고 항상 의심하고 회의하며 남의 말을 잘 믿지 않는다. 그래서 격이 좋으면 사회의 부조리나 비리를 캐는 신문사 기자가 되거나 방송사 앵커가 되는 경우가 많다.

있는 그대로 받아들이면 다 보일 것을 일단 '巨門'부터 만들고 보니, 자연히 전체를 보지 못하고 부분만 보게 되어 그것에 대해서 어두울〔暗〕 수밖에 없다. 또한 문 때문에 전체가 잘 안 보이므로 나름대로는 집요하게 검사하고 따져보고 확인하려고 하니 어떤 일이든 뿌리를 뽑으려는 연구심이 몸에 배게 된다. 그래서 거문이 격이 좋으면 학자·연구원·교수 등이 되고, 격이 나쁘면 회의주의자·불평분자·염세주의자가 되는 것이다.

매사에 문을 만들다 보니 필연적으로 시비구설이 있게 되고, 자연히 인간관계에서도 처음에는 좋았다가 나중에는 나빠지게 된다. 육친이라도 이런 사람을 좋아하기는 힘들지 않겠는가. 그래서 육친과도 잘 어울리지 못하여 고립을 면치 못하는 것이다.

그러나 거문이 격이 좋아 시비구설을 긍정적으로 쓰면 변호사·교사·학원강사·외교관·연극인·언론인·방송인·연예인·성악가·중개인·세일즈맨·카운슬러·역학자 등이 되기도 한다.

거문을 '커다란 입'이라고 해석하는 것은 시비구설이 많기 때문이다. 『전서』에서 표현한 거문에 대한 속성은, 고대의 공동체적인 마을과 부락구조에서 거문이 불협화음을 많이 냈기 때문이다. 당연히 배척당하고 백안시당하였을 테고, 그러다 보니 긍정적인 면보다는 부정적인 측면이 더욱 강조되었던 것이다.

고대사회는 오늘날처럼 신문이나 방송매체가 대중화되지 않았다. 외국어를 가르치거나 배우지도 않았으며, 분쟁이나 시비도 적었다. 또한 중개사·회계사·법무사·변호사와 같은 직업이 없었다. 그렇기 때문에 거문에게 있는 시비구설의 긍정적인 면들이 발휘될 수 없었던 것이다.

거문의 화기(化氣)는 暗이다. 전설에서 여러 번 말했듯이, 暗이란 거문 자체가 어둡다는 말이 아니라 거문이 다른 별을 어둡게 한다는 의미이다.

거문은 남의 비밀을 잘 캐고 남의 단점을 잘 보며 의심과 질투가 많다. 남은 어둠 속에서 드러나지 못하게 하고 자기는 밝아지려 하므로 나서기를 좋아하고, 승부욕이 강하여 지는 것을 참지 못하며, 자기 우월감이나 잘난 체를 많이 하게 된다.

이러한 거문의 暗을 해소하기 위해서는 태양의 빛이 필요하다. 거문을 볼 때 반드시 태양의 묘왕리함을 살펴야 하는 것은, 거문의 暗을 해소하는 데 태양의 힘이 결정적이기 때문이다.

태양이 묘왕지에 있어서 거문의 어두움을 밝게 하면, 거문의 의심은 연구심이 되고 시비구설은 개인적인 것이 아니라 사회적으로 유익한 언론이나 가르침, 또는 정보가 되는 등 거문의 특징이 긍정적인 것으로 바뀌게 된다.

태양이 묘왕지에 있어야 좋으므로 인신궁의 거일은 인궁이 더 좋고, 사해궁의 거문은 해궁이 더 좋으며, 진술궁은 술궁이, 축미궁의 거동은 축궁이 더 좋게 된다. 묘유궁의 기거는 묘궁이 더 좋은데, 유궁은 재관불영(財官不榮)이라고 해서 돈이나 명예가 오래가지 못하는 결점이 있으므로 좋지 않다.

거문과 조합되는 별은 천기·천동·태양이 있는데 두말할 것 없이 태양과 조합되는 것이 비교적 격이 높다. 거문천동 조합은 거문이 천동의 감정과 정서에 영향을 주므로 말하기 어려운 고충이나 감정상의 곤란을 많이 겪게 된다. 거문천기 조합은 거문이 천기의 계획과 기모에 영향을 주어 계획에 착오를 일으키거나 방해하여 때를 놓치게 되는 경우가 생기기 쉽다.

거문태양 조합은 태양이 거문의 어두움을 제거하여 거문의 구설을 널리 퍼지게 하므로 외국이나 외지 사람들에게 존경을 받게 되지만, 태양이 함지에 있으면 매사에 용두사미격이 되기 쉽다.

거문의 대표적인 격국으로는 석중은옥격(石中隱玉格)이 있다. 즉 자오궁의 거문을 말하는데, 화록이나 화권이 붙어야 격이 이루어진다. '돌 속에 숨겨진 옥'이라는 의미이다.

귀한 옥이 드러나면 빼앗기기 쉬우므로, 석중은옥격이 이루어지면 제일 높은 정상의 자리보다는 보좌나 그 아래에 있어야 좋다. 최고 책임자가 되면 구설시비가 바로 오게 되는 특징이 있으니, 이런 사람은 남 앞에 나서지 않는 것을 좌우명으로 삼고 살아야 한다. 또 옥을 캐내는 시간이 필요하니 대체로 중년 이후에 발달하는 경향이 많다.

진술궁의 거문이 辛년생이 될 때나 거일이 길화를 볼 때 관봉삼대격(官封三代格)이 이루어지기도 하는데, 이것은 격국편에서 자세히 논하겠다.

거문은 본신이 암성이므로, 살을 보면 살과 거문의 어두운 면이 증폭작용을 해서 상당히 좋지 않은 반응을 일으킨다. 석중은옥격이라도 살을 보면 파격이 된다. 즉 모든 거문이 살을 보면 좋지 않다. 거문이 화성과 경양을 보면 거화양(巨火羊)의 격국이 형성되어 자살한다는 구절이 있을 정도이다(예20).

반면에 거문화록과 거문화권을 아주 좋아하며, 보좌성 중에서도 보필과 창곡을 좋아한다. 거문화기는 좋지 않지만 태양이 묘왕지에 있고 다른 살이 비치지 않을 경우 구설시비의 직업을 가지면 문제가 없다. 거문화권이 운에 있으면서 길을 만나면 어떤 일이든 흉하게 보였다가 길하게 되는 특징이 있다.

• 예20) 1964년 5월 ○일 해시 남명

미궁 명궁에 정성이 없고 대궁 축궁에서 거문천동을 끌어다 쓴다. 미궁이 명궁이면서 살이 없고 길성이 많이 비치면 명주출해(明珠出海)라고 해서 아주 좋은데, 이 명은 양타·화성·천형·태양화기를 보아서 명주출해의 파격이 되었다.

명궁의 삼방사정에서 보면 거문·화성·경양의 거화양 조합이 되었는데, 계유대한에 사살이 비치고 태양화기가 비치는 운에서 과로사하여 서른네 살의 꽃다운 나이로 사망했다. (여기에 태양화기까지 더하고 있는데 천형은 형극을 가강시킨다.)

정축년에 죽었는데, 이 궁 역시 거문화기·화성·타라·천형을 보고, 게다가 삼방에서 태양화기에 경양이 비쳐 거화양의 종신액사격(終身縊死格)이 이루어진 해이다.

天孤天台天天天天 廚辰空輔巫喜姚機 平	紅蜚年鳳八陰右紫 艷廉解閣座煞弼微 　　　　　旺廟	天天天 月官鉞 　　旺	截龍三左破 空池台輔軍 　　　平陷 　　　　權
小劫晦　　　38己 耗煞氣【身夫妻】絕巳	將災喪　　　39庚 軍門門【兄弟】胎午	奏天貫 5~14 40辛 書煞索【命】 養未	飛指官 15~24 41壬 廉背符【父母】生申
七 　　　　　殺 　　　　　旺 青華太 95~　37戊 龍蓋歲【子女】墓辰	음력 1964년 5월 ○일 해시 남자 命局：土5局 命主：武曲 身主：文昌		天天鈴 福壽星 　　陷 喜咸小 25~34 42癸 神池耗【福德】浴酉
擎文天太 　　　羊曲梁陽 　　　陷旺廟廟 　　　　　　忌 力息病 85~94 48丁 士神符【財帛】死卯			天恩地天廉 虛光劫府貞 　　平廟旺 　　　　祿 病月歲 35~44 43甲 符煞破【田宅】帶戌
旬天天天祿天天武 空使哭貴存馬相曲 　　　　廟旺廟閑 　　　　　　　科	破寡封火陀天巨天 碎宿誥刑星羅魁門同 　　　　旺廟旺旺陷	解天地貪 神傷空狼 　　平旺	天大紅文太 才耗鸞昌陰 　　　旺廟
博歲弔 75~84 47丙 士驛客【疾厄】病寅	官攀天 65~74 46丁 府鞍德【遷移】衰丑	伏將白 55~64 45丙 兵星虎【奴僕】旺子	大亡龍 45~54 44乙 耗神德【官祿】冠亥

• 예21) 1958년 8월 ○일 유시 여명

명궁이 자궁의 무곡천부이다.

신유대한 34~43세 운에 대한의 거문화록이 대한의 천이궁에 들어가고, 태양화권이 대한의 관록궁에 들어가 있다. 기묘년 묘궁은 선천의 전택궁, 대한의 천이궁이며 여기에 대한의 거문화록이 자좌(自坐)하고 삼방에서 일월의 태양화권이 들어와 거일 조합이 형성된다.

이 해에 보험회사 주임으로 외국에 여러 번 다녀왔다.

天大紅祿天 傷耗鸞存梁 廟陷 博亡龍 74~83 44丁 士神德【奴僕】 生巳	天擎七 廚羊殺 平旺 官將白 64~73 45戊 府星虎【身遷移】 養午	天寡天八三天 月宿使座台鉞 旺 伏攀天 54~63 46己 兵鞍德【疾厄】 胎未	天天恩天天地廉 哭貴光姚馬劫貞 旺廟廟 大歲弔 44~53 47庚 耗驛客【財帛】 絶申
紅旬天天天陀天紫 艶空壽虛刑羅相微 廟旺陷 力月歲 84~93 43丙 士煞破【官祿】 浴辰	음력 1958년 8월 ○일 유시 여자 命局 : 金4局 命主 : 貪狼 身主 : 文昌		病息病 34~43 48辛 符神符【子女】 墓酉
天天台右巨天 福官輔弼門機 陷廟旺 忌 青咸小 94~ 54乙 龍池耗【田宅】 帶卯			天火破 才星軍 廟旺 喜華太 24~33 49壬 神蓋歲【夫妻】 死戌
解龍地貪 神池空狼 陷平 祿 小指官 53甲 耗背符【福德】 冠寅	破天文文太太 碎魁曲昌陰陽 旺廟廟廟陷 權科 將天貫 52乙 軍煞索【父母】 旺丑	截蜚年鳳陰鈴天武 空廉解閣煞星府曲 陷廟旺 奏災喪 4~13 51甲 書煞門【命】 衰子	孤天封天天左天 辰空誥巫喜輔同 閑廟 飛劫晦 14~23 50癸 廉煞氣【兄弟】 病亥

11) 천상성

(1) 화기 : 인, 오행 : 임수

천상(天相)은 십사정성 중에서 특히 협궁을 중요시하는 독특한 성격을 가지고 있다. 천상은 먼저 협궁의 길흉을 보고 난 다음 삼방 사정을 살펴야 하는데, 여기에는 이유가 있다.

왜 천상만 유독 협궁을 먼저 살펴야 할까? 그것은 천상의 화기(化氣)인 印적인 특징 때문이다. 印이란 말 그대로 도장이다. 도장은 무엇에 대한 확실함을 필요로 할 때, 믿음과 신의가 요구될 때, 어떤 것을 판단할 때, 결재할 때, 내 것으로 하기 위한 증거로 삼을 때 쓰인다.

그런데 도장은 용도도 다양하지만 어떤 사람이 들고 사용하느냐에 따라 그 길흉도 달라진다. 결혼할 때나 이혼할 때 이용되기도 하고, 마약거래를 성사시키는 데도 이용되며, 죄인을 석방시키는 데도 쓸 수 있고, 또 국가간에 어떤 도시나 땅을 거래하는 데 사용되기도 한다.

주인의 용도가 곧 천상의 용도이기 때문에, 천상은 우리가 일반적으로 알고 있듯이 십사정성 중에서 가장 좋은 별이라고 단정적으로 말할 수는 없다. 선한 사람이 도장을 들면 선한 속성을 띠고 악한 사람이 도장을 이용하면 악을 돕는 데 쓰여지므로, 천상의 길흉은 전적으로 천상을 지배하고 부리는 환경(주인)에 따라 크게 달라진다.

그래서 천상을 볼 때는 먼저 협궁(환경)을 살피라고 하는 것이다.

협궁의 길흉은 크게 재음협인(財蔭夾印)과 형기협인(刑忌夾印)으로 나뉜다. 천상은 기본적으로 부모궁에 천량, 형제궁에 거문이 있게 되는데, 천량은 형극(刑剋)적인 성질과 음덕(蔭德)의 속성을 함께 갖고 있다.

형제궁의 거문이 화록(또는 거문과 동궁하는 星의 화록)이 되면 자동적으로 음덕적인 역량을 발휘해서 천상에게 좋게 작용한다. 재음협인(재 : 巨門化祿, 음 : 천량, 협인 : 천상을 협하는 것)이 되어 천상의 도장이 좋은 주인을 만나는 것과 같게 되는 것이다.

반대로 거문이 화기가 되면 부모궁의 천량은 자동적으로 형극(刑剋)적인 속성으로 변하여 형기협인(형 : 천량, 기 : 巨門化忌 또는 거문과 동궁한 星의 화기)이 된다. 그 결과 관재소송 등 좋지 않은 상황이 발생하게 된다.

거문과 조합이 되는 기거 조합·거동 조합·거일 조합 등에서 동궁하는 천기·천동·태양 등에만 화록이나 화기가 붙어도 위와 같은 격이 이루어지나, 거문보다는 길흉의 정도가 덜하다.

천상의 성격을 印에 비유해서 살펴보자.

먼저 도장은 곧 신용을 상징하므로 천상은 신용과 믿음이 있고 시간이나 약속을 소중히 여기는 성격이다.

도장을 찍으면 일정 기간까지 효력이 발생되므로, 천상은 꾸준한 마음, 즉 '항심(恒心 : 일관된 마음)'이 있어 자기가 선택하거나 하는 일을 계속 밀고 나가는 경향이 많다.

그래서 천상이 좌명한 사람은 일생 동안 한 가지 일에 종사한다거나 같은 계통의 일을 하는 경우가 많다. 또 직장에서도 자기가 맡은 일에 대해서 끝까지 최선을 다하므로 근무성적이 좋고 희생정신이 강하다.

천상의 이러한 한결같은 성격은 대인관계에서도 잘 나타난다. 친구를 사귀거나 사람을 믿으면 끝까지 믿음을 지키며, 주위 사람들에게 신뢰감을 주어 신용이 좋은 사람으로 인식된다. 또한 주위에 의리파로 알려져 도움이나 요청을 뿌리치지 못하며, 일생 동안 친구나 동료들을 챙기기에 바쁜 경우가 많다.

그러나 천상은 동료애나 우정, 의리 때문에 다른 별보다 동업의 유혹을 많이 받아 실제로 동업하는 경우가 많고, 보증을 서서 낭패를 당하는 경우도 많다. 동업을 하거나 보증을 많이 서는 경향은 선천명궁 외에도 대한명궁이나 유년명궁에서 천상이 들어올 때에도 자주 발생한다.

천상은 일단 도장을 찍으면 그것이 무엇이든 간에 시효가 끝날 때까지 변치 않는다. 그래서 옛사람들은 천상을 특별히 좋아했다. 『전서』의 「천상편」을 보면 다른 별에 비해서 나쁜 말이 거의 없을 정도이다.

물건을 살 때도 단골 슈퍼에만 가고, 일단 산 물건은 더 이상 쓸 수 없을 때까지 쓰므로 물건을 낭비하지 않는다. 일단 말을 하면 그대로 보증수표가 되어 장난치는 말이나 허언을 하지 않고, 음식도 먹던 것만 먹고(이것은 편식의 성향으로 발전되기도 한다), 옷도 같은 스타일의 옷만 입는다.

책임감도 매우 강하여, 할 일을 미루지 않고 식사를 거르더라도 반드시 해내고야 만다.

그러나 천상의 단점도 만만치 않다. 천상은 환경에 의해서 만들어지므로 환경, 즉 부모궁이나 형제궁이 좋지 않으면 뛰어난 능력이 있어도 발탁해주는 상사나 도와주는 동료가 없는 것과 같아서, 재주는 있으나 일생 동안 때를 만나지 못하게 된다.

천상은 임금이 가지고 있는 옥새와 같아서 기본적으로 훌륭한 막료나 보좌관의 속성이 있다.

그러나 성군이 옥새를 쓰면 좋으나 폭군에게 넘어가면 사람을 죽이는 도구로도 쓰이게 되므로(이때의 천상은 폭군을 충실히 보좌하여 악을 더욱 악하게 하기 쉽다), 천상이 좌명한 사람은 특별히 주위 환경이나 주위 사람들이 선하고 좋아야 한다. 좋지 않은 환경이나 나쁜 사람들과 어울리면 더 나빠지게 되기 때문이다. 선악과 관계없이 주변 상황에 쉽게 물든다는 말이다.

천상은 사화(四化 : 화록 · 화권 · 화과 · 화기)가 붙지 않는데, 이것은 천상이 무슨 주견을 가지고 화록이 되거나 화권이 되거나 화기가 되거나 하지 않는다는 뜻이다. 즉 천상이 녹을 갖거나 권을 갖거나 명예를 갖거나 시비가 있는 것은 모두 주위 환경에 의해 결정되는 것이지 천상 자체로 말미암는 것은 아니다.

천상은 기본적으로 정의감이 있고 동정심이 많으며 불평등이나 구조적인 악에 대해 특별히 의분을 갖는 성격이지만, 능동적이기보다는 피동적인 도장의 특성으로 인해 연약한 면을 피하기 어렵다. 또한 주인의 이해타산이 곧 자기의 이해타산이 되는 천상(도장)의 특징 때문에 자기 색깔을 갖기 어려우며, 이 때문에 마음이 내키지 않으면서도 분위기나 조건 또는 환경에 휩쓸려 낭패를 보는 경우가 많다.

만약 주인이 강력한 성격을 가지고 있다면 도장 역시 색깔이 분명해진다. 예를 들어 축미궁 천상의 경우, 대궁에 있는 자미와 파군의 선명한 속성으로 인해(진술궁의 자미천상대 파군도 마찬가지이다) 애증이 분명하고 반역성과 개창력, 창조력이 풍부하다.

천상은 유일하게 염정의 惡을 제한다고 하는데, 이것은 염정천상이 동궁한 경우뿐만 아니라 천상이 선천명궁에 있고 염정이 대한이나 유년의 명궁에 있을 때에도 해당한다. 해당되는 宮이 길하면 더욱 길하게 되고, 흉하더라도 그 흉을 감소시키는 속성을 가지고 있다는 것이다.

천상은 육살 중에서 유독 화령을 꺼린다. 그래서 천상이 화령과 동궁하면 신체장애가 된다는 극언까지 나왔는데, 반드시 그런 것은 아니지만 천상이 화령을 대단히 꺼리는 것은 사실이다.

천상이 함지의 염정·탐랑·파군·무곡과 조합되면서 양타를 보면 공예(巧藝)로 안신(安身)한다고 하는데, 이것은 특히 인신궁의 무상 조합, 사해궁의 천상대 무파 조합, 묘유궁의 천상대 염정파군 조합 등을 의미한다. 이런 조합에서 살을 보면 기술계통으로 나가는 경우가 많고, 도화성을 보면 연예나 예술계통으로 나가는 경우가 많다.

여명의 천상도 장점이 많아서, 총명하고 단정하며 생활력이 강하고 부창부수(夫唱婦隨)하며 뜻이 남편보다 높다. 그러나 여명에서 천상이 창곡을 보면 감정적인 면이 좋지 않다. 옛사람들은 천상이 창곡을 보면 시첩이 되기 쉽다고 했는데, 만약 살을 많이 보면 홍안박명(紅顔薄命)과 같은 인생을 살기 쉽다.

대만의 진계전은 그의 책 『자미두수논명상비』에서 남명의 천상 좌명인(여명도 포함)에 대해 다음과 같은 몇 가지 특징을 들고 있다.

① 육친무연하고 형제간에 무정하며 고독의 토이다. 배우자에게 아주 잘해주며 대부분 아내가 남편을 쥐고 산다.
② 돈을 잘 지킨다. 절약하고 검소하며 다른 사람에게 불편을 끼치려 하지 않는다.
③ 유머가 풍부하며 의리파이고 청청하게 일생을 살려고 한다.
④ 얼굴이 대체로 잘생기고 수려하며 피부색이 깊다. 일이 끝날 때까지 쉬지도 먹지도 않을 정도로 열심히 하고, 자기 물건을 가지런히 정돈하며 다른 사람이 빌려가는 것을 싫어한다.
⑤ 얼굴 생김새가 돈후하고, 술을 잘 마시고 주량이 세지만 술 마시는 것을 좋아해서가 아니라 분위기에 따라 친구들과 어울리기를 좋아한다.
⑥ 대부분 교예(巧藝)가 뛰어나며 안색이 좋고 기술적인 면에서는 만능에 가깝다.
⑦ 막료에 적합하고 개성이 충후하며 차분하다. 일할 때 시작과 끝이 분명하며, 다른 사람이 도와주어도 마음을 놓지 않는다.
⑧ 직업을 잘 지키고 보수적이어서 창업이나 돌파에는 적합하지 않

다. 평온하고 안일한 일생을 살고자 하며, 임종에 이르거나 중병에 걸리지 않는 한 조업을 가볍게 후대에 승계하지 않는다. 다시 말하면 후대는 모두 자수성가하게 된다.
⑨ 다른 사람의 일에 간섭하기 좋아하며 처세가 공정하고 정의감이 있다.

이상의 특징 중에서 육친무연과 형제무정은 아주 잘 맞는데, 그 이유는 다음과 같다.

천상이 좌명하면 고독의 명격(命格)이다. 거문이 형제궁에 들어가면 형제간에 반드시 불화한다고 했는데, 천상이 좌명하면 형제궁에는 반드시 거문이 들어가고 부모궁에는 천량이 들어간다. 거문이 형제궁에 들어가므로 형제와 불화하고 무정하며 동업에 부적합하다.

천량이 부모궁에 들어가면 천량은 수성(壽星)이고 노인성이므로 매사에 완고하고 타협하지 않는다. 또한 옛것을 지키려고 하므로 자녀(천상)와 불화하게 된다.

부처궁에는 탐랑이 들어가는데 탐랑은 욕망의 신이므로 아내가 집안의 권력을 잡게 되고, 태음이 자녀궁에 있기 때문에 자녀가 외지로 가서 삶을 도모하여 조업(祖業)을 지키지 않으니 자녀와의 연이 박하다.

천상은 일생 근검절약하고, 재산이나 조업을 가볍게 자녀에게 넘겨주거나 자녀와 더불어 창업하지 않으며, 일할 때 다른 사람을 대신 시키려 하지 않기 때문에 자녀와 같이 일할 수도 없다.

진계전의 관점이 다 맞는 것은 아니나 상당 부분 적중한다. 천상과 더불어 천부의 상황, 보좌성과 살성의 상황, 사화의 상황, 신궁의 상황을 종합적으로 고려해서 참조한다면 적중률을 더욱 높일 수 있을 것이다.

여기에 필자의 경험을 보탠다면, 일반적으로 자미와 동궁하고 있는 천상도 좋지 않다고 하는데(실제로 좋지 않다) 진술궁 외에 천상이 사궁이나 해궁에 있으면서 살을 보는 명도 대체로 좋지 않다. 길성을 보고 살을 보지 않는 경우는 예외지만, 살을 보면 신체장애를 입는 경우도 있고 여명이라면 결혼생활이 매우 불미한 경우가 많은데 실제로 남편을 서너 번 바꾸는 경우도 있었다.

진계전은 또 천상이 운에 있을 때의 독특한 현상을 다음과 같이 말한다.

만일 10년 대한이 천상운으로 흘러가면, 이 10년 안에는 특별한 성취가 없거나 배운 것을 쓸 수 없고 재화(才華)가 있어도 발휘할 수 없으며 곤경에 빠진다. 기타의 星과 삼방사정이 어떻든 모두 이렇게 논할 수 있다. 물론 귀인성이 동궁하면 봉흉화길(逢凶化吉)하여 편안해질 수 있다. 천상이 대한에 들어오면 10년 중에서 전반 5년은 더욱 나쁘며 후반 5년에야 약간 좋아진다.

천상대운에 대한 진계전의 관점을 전체적으로 다 받아들일 수는 없지만, 필자의 경험으로도 맞는 부분이 많았으므로 참고하는 것이 좋겠다.

• 예 22) 1933년 12월 ○일 오시 남명
진계전이 천상에 대해 설명하면서 든 명례이다.
천상이 미궁에 좌하고 대궁에서 경양이 충파하고 있으므로 소년시절에 부모를 잃고, 형제궁에 거문화권이 있으므로 형제가 무정하고 패도하며, 부처궁에 염정·탐랑화기를 만나고 지공지겁이 동궁하므로 본래 불리하나, 천월이 동궁하고 화과와 화권이 부처궁을

天破恩三地天貪廉 福碎光台劫空鉞狼貞 　閑廟旺陷陷 　　　　　忌 喜指白　26~35　69丁 神背虎【夫妻】　絶巳	解天紅巨 神官鸞門 　　　旺 　　　權 飛咸天　16~25　70戊 廉池德【兄弟】　墓午	寡天 宿相 　閑 奏月弔　6~15　71己 書煞客【身命】　死未	紅封天天天 艶詰刑梁同 　　　陷旺 將亡病　　　72庚 軍神符【父母】　病申
天天陰鈴文太 壽才煞星昌陰 　　旺旺閑 　　　　　科 病天龍　36~45　68丙 符煞德【子女】　胎辰	음력 1933년 12월 ○일 오시 남자 命局：火6局 命主：武曲 身主：天同		天八火七武 哭座星殺曲 　　陷閑旺 小將太　　　73辛 耗星歲【福德】　衰酉
天天左天 虛魁輔府 　廟陷平 大災歲　46~55　79乙 耗煞破【財帛】　養卯			天文太 空曲陽 　陷陷 青攀晦　96~　74壬 龍鞍氣【田宅】　旺戌
天天大 　月使耗 伏劫小　56~65　78甲 兵煞耗【疾厄】　生寅	截年鳳龍擎破紫 空解閣池羊軍微 　廟旺廟 　　　　　祿 官華官　66~75　77乙 府蓋符【遷移】　浴丑	天台天天祿天 傷輔喜姚存機 　　　　旺廟 博息貫　76~85　76甲 士神索【奴僕】　帶子	旬蜚天孤天天陀右 空廉廚辰貴巫馬羅弼 　　　　　　平陷閑 力歲喪　86~95　75癸 士驛門【官祿】　冠亥

　협하고 있으므로 봉흉화길할 수 있다.
　아내의 파워가 세고 능력이 많다. 결혼할 때 다른 사람의 중매로 소개받아 약혼날짜를 잡았는데, 여자 쪽에서 좋지 않은 소문을 듣고 취소한 일이 있었다.
　진계전은 이것을 겁공의 변동이 응험한 것이기 때문이라고 보았다. 그러나 탐랑이 화기가 되면서 부처궁에 있으면 탈애(奪愛)라고 해서 사랑을 빼앗긴다는 의미가 있는데, 필자는 오히려 탐랑화기의 영향으로 약혼이 파기된 것으로 해석한다.

자녀궁에서 태음·문창화과를 만나고 일월이 마주보고 있으니 자녀가 총명하고 성취가 높으며 이름을 드날린다.

또 명궁에 천상이 좌하니 술을 잘 마시고 주량이 세다. 소주 두 병을 마시고도 취하지 않고 정상적으로 농사일을 한다. 손재주가 좋아서 현대화된 농기계(자동펌프, 트랙터 등)나 전자제품 등을 잘 만지고 다른 사람이 수리를 의뢰해오면 잘 고쳐준다. 기타 농산물을 파종하거나 퇴비를 만드는 기술 등이 동네에서 가장 뛰어나, 천상 좌명인은 교예가 뛰어나다는 설명과 부합된다.

열심히 일하고 근검절약하며 일이 끝나기 전까지는 쉬거나 먹으려고 하지 않고, 일을 다른 사람에게 시킬 때에도 마음을 놓지 않는다. 보수적인 성격 역시 강해서, 다른 사람들은 시대에 맞춰 유실수를 심거나 양식을 하거나 투기사업 등을 해도 이 사람은 구업을 그대로 지켜 변경하지 않고 있다.

더욱 주목할 만한 것은 20년도 더 된 90cc짜리 오토바이를 지금껏 부품을 새것으로 고쳐가면서 잘 쓰고 있다는 점이다. 20년 동안 그대로 있는 것은 바퀴 휠과 좌대뿐이라고 한다.

이것으로도 물건을 잘 수습하고 오래도록 보호한다는 것을 알 수 있다.

- 예23) 1963년 5월 ○일 축시 여명

사궁의 천상이다. 창곡·괴월·파군화록을 보지만 양타·영성·천형·탐랑화기 등의 살성도 보고 있다.

어렸을 때 소아마비에 걸려 목발에 의지하여 걷고 있다. 성품은 「천상편」에서 말한 그대로이다. 한때 피아노 조율을 해서 돈을 많이 벌었으며 컴퓨터에도 능하다. 동정심이 많으며 지금은 대학원에서 사회복지를 전공하고 있다.

破孤恩三天天天天文天 碎辰光台巫姚馬鉞曲相 天蜚旬　　平旺廟平 福廉空	天陰天右天 官煞喜弼梁 　　　旺廟	天年台鳳龍七廉 月解輔閣池殺貞 　　　　旺廟	紅天大左 艶才耗輔 　　　平
奏歲喪 5~14　39丁 書驛門【命】　絶巳	飛息貫 15~24　40戊 廉神索【父母】　胎午	喜華官 25~34　41己 神蓋符【身福德】養未	病劫小 35~44　42庚 符煞耗【田宅】生申
天巨 空門 平 權 將攀晦　　38丙 軍鞍氣【兄弟】墓辰	음력 1963년 5월 ○일 축시 여자 命局：土5局 命主：武曲 身主：天同		天八文 虚座昌 　廟 大災歲 45~54　43辛 耗煞破【官祿】浴酉
天封天貪紫 哭誥魁狼微 　　廟地旺 　　　　忌 小將太　　49乙 耗星歲【夫妻】死卯			天天地火天 傷壽空星同 　　陷廟平 伏天龍 55~64　44壬 兵煞德【奴僕】帶戌
太天 陰機 閑旺 　科 青亡病 95~　48甲 龍神符【子女】病寅	截寡天天擎天 空宿貴刑羊府 　　　　廟廟 力月弔 85~94　47乙 士煞客【財帛】衰丑	解天紅祿地太 神使鸞存劫陽 　　　旺陷陷 博咸天 75~84　46甲 士池德【疾厄】旺子	天鈴陀破武 廚星羅軍曲 　廟陷平平 　　　　祿 官指白 65~74　45癸 府背虎【遷移】冠亥

12) 천량성

(1) 화기 : 음 · 수, 오행 : 무토, 주사 : 부모

천량(天梁)은 '하늘 천'에 '들보 량'이다. 하늘을 떠받치고 있는 대들보라고 하겠다. 하늘이 무너질 것처럼 보여도 대들보가 받치고 있으니 무너지지 않는다는 것이다.

'무너질 것 같으나 무너지지 않는다'라는 말은 천량의 속성을 단적으로 말해주고 있다. 천량에게는 봉흉화길(逢凶化吉), 즉 흉을 해

13. 십사정성의 이해　289

액(解厄 : 재앙을 풀어준다)하는 힘이 있다는 것이다.

　이 말을 자세히 살펴보자. 받치고 있지 않아도 될 하늘을 대들보로 받치고 있다니 얼마나 우스운가.

　그러나 대들보란 무너질 염려가 있을 때 무너지지 말라고 세우는 것이다. 따라서 대들보를 세워 하늘을 받치고 있다는 것은 그 안에 무너질 위험이 늘 잠재해 있다는 것을 보여주는 것일 수도 있다. 다시 말하면 천량의 해액하는 힘은 늘 위험과 어려움과 흉액을 동반하며, 그런 위험과 재액이 있고서야 비로소 흉액이 풀어져 안심할 수 있게 된다는 의미인 것이다.

　그래서 하늘이 정말 무너져 끝장나는 일은 없지만 언제나 하늘이 무너질까 봐 전전긍긍하는 삶을 살게 된다. 이것은 천량이 함지에 있고 태양이 함지에 있을 때 더욱 심하다(예24).

　천량의 이러한 속성 때문에 천량의 화기(化氣)는 음(蔭)과 수(壽)가 된다. 蔭에는 음덕 또는 돌봄의 의미가 있다. 음덕의 속성으로 인해 쉽게 죽지 않고 오래 살기 때문에 천량의 별명을 지으면서 壽라는 글자를 포함시킨 것이다.

　천량의 蔭을 『전서』의 표현을 기초로 다른 각도에서 생각해보자.
　『전서』에는 천량에 대해 '성명현어왕실(聲名顯於王室), 직위임어풍헌(職位臨於風憲)'이라고 설명한다. 감찰과 감사의 직위를 가지고 왕실에서 그 이름이 자자하다는 뜻이다.

　풍헌이란 직접적으로 감찰이나 감사의 권한을 가지고 벌을 주고 처리하는 자리가 아니다. 오늘날로 치면 국무위원들에 대한 여론의 평가나 동향이나 민생의 동향을 왕에게 사심없이 직언해주는 직책을 말한다. 이러한 직무로 인해 천량은 감찰과 감사의 속성이 있고, 원칙적이고 솔직하며 시원하고 사심없는 성격을 가지고 있게 된다.

풍헌의 속성에 대한 이해를 돕기 위해 몇 년 전에 텔레비전에서 방영했던 〈판관 포청천〉을 예로 들어보자.

포청천은 죄를 지은 사람을 철저하게 정의와 법에 입각해서 응징한 판관으로, 청렴결백하고 공평무사하며 외압을 두려워하지 않는 성격과 엄정하고 투명한 법집행으로 청사에 길이 이름을 남긴 사람이다.

천량의 蔭은 이러한 법집행으로 백성들이 안심하고 편안하게 살 수 있도록 하는, '법을 통한 보호'의 의미를 담고 있다. 따라서 천량의 가장 핵심적인 특징은, 문제와 부조리를 해결하여 사람들이 음덕을 입도록 소위 '해결사' 역할을 하는 것이다.

이것은 성격과 직업에도 그대로 표출된다. 그래서 천량이 좌명한 사람 중에는 변호사나 의사가 많은데, 변호사란 일반인들의 분쟁을 해결해주는 해결사이고 의사란 환자들의 병을 해결해주는 해결사가 아닌가.

또 천량을 〈판관 포청천〉에 비유한 것은, 천량은 청고(淸高 : 청렴하고 고고함)를 생명으로 아는 별이기 때문이다. 천량은 명예나 명분을 소중히 여기고 원칙을 쉽게 무너뜨리거나 타협하지 않으며 고집이 있어, 맑고 깨끗한 분야나 그런 것이 요구되는 직업을 가지는 경우가 많다.

당연히 청고한 천량은 다른 별과 달리 녹(祿)을 싫어한다. 포청천이 뇌물을 받았다면 사람들의 평판이 어떠했을까를 짐작해보면 쉽게 이해될 것이다.

만약 그랬다면 아무도 포청천의 청고함을 믿으려 하지 않고 원망을 일삼았을 것이다. 실제로 천량화록은 십간의 녹 중에서 가장 좋지 않은 화록이다.

13. 십사정성의 이해 291

천량의 蔭적인 속성의 이면에는 또 형(刑)적인 의미가 숨어 있다. 백성들에게는 포청천이 음덕을 베푸는 존재일지 몰라도, 죄인의 입장에서는 형벌을 가차없이 내리는 존재가 되므로 형극(刑剋)의 의미가 진하게 배어 있는 것이다.

간명하다 보면 아이로니컬하게도 천량운, 특히 태양천량에 살을 많이 보는 운에는 형극적인 일이 많이 일어나는데(예 25), 천량이 악살을 보면 고극(孤剋)적이고 형극적인 경향을 더욱 증폭시키기 때문이다.

선천명궁이 이러하면 일생 동안 우여곡절이 많고, 여명의 경우에는 혼인생활에 파란이 많아 편안한 삶을 살지 못한다.

천량의 蔭적이고 刑적인 속성은 천상을 볼 때 특히 분명하게 드러난다. 천상이 형기협인 또는 재음협인이 되는 것은 천량의 속성에 이러한 두 가지 특징이 있기 때문이다.

천량의 刑적인 속성은 조합되는 별을 살펴보면 쉽게 알 수 있다. 옛사람들은 천량과 조합되는 별인 천동·태양·천기 중에서 유독 천기에 대해서만 다음과 같은 평가를 했다.

"천기천량이 명신궁에 있을 때 공성이 비치면 승도가 되는 것이 좋다." "천기천량이 양타를 만나면 일찍 형극이 있고 늦어서는 고독함을 본다."

천량의 형극적인 본질에 천기의 고독한 성향이 보태져 성계 자체가 기본적으로 고극적인 의미를 갖게 되기 때문이다. 승도란 대개 육친을 형극한 사람들이 되지 않는가.

또한 천량은 부모를 主하고 음덕과 壽의 의미를 갖기 때문에 흔히 노인성이라고 하는데, 이 별칭에서도 여러가지 의미를 읽어낼 수 있다.

천량이 좌명한 사람은 행동거지가 느리고 가볍게 행동하지 않으며 나이가 어려도 세상을 다 살아본 것처럼 말한다. 그래서 애늙은이라든가 나이보다 성숙해 보인다는 소리를 자주 듣는다. 자기보다 나이가 많은 사람과 어울리는 경향이 있으며, 노인처럼 꼬장꼬장하고 트집을 잘 잡으며, 남의 일에 끼여들어 실속없는 해결사 노릇을 자처하기도 한다.

분위기도 노숙하고, 옛것을 좋아하여 옛것과 관계있는 것에 흥미를 느끼며, 옛스러운 종교인 불교와 인연이 많다. 노인들이 대부분 약을 끼고 살듯이 의약적인 데에 흥미가 많고(특히 한의학에 관심이 많다), 나이가 들면 죽은 다음을 생각하게 되므로 신비적·종교적·탈속적인 사상을 좋아한다.

앞에서 이미 여러 번 말했지만, 천량은 반드시 태양이 묘왕지에 있어서 천량의 고극적인 성질을 해소해주어야 한다. 함지의 태양을 만나면 천량의 음덕적인 측면보다는 형극적인 속성이 많이 드러나 인생살이가 편안하지 못하며, 살을 보면 더욱 기구한 삶을 살게 되기 때문이다.

천량은 자오궁, 진술궁, 묘궁에서 묘왕지가 되며 이런 궁에 있을 때 격이 높다.

한편 오궁의 천량은 자궁의 태양이 함지일 때에도 역시 묘왕지가 되는데, 이것에 대해 개인적으로는 다음과 같이 생각한다.

별을 볼 때는 우선 별 자체의 묘왕리함을 살핀 후에 그 별에 관건 역할을 하는 별(천량의 경우 태양)을 살펴야 한다. 즉 근본을 먼저 보고 그 다음에 지엽적인 것을 살펴야 한다는 것이다. 각 궁에 들어갔을 때 천량 자체의 강약이 따로 있고 태양에 의해서 영향받는 부분이 또 따로 있는데, 오궁은 천량의 힘이 강하기 때문에 태양이 함지에서 비쳐도 묘왕지가 되는 것이다.

　물론 함지의 태양에 의해서 영향을 받는 부분이 없지는 않다. 「골수부」(『전서』 안에 있는 歌訣 중의 하나)에서 "천량이 오궁에 있으면 官에서 일하는 품이 청렴함을 드러낸다"라고 했듯이, 태양이 함지에 있어 천량의 고극적인 성향을 해액하기에는 부족하고 천량 자신은 묘왕지에 있어 기세가 등등하므로, 청렴결백하게 일처리를 하여 고대사회에서는 존경받는 청고한 관리가 될 수 있었다.

　오늘날에도 역시 관직으로 출세하기에는 유리하나, 인간관계에서도 결백함과 완벽주의적인 성향이 나타나 주위 사람들로부터 원망과 비난을 받기 쉬운 결점이 있다.

　사해궁은 천량의 함지이다. 이 궁에서 길성을 보지 못하고 천마나 겁공, 사살을 보면 좋지 않다.

　"천량이 함지에서 화성·경양을 만나면 파국이 되어 하천하고 고독하며 혼자 살고 요절한다." "천량이 함지에서 양타를 만나면 풍속을 어지럽히는 무리가 된다." "천량천동이 사해궁에서 마주보고 있으면 남자는 유랑방탕하고 여자는 음란함이 많다."

　천량천동이 사해궁에 있을 때에는 천량이 함지인데, 대궁의 천동이 가지고 있는 정서와 감정적인 영향을 받아 천량의 엄격한 속성이 희석되게 된다. 전혀 포청천 같지 않은 면모가 나타나게 되는 것이다.

• 예 24) 1969년 3월 ○일 축시 남명

　묘궁이 명궁이면서 정성이 없고 대궁 유궁의 태양천량을 끌어다 쓰며 살을 많이 본다. 유궁은 태양의 함지인데, 축시에 태어나 태양이 완전히 빛을 잃었으므로 천량의 고극적인 성향을 해소할 수 없다.

破陀文太 碎羅曲陰 陷廟陷 忌 力指白　　　33己 士背虎【身福德】絶巳	紅祿左貪 鸞存輔狼 旺旺旺 權 博咸天　96～　34庚 士池德【田宅】　墓午	寡台擎巨天 宿輔羊門同 廟陷陷 官月弔　86～95　35辛 府煞客【官祿】死未	天天天右天武 廚傷鉞弼相曲 廟平廟平 祿 伏亡病　76～85　36壬 兵神符【奴僕】病申
紅天火天廉 艶月星府貞 閑廟旺 青天龍　　　32戊 龍煞德【父母】胎辰	음력 1969년 3월 ○일 축시 남자 命局：火6局 命主：文曲 身主：天同		截天天文天太 空官哭昌梁陽 廟地閑 科 大將太　66～75　37癸 耗星歲【遷移】衰酉
旬天封天 空虛詰姚 小災歲　6～15　43丁 耗煞破【命】　養卯			解天天陰地七 神使空貴煞空殺 陷廟 病攀晦　56～65　38甲 符鞍氣【疾厄】旺戌
天天大恩八天破 福壽耗光座巫軍 陷 將劫小　16～25　42丙 軍煞耗【兄弟】生寅	年鳳龍 解閣池 秦華官　26～35　41丁 書蓋符【夫妻】浴丑	天三天地天紫 才台喜劫魁微 陷旺平 飛息貫　36～45　40丙 廉神索【子女】帶子	蜚孤天天鈴天 廉辰刑馬星機 平廟平 喜歲喪　46～55　39乙 神驛門【財帛】冠亥

  병인대한 21세 1989년에 군대에서 동료에게 총을 맞고 그 해 여름에 벼락을 맞았으나 죽지 않았으며, 이 외에도 소소하게 많이 다쳐 상처가 많다. 26에서 35세 사이에 철학관에서 사주를 보니 운이 좋다고 해서 사업을 시작했다가 직업군인으로 번 돈을 다 날리고 말았다. 지금은 역학공부에 전념하고 있다.

• 예 25) 1964년 1월 ○일 유시 여명
  정묘대운 태양천량운에 차를 타고 가다가 기차와 충돌했는데, 다

天孤天天天 廚辰空巫喜機 平	紅蜚年鳳三紫 艷廉解閣台微 廟	天鈴天 官星鉞 旺旺	截解龍八地破 空神池座劫軍 廟陷 權
大劫晦 3~12 38己 耗煞氣【命】病巳	病災喪 39庚 符煞門【父母】衰午	喜天貫 40辛 神煞索【福德】旺未	飛指官 93~ 41壬 廉背符【田宅】冠申
左七 輔殺 廟旺 伏華太 13~22 37戊 兵蓋歲【兄弟】死辰	음력 1964년 1월 ○일 유시 여자 命局 : 木3局 命主 : 武曲 身主 : 文昌		天天天 福才刑 奏咸小 83~92 42癸 書池耗【官祿】帶酉
天台擎天太 壽輔羊梁陽 陷廟廟 忌 官息病 23~32 48丁 府神符【夫妻】墓卯			天天天右天廉 月傷虛弼府貞 廟廟旺 祿 將月歲 73~82 43甲 軍煞破【奴僕】浴戌
旬天天恩陰祿天地天武 空哭貴光煞存馬空相曲 廟旺陷廟閑科	破寡天陀天文文巨天 碎宿姚羅魁曲昌門同 廟旺廟廟旺陷	天貪 使狼 旺	大封紅火太 耗誥鸞星陰 平廟
博歲弔 33~42 47丙 士驛客【子女】絶寅	力攀天 43~52 46丁 士鞍德【財帛】胎丑	青將白 53~62 45丙 龍星虎【疾厄】養子	小亡龍 63~72 44乙 耗神德【身遷移】生亥

른 사람은 다 죽고 이 사람만 겨우 살았다. 그러나 척추를 심하게 다쳐 몇 년을 병상에서 누워 지냈다.

정묘대운에 태양화기와 천량에 경양을 보고, 삼방사정에 대한의 거문화기·타라·영성·천형·화성이 모두 비치고 있다. 지금은 출가하여 스님이 되었다.

13) 칠살성

(1) 화기 : 장성, 오행 : 신금, 주사 : 숙살

　옛사람들은 중용의 정신에 대단히 철저했던 모양이다. 십사정성 중에는 대궁에 반드시 짝을 정해놓은 별이 있는데, 천상·파군과 칠살·천부가 그렇다.

　천상은 십사정성 중에서 환경의 영향을 가장 많이 받으므로 대궁에 성격이 정반대인 파군을 배치해놓았고, 칠살(七殺)은 십사정성 중에서 가장 저돌적인 별이므로 그것을 조화롭게 하기 위해 수렴성이 강한 천부를 배치해두었다.

　항상 대궁에 대칭되는 에너지가 있는 이런 별들을 보면, 명궁만 보고 대궁을 살피지 않은 채 추론하다가는 큰 실수를 범할 수 있다는 사실을 알 수 있다.

　칠살은 말 자체가 벌써 험하다. 그 이름답게 별명이 '장성(將星)'이다. 전쟁터에서 싸우는 장군의 별이라는 뜻이다. 무곡도 '장성'이어서, 이것과 차별화하기 위해 칠살을 '상장(上將)' 또는 '대장성(大將星)'이라고 한다. 같은 '장성'이라도 기백과 저돌성 면에서 무곡보다 한 수 위라고 할 수 있겠다.

　칠살을 이해하려면 전쟁터에 나간 장군을 연상하면 된다. 전쟁터의 장군은 용감하고 기백이 있으며 독립적인 성격이 강해서 타협하기보다는 혼자 결정하고 행동하는 일이 많다. 마찬가지로 칠살은 용감하고 기백이 있으며 독립적인 성격이 있어 다른 사람과 어울리기보다는 독자적으로 결정하고 행동하는 일이 많다.

　『전서』의 「칠살편」을 보면 "풍헌(風憲)을 主하고 성격이 청량하다"고 씌어 있다. 장군이 전쟁터에서 부하들을 데리고 싸우려면 부하들의 상황을 감독하고 관찰해야 하기 때문에 이런 성질이 필요한 것이다.

　전쟁터에서 부하들이 잘못하면 장군이 질책하며 잘못을 지적하듯이, 칠살이 좌명한 사람은 잘못된 것을 보면 대충 넘어가지 않고 꼭 지적하는 경우가 많으며, 할말이 있으면 직언을 서슴지 않아 말로 주위 사람들에게 상처를 주기도 한다.

　장군은 부하들의 기강을 위해서 인정에 매달리지 않고 공사를 분명히 해야 하므로, 김유신 장군이 애마의 목을 자르듯 과감하고 결단력이 있게 행동해야 한다. 그러다 보니 성격이 차갑고 냉정해 보인다.

　또한 전쟁터에서는 아무리 훌륭한 장군이라도 우여곡절을 겪게 마련이다. 그래서 칠살이 명궁에 있으면, 일찍 혹은 늦게 오는 차이는 있으나 인생의 어느 시점에서 반드시 우여곡절을 겪게 된다.

　조합이 어떠한지를 살펴야겠지만 칠살의 이러한 본질적인 특성 때문에 대체로 기복이 심한 편이다. 장군처럼 우두머리가 되려다 보니 조직이나 단체생활에 적응하지 못하고 사업이나 장사로 나서는 경우가 많다.

　또 전쟁에서 늘 이길 수만은 없는 것처럼 횡발횡파가 잦다.

　전쟁에 나간 장군과 병사들은 가족들을 멀리 고향에 두고 외로워할 것이다. 그래서 칠살이 명궁에 있는 사람들은 의외로 외로움을 많이 탄다. 속마음은 지극히 여리고 감동도 잘하지만 내색하는 걸 싫어하고 표현하는 데도 서툴다.

　학자들은 칠살을 흔히 火의 속성을 띤 金이라고 한다. 이것은 안으로는 불[火] 같은 열정을 가지고 있지만 위엄과 규율을 위해 겉으로는 차갑게[金] 보이기 때문이다. 사람들은 안에 있는 火는 보지 못하고 겉으로 드러난 숲만 보고 피도 눈물도 없겠거니 생각하는 것이다.

　칠살이 명궁인 여명은 대체로 여장부 기질이 농후하고 고분고분하지 않으며 남편에게 이래라저래라 하기 쉽다. 그러니 감정적인 면에서 볼 때 무곡과 더불어 별로 반갑지 않은 별이 된다.
　전쟁터에서는 싸워서 이겨야 하므로 목표가 매우 분명하다. 이겨야만 살아남는 것이다. 상황을 철저히 직시하지 못하면 곧바로 패전하게 되므로, 칠살은 목표가 분명하고 승부근성이 강하며 현실감각이 아주 뛰어나다.
　장군은 또한 조직에 대한 장악력이 뛰어나고 관리를 잘하며 리더십도 탁월해야 한다. 칠살은 바로 그런 속성을 갖고 있다.
　칠살은 전쟁터의 장수이므로 어떤 싸움터에서 싸움을 하느냐가 아주 중요하다. 명반으로 보면 칠살이 앉아 있는 宮이 싸움터가 되는데, 싸움터가 좋지 않으면 아무리 뛰어난 장군이라도 다치거나 죽거나 험한 꼴을 보기 쉽다.
　옛사람들은 칠살을 '사망성'이라고 하며 매우 꺼려했다. 그 삶이 전쟁터에서 싸우는 장군처럼 고달프고 힘들며 위험하기 때문이다.
　『전서』의 「칠살편」을 보면 온통 살벌한 말로 가득하다.
　"칠살이 천이궁·질액궁에서 천형화기를 만나면 신체장애가 되거나 고독하거나 오래 살지 못한다." "칠살이 염정과 신명궁에 있으면서 살을 만나면 사지가 꺾어지고 다치며 폐결핵에 걸리고, 염정파군을 천이궁에서 만나면 도로에서 죽는다."

　칠살은 묘유궁(무곡·칠살 동궁)에서 함지가 된다. 그래서 이런 궁에서는 녹을 보는 것이 중요하며 살을 보지 않아야 한다. 칠살은 기본적으로 살을 싫어하지만, 특히 어느 궁에서나 경양·영성을 같이 만나는 것을 싫어하며 화기도 싫어한다.

칠살이 명궁에 있으면서 살을 보면 복이 온전하지 못하여 반드시 어느 한쪽에 결함이 있게 된다. 예를 들어 돈이 많으면 건강하지 못하거나 육친을 형극하며, 육친이 온전하면 부귀와는 거리가 먼 경우가 많다. 특히 묘유궁에서 살을 보면 그 흉이 더욱 심하다.

자오궁의 칠살은 묘유궁과 같이 무살부 조합이지만 묘유궁과는 큰 차이가 있다. 자오궁은 칠살이 독좌하지만 묘왕지로 음덕이 많고 귀인과 친구의 도움이 많은 격이 된다.

인신사해궁에서는 칠살이 자미와 만나게 된다. 사해궁에서는 자미와 칠살이 동궁하고 대궁에 천부를 보게 되며, 인신궁에서는 칠살이 독좌하고 대궁에 자미천부를 보게 된다. 장군이 황제를 만나는 격이므로 행동거지가 더욱 위풍당당하고 권력이 있으며 뜻이 높게 되는데, 이 네 궁의 칠살은 소위 '화살위권(化殺爲權)'의 속성을 갖게 된다.

칠살은 기본적으로 천부를 대궁에서 만나게 되므로, 보필을 만나는 것을 좋아한다. 인신사해 네 궁에서는 자미까지 만나므로 보필을 보는 것이 더욱 중요하다.

그러나 창곡은 문성(文星)으로 칠살의 武와는 성질과 기질이 맞지 않아, 칠살이 어느 궁에 있든 보필·괴월 등과 같이면 몰라도 단독으로 만나는 것은 좋지 않다. 이런 경우 일생 동안 일정한 거주지 없이 떠돌아다니기 쉽다.

또한 칠살은 묘유궁, 경양·영성 외에도 십이운의 절지를 싫어한다. 십이운은 잡성으로 크게 작용하는 것이 아니나, 칠살만은 십이운의 절지와 민감하게 반응한다. 절지에 있다고 무조건 흉하다고 단정할 수는 없으나 여기에 살이 더해지면 다른 별보다 그 영향력이 커진다.

그리고 칠살은 투기에 불리하다. 투기를 하다가 파산하면 다시 회복하기 어렵게 되니, 칠살이 좌명한 사람은 특별히 이에 주의해야 한다.

다른 별들도 마찬가지이지만 칠살이나 파군은 반드시 녹을 만나 사나운 기운을 화해시켜야 명이 제어된다. 녹이란 굶주린 맹수에게 먹을 것을 주는 것과 같아서, 먹을 것을 주면 칠살의 에너지가 창조적인 방향으로 흘러 위권이 출중하고 영웅이 되거나 많은 사람을 거느리게 된다.

또한 화권·화과·육길성 등을 보면 그렇지 않은 칠살보다 성공할 확률이 높아진다. 대체로 상계(商界)나 공업계, 실업계, 군·경찰·정계 등에서 두각을 나타내는 경우가 많다.

인신궁의 칠살은 대궁 자부의 영향으로 청고한 속성을 갖게 된다. 따라서 교육계에 종사하여 다른 사람의 사표가 되기도 한다. 공직에 종사하는 것도 좋다. 그러나 녹이 없이 살만을 만난다면 굶주린 맹수와 같게 된다.

원국에서 칠살이 양타를 보고 있는데 다시 운에서 칠살과 유년양타를 보면 '칠살중봉(七殺重逢)'이라고 해서 좋지 않게 본다. 살에 민감하기 때문에 유년에서 유년양타, 유년백호, 유년관부 등을 보는 것도 싫어한다.

칠살의 격에는 유명한 격국이 많다. 염정칠살이 미궁에서 동궁하거나, 칠살이 오궁에 있고 염정이 신궁(申宮)에 있으면서 신궁(身宮)이 되면 '웅숙건원격(雄宿乾垣格)'이 되어 무관(武官)으로 출세하게 된다.

칠살이 인신궁에서 독좌하면 대궁에 자미천부를 보므로 인궁의 칠살은 '칠살앙두격(七殺仰斗格)'이 이루어진다. 신궁의 칠살은

'칠살조두격(七殺朝斗格)'이 이루어져 관리능력이 강한 조합이 되고, 귀인의 조력과 도움으로 성공하는 격이 된다.

또 염정칠살이 축미궁에 있으면서 명궁이나 천이궁에 있고 양타와 화기를 보면 '노상매시격(路上埋屍格)'이 되어, 교통사고를 당하기 쉬운 격국이 이루어진다.

자세한 것은 「격국편」에서 설명하기로 한다.

• 예26) 1970년 9월 ○일 인시 남명

大天紅天鈴巨 耗巫鸞刑星門 旺平 大亡龍 92~ 32辛 耗神德【子女】 絶巳	截天天文天廉 空福才曲相貞 陷旺平 伏將白 33壬 兵星虎【夫妻】 胎午	寡天陀天天 宿貴羅鉞梁 廟旺旺 官攀天 34癸 府鞍德【兄弟】 養未	天台祿天文七 哭輔存馬昌殺 廟旺旺廟 博歲弔 2~11 35甲 士驛客【命】 生申
解天封貪 神虛誥狼 廟 病月歲 82~91 31庚 符煞破【財帛】 墓辰	음력 1970년 9월 ○일 인시 남자 命局 : 水2局 命主 : 廉貞 身主 : 文昌		恩天地擎天 光姚空羊同 廟陷平 忌 力息病 12~21 36乙 士神符【父母】 浴酉
天火太 使星陰 平陷 喜咸小 72~81 42己 神池耗【疾厄】 死卯			紅天陰武 艶壽煞曲 廟 權 青華太 22~31 37丙 龍蓋歲【福德】 帶戌
旬天天龍三右天紫 空月廚池台弼府微 廟廟廟 科 飛指官 62~71 41戊 廉背符【遷移】 病寅	破天地天天 碎傷劫魁機 陷旺陷 奏天貫 52~61 40己 書煞索【奴僕】 衰丑	蜚年鳳八左破 廉解閣座輔軍 旺廟 將災喪 42~51 39戊 軍煞門【身官祿】 旺子	天孤天天太 官辰空喜陽 陷 祿 小劫晦 32~41 38丁 耗煞氣【田宅】 冠亥

신궁(申宮)의 칠살로 녹마가 동궁하고 삼방에서 보필이 비치며 삼태·팔좌·용지·봉각·태보·봉고의 길한 잡성이 다 비치는 칠살조두격이다.

자살대권위적인 속성답게 대학생 시절 1,000cc짜리 일제 오토바이를 타고 다니면서 검도단체인 경당의 회원을 지도하고, 목검을 차고 부산 시내를 활보했을 정도로 호남아적인 특징이 있다.

명격은 아주 좋으나 을유대한은 오살에 태음화기·천동화기가 비쳐 고등학교 때 폐에 구멍이 나서 폐를 자르는 수술을 받았다. 병술대한도 염정화기가 비쳐 대학을 졸업한 후 뜻을 이루지 못하고 번번이 실패만 거듭하였으며 많은 사고를 당했다. 경진년 초에 또 폐가 재발하여 다시 갈비뼈를 잘라내고 폐를 자르는 수술을 했다.

칠살이 좌명하면 일생 중 어떤 시기에는 반드시 커다란 고난이 있다는 말을 실감나게 하는 명이다.

14) 파군성

(1) 화기 : 모, 오행 : 계수, 주사 : 부처·자녀·노복

파군(破軍)은 '깨뜨릴 파'에 '군사 군'으로, 군사를 깨뜨린다는 의미가 된다.

전쟁터에서 이러한 역할을 하는 것은 제일 먼저 나가 적군의 진지를 깨뜨리고 기선을 제압하는 돌격대쯤이 될 것이다. 즉 파군은 견고한 적의 軍을 破하는 일이 주임무가 된다.

이렇게 파괴적인 본분 때문에 파군의 화기(化氣)를 모(耗)라고 한 것이다. 耗에는 '줄다, 덜다, 줄이다, 없애다'의 뜻이 있으니 적의 진지를 가능한 한 줄이고 덜고 없앤다는 의미를 담고 있다. 그래

서 파군은 개창력이 아주 뛰어나고 창조력이 풍부하다.

또한 이미 있는 진지를 쳐들어가 빼앗은 후 자기편 깃발을 꽂고 진지를 다시 구축하므로, 파군의 행동은 옛것·이미 있는 것·구업(舊業)과 관계가 있고, 그것을 토대로 다시 새롭게 세우고 창조하는 파구창신(破舊創新 : 옛것을 깨고 새로운 것을 개창함)의 속성이 있다고 할 수 있다.

새로운 것을 개창한다는 면에서 보면 칠살과도 비슷한데, 칠살은 전혀 새롭게 변화하는 데 비해, 파군은 옛것을 바탕으로 변화한다는 것이 다르다.

파구창신의 속성으로 인해 파군은 사업의 경우 겸업이나 동업의 속성이 많고, 직장생활의 경우 겸직이나 자기 일 외의 일을 더 갖는 경우가 많다.

겸업이든 동업이든 겸직이든 간에 하나를 하는 것보다는 힘과 노력이 더 필요하므로, 파군이 명궁에 있는 사람은 대체로 '일복'이 많다.

이러한 현상은 파군 자체가 화록이 되거나 파군화권이 될 때 더욱 분명해진다. 일에 치여 산다고 할 수 있을 정도이다.

대운이나 유년에서도 그러한 속성이 있어서(예27), 올해 두 여자가 생기겠다, 두 가지 계통에서 돈을 벌겠다, 두 가지 직업을 갖겠다, 아버지가 둘이다, 어머니가 둘이다, 형제가 둘이다 등등을 파악하게 된다.

그런데 돌격대란 적의 진지를 공략하여 부수고 자기편 진지를 만든 다음에는 또 다른 목표를 향해서 나가야 한다. 마찬가지로 파군이 좌명한 사람은 자기가 벌인 일을 누리고 향수할 겨를도 없이 또 다른 일을 찾아나서는 성향이 있다. 따라서 일생 동안 일이 많고 변동과 파동이 심하다.

破에는 파괴와 창조라는 두 가지 의미가 있는데, 파괴든 창조든 있던 것을 깨고 부숴야만 가능하다. 그러나 파괴는 깨고 난 뒤에 힘이 소진되는 것이고 창조란 깨고 나서 다시 무언가 건설적인 것을 만드는 것이므로, 깨고 난 뒤에 지쳐서 넘어지느냐 아니면 원기왕성하게 창조적인 활동을 계속하느냐가 중요한 문제가 된다.

창조적인 활동을 위해서는 에너지와 활력이 필요하다. 파군에게 에너지와 활력을 주는 것은 바로 녹(祿)이다. 녹이 있으면 파군은 연료가 가득 찬 자동차와 같아서 창조적인 에너지로 넘쳐나게 된다. 이것을 옛사람들은 '유근(有根)했다'고 표현했다.

파군의 격이 높고 낮음은 녹의 여부에 달려 있다. 녹이 없는 파군은 파괴적인 모습만을 연출하게 된다.

자오궁은 파군의 묘왕지이다. 이 宮에서는 파군이 공격도 수성(守成)도 적당히 할 수 있어서 도량도 넓고 복이 많게 된다. 甲년생이나 癸년생이 되면 '관자청현(官資淸顯)'한다고 해서 삼공의 지위에 오를 정도로 지도층이 될 수 있는 격이 되는데, 그것을 '영성입묘격(英星入廟格)'이라고 한다. 매우 높은 고격이다.

반면 묘유궁의 파군은 칠살과 같이 함지가 된다. 이런 궁에서 화령·양타 등을 만나면 관재나 질병을 얻게 되는 경우가 많다.

진술궁의 파군은 대궁에 자미천상이 있는데, 장군이 황제의 통제권 밖에 있는 형국이 되므로 파군의 속성이 격외로 발휘된다. 그래서 육친의 인연이 박하고 인생에 좌절이 많으며 고질병을 앓기 쉬우나, 예술가적인 기질이 있고 특수한 기술을 가지고 있으며 생명력이 강하다.

축미궁의 파군은 자미와 동궁한다. 축궁보다는 미궁이 더 좋은데, 이 궁에서는 다른 사람의 덕을 입어 파격적인 기회와 인연이 있는 경우가 많다.

　사해궁의 무곡파군 조합은 기술적인 속성과 무관에 적합한 속성이 있어 그런 쪽으로 발달하는 경우가 많다.

　여명의 경우 자오궁의 파군 외에는 모두 흠이 많다. 여명의 파군에 대해 "파군은 성격이 밝지 못하다"고 했는데, 이것은 여명뿐만 아니라 남명도 마찬가지이다. 여자든 남자든 파군이 좌명하면 속내를 잘 드러내지 않아 무슨 생각을 하는지 가늠하기가 어렵다.

　파군은 일을 벌이는 데 심력(心力)을 다하는 별이므로, 보필과 같은 보좌성의 도움을 좋아한다. 보좌성은 파군의 단점을 안정시켜 주는 작용을 하게 된다.

　그러나 문창·문곡은 다른 길성, 즉 보필·괴월과 함께라면 몰라도 단독으로 만나면 좋지 않다. 칠살과 마찬가지로 파군과 문창·문곡은 武와 文으로 서로 기질이 맞지 않기 때문이다. 이것에 대해 옛사람들은 다음과 같이 말했다.

　"파군이 창곡과 같이 있으면 일생 가난한 선비이다." "창곡이 파군을 만나면 형극하고 고생이 많다." "파군이 해자축궁에서 문곡화기(文曲化忌)를 보면 물 속에 묘를 만드는 것과 같아서 인생에 좌절이 많다."

　또 파군은 항상 대궁에 천상이 있게 되므로 천상의 상황을 잘 살펴야 한다. 파군에 녹이 없더라도 천상의 상황이 좋으면 파군의 속성이 안정되는 경우가 많다.

　필자의 임상경험에 의하면 파군의 파구창신 속성은 묘왕리함의 여부, 녹의 여부, 길성의 여부에 따라 현격히 달라진다. 파군이 묘왕지에 있으면 실제로 군자지풍이 있어서 대궁의 천상과 비슷한 성격으로 나타나며, 함지인 경우(인신궁·묘유궁) 파군의 본래 속성이 더욱 돌출하게 된다. 따라서 파군 좌명인을 속성대로만 파악하면 낭패를 보기 쉽다.

또한 파군의 파구창신 속성으로 인해 파군화록이 명궁에 있으면서 살을 보면 성형수술을 하는 경향이 있다. 참고해보기 바란다.

• 예 27) 1962년 5월 ○일 미시 여명

孤八天天天天 辰座巫姚鉞梁 　　　旺陷 　　　　祿 飛亡貫 64~73 40乙 廉神索【遷移】　生巳	天天龍陰地右七 福使池煞劫弼殺 　　　廟旺旺 奏將官 54~63 41丙 書星符【疾厄】　養午	天天 月喜 將攀小 44~53 42丁 軍鞍耗【財帛】　胎未	天年鳳天火左廉 虛解閣馬星輔貞 　　　旺陷平廟 小歲歲 34~43 43戊 耗驛破【子女】　絶申
旬天天地天紫 空傷哭空相微 　　　陷旺陷 　　　　權 喜月喪 74~83 39甲 神煞門【奴僕】　浴辰	음력 1962년 5월 ○일 미시 여자 命局 : 金4局 命主 : 巨門 身主 : 天梁		天破大封三 廚碎耗誥台 青息龍 24~33 44己 龍神德【夫妻】　墓酉
天天恩天文巨天 壽空光魁昌門機 　　　廟平廟旺 病咸晦 84~93 50癸 符池氣【官祿】　帶卯			蜚天鈴陀破 廉官星羅軍 　　廟廟旺 力華白 14~23 45庚 士蓋虎【兄弟】　死戌
截貪 空狼 　平 大指太 94~　49壬 耗背歲【田宅】　冠寅	寡天台紅天太太 宿才輔鸞刑陰陽 　　　　　廟陷 伏天病　　　48癸 兵煞符【身福德】旺丑	紅解擎天武 艷神羊府曲 　　陷廟旺 　　　　科忌 官災弔　　　47壬 府煞客【父母】衰子	天祿文天 貴存曲同 　廟旺廟 博劫天 4~13 46辛 士煞德【命】　病亥

부모궁의 무곡화기에 경양·겁공과 화성으로 아주 좋지 않은데, 형제궁에 파군이 있으면서 영성·타라에 겁공 등 살을 많이 보고

있다.

파군에 화록이나 화권이 붙지는 않았지만 파군의 상황이 좋지 않다. 그래서인지 이복형제가 있다.

• 예 28) 1956년 1월 ○일 진시 여명

天天天祿天 官使巫存梁 　　　廟陷	天封火擎文七 才誥星羊昌殺 　　廟平陷旺 　　　　科	寡紅地 宿鸞空 　　平	解文廉 神曲貞 　平廟 　　忌
博劫天 53~62 46癸 士煞德【疾厄】 病巳	官災弔 43~52 47甲 府煞客【身財帛】衰午	伏天病 33~42 48乙 兵煞符【子女】 旺未	大指太 23~32 49丙 耗背歲【夫妻】 冠申
旬截蜚陀左天紫 空空廉羅輔相微 　　　廟廟旺陷	음력 1956년 1월 ○일 진시 여자 命局 : 木3局 命主 : 祿存 身主 : 天梁		破天天天 碎空刑鉞 　　　廟
力華白 63~72 45壬 士蓋虎【遷移】 死辰			病咸晦 13~22 50丁 符池氣【兄弟】 帶酉
天大天地巨天 傷耗貴劫門機 　　　平廟旺 　　　　　權			天天台右破 月哭輔弼軍 　　　　廟旺
青息龍 73~82 56辛 龍神德【奴僕】 墓卯			喜月喪 3~12 51戊 神煞門【命】 浴戌
紅天天年鳳八陰天鈴貪 艶壽虛解閣座煞馬星狼 　　　　　　　旺廟平	恩天天太太 光喜姚陰陽 　　　廟陷	天天龍三天武 廚福池台府曲 　　　　廟旺	孤天天 辰魁同 　旺廟 　　祿
小歲歲 83~92 55庚 耗驛破【官祿】 絶寅	將攀小 93~ 54辛 軍鞍耗【田宅】 胎丑	奏將官 53庚 書星符【福德】 養子	飛亡貫 52己 廉神索【父母】生亥

명궁이 술궁의 파군이며, 삼방사정에 녹이 없고 신궁(身宮)은 오궁에서 칠살이 화성·경양과 동궁하고 있다. 삼방사정에서 사살에

절공·순공까지 보고 있으니 파군이 극히 불안정하며, 부처궁에 염정화기와 영성·타라를 보고 있어 혼인에 장애가 있을 상이다.

실제로 남편을 두고 바람을 피우다가 남편이 1997년에 자살했다. 경진년 대한부처궁인 진궁에 이르면, 갑오대한의 파군화권이 대한부처궁으로 비쳐 남자를 쌍으로 갖는 의미가 있다. 실제로 현재 애인이 두 명 있다.

전형적인 위신불충 위자불효의 반역 조합이라고 하겠다.

14. 십이궁

이 장에서는 십사정성과 보좌성이 십이궁에 있을 때 어떤 의미가 있는지를 알아보려고 한다.

앞에서 말한 星의 속성들을 잘 응용하면 나머지 열한 개 宮에 대한 성질도 대략 파악할 수 있지만, 쉽지 않은 일이므로 각론으로 설명하고자 한다.

십이궁은 명궁을 體로 하며, 나머지 열한 개 宮이 用이 된다. 그러므로 열한 개 궁을 볼 때는 반드시 體를 겸해서 살펴야 하며, 명궁과 따로 떼어놓고 생각해서는 안 된다.

십이궁은, 십이궁의 내용만으로 단행본을 엮을 수 있을 정도로 내용이 깊지만, 여기에서는 십사정성이 십이궁에 있을 때 어떤 의미가 있는지만을 대충 살펴보는 것으로 만족해야 할 것이다.

이 내용들은 『자미두수전서』의 십이궁 부분을 옮긴 것임을 미리 밝혀둔다.

1) 명궁(命宮)

『전서』와 현대 두수가들이 쓴 책을 보면, 십사정성이 명궁에 있을 때의 현상은 아주 풍부하지만 다른 궁에 있을 때의 현상은 자세하지 않다. 따라서 열한 개 宮에 대한 자료는 매우 빈약하기 이를 데 없다.

앞으로 서술할『전서』의 십이궁에 대한 내용은 매우 징험한 부분도 많으나 현대인의 관점과 현대적인 환경 속에서 보면 번잡하고 의미없는 내용도 많다. 예를 들어「형제궁편」이나「자식궁편」에 무슨 星이 있으면 형제가 몇 명이니 자식이 몇 명이니 하는 것은 오늘날의 관점으로는 매우 의미없는 내용이며, 부처궁에 자주 언급되는 후첩이니 소실이니 하는 말도 오늘날과는 어울리지 않는 말이다.

이러한 모순에도 불구하고『전서』의 내용을 그대로 싣는 것은 성계의 특성에 대한 이해를 돕고자 하는 뜻에서이다.

가령「형제궁편」에 보면 태양이 태음과 동궁하면 형제가 다섯 명이라고 나와 있고,「자녀궁편」에도 태양과 태음이 동궁하면 자식이 다섯 명이라고 나와 있다. 그러나 칠살이 형제궁에 있으면 고극(孤剋)하고, 자녀궁에 있으면 고(孤)하며 자식이 하나라고 한다. 오늘날에는 동궁한다고 해도 자식을 다섯 명씩이나 낳는 사람은 거의 없으므로 이것은 맞지 않는 내용이다.

그러나 그래도 이 내용을 통해서 한 가지는 알 수 있다. 일월이 육친궁에 동궁하면 '많다·풍부하다'는 의미가 있다는 점이다. 따라서 일월이 축미궁에 있는 사람은 사람을 많이 끌거나 기본적으로 일이 많다. 또한 칠살과 같은 별이 육친궁에 있으면 육친이 '적다·고독하다' 등의 의미가 있다는 것을 짐작할 수 있을 것이다.

그래서 자식궁에서 똑같이 사살을 만나도 일월이 만나는 것과 칠살이 만나는 것에는 차이가 있다. 일월은 풍부하다는 의미가 있으므로 현대와 같이 가족계획을 실시하는 사회 속에서도 자식 하나쯤은 있겠지만, 칠살과 같은 경우는 아예 자녀가 없게 된다는 것이다. 형제궁에서도 마찬가지이다. 이렇게 기본적인 차이를 무시하고 무조건 육살을 만나면 자식이 없다고 함부로 판단해서는 안 된다.

이러한 관점은 십이궁 모두에서 응용될 수 있다. 따라서 맥을 따라 훑어가면서 서로 비교해보고 星의 특성이 어떻게 다른지를 살펴본다면 공부하는 데 많은 도움이 될 것이다. 이것은 비결에 속하는 것이므로 독자들이 잘 소화해낼 수 있기를 바랄 뿐이다.

또 한 가지 짚고 넘어가야 할 것은, 여명에 태양화기가 있고 함지에 있으면서 양타를 보았다면, 부처궁을 보지 않고도 혼인이 불미하거나 남자형제가 없거나 아들이 없거나 아버지와 인연이 없을 소지가 있다는 것을 알 수 있다는 점이다. (어느 육친인가는 명반을 종합적으로 살피고 해당 宮을 봐야 한다.)

이것은 명궁은 體이고 나머지 열한 개 宮은 用이라는 관점을 말하는 것이다. 이처럼 명궁의 속성이 열한 개 궁에 전방위적으로 영향을 미치고 있으므로, 열한 개 궁을 명궁의 속성과 분리해서 판단해서는 안 된다.

2) 형제궁(兄弟宮)

■ 자미(紫微) : 의지하고 믿을 수 있는 연장의 형이 있다. 천부와 동궁하면 3명, 천상과 동궁하면 3~4명, 파군과 동궁하면 역시 3명이 있다. 간혹 이복형제가 있을 수 있다. 양타·화령·공겁이 더해지면 극해하고 있어도 화목하지 못하다.

■ 천기(天機) : 묘왕지에서는 2명이 있고 거문과 동궁하면 역시 2명이 있다. 함지에서는 서로 등을 돌리고 마음이 맞지 않으며, 천량이 동궁하면 2명, 태음과 동궁하면 2~3명이다. 양타·화령을 보면 비록 있어도 극해한다.

■ 태양(太陽) : 묘왕지에서는 3명, 거문과 동궁하면서 살이 가해지지 않으면 3명, 태음과 동궁하면 5명이 있다. 함지면 불화하고 힘을 얻지 못하며, 양타·화령·공겁이 더해지면 다시 극하여 반으로 줄어든다.

■ 무곡(武曲) : 묘왕지면 2명으로 불화하고, 함지에서 가살하면 1명뿐이며 천상과 동궁하면 2명, 칠살과 동궁하면 1명이 있으나 화목하지 못하다. 창곡·보필이 있으면 3명이 있고, 양타·화령·공겁을 보면 고단하다.

■ 천동(天同) : 입묘하면 4~5명, 천량과 동궁하면 2~3명, 거문과 동궁하면서 살이 없으면 3명이다. 태음과 동궁하면 4~5명, 함지에서는 2명이다. 양타·화령·공겁·화기를 보면 형제의 수가 적으며 분거하는 것이 좋고 불화한다.

■ 염정(廉貞) : 입묘하면 2명, 탐랑과 동궁하면 원망을 초래하며, 천상과 동궁하면 2명이다. 칠살과 동궁하면 1명, 천부와 동궁하면서 보필·창곡이 더해지면 3명이 있다. 양타·화령·공겁을 보면 剋하고 또 불화한다.

■ 천부(天府) : 5명이 있으며, 자미와 동궁하면서 보필·창곡이

가해지면 6~7명, 염정과 동궁하면 3명, 양타 · 화령 · 공겁을 보면 2명이 있다.

■ **태음(太陰)** : 입묘하면 형제가 5명, 태양과 동궁하면 역시 5~6명, 천기와 동궁하면 2명, 화과 · 화권과 동궁하면 4~5명이며, 양타 · 화령 · 공겁이 더해지면 반으로 줄어들고 剋하며 분거하여 서로 등을 돌린다.

■ **탐랑(貪狼)** : 묘왕지면 2명, 함지면 이복형제가 있다. 염정과 동궁하면 불화하며 자미와 동궁하면 3명이 있다. 양타 · 화령 · 공겁이 가해지면 고단하다.

■ **거문(巨門)** : 묘왕지면 2명, 함지면 이복형제가 있고 분거하는 것이 좋다. 태양과 동궁하면서 보필 · 창곡이 더해지면 3명이 있다. 천기와 동궁하면 2명, 천동과 동궁하면 2~3명이다. 양타 · 화령 · 공겁이 가해지면 고극한다.

■ **천상(天相)** : 화평하면 2~3명이 있고 살을 보면 전혀 없다. 자미와 동궁하면 3~4명이 있고, 무곡과 동궁하면 2명, 염정과 동궁하면 2명이 있다. 양타 · 화령 · 공겁이 있으면 고단하다.

■ **천량(天梁)** : 묘왕지면 2명으로 화순하고 혹 많더라도 이복형제가 있거나 불화하며, 함지에서는 전혀 없다. 천동이 동궁하면 3명이며, 천기가 동궁하면 2명이다. 양타 · 화령 · 공겁을 보면 적다.

■ **칠살(七殺)** : 주로 고극하고, 자오 · 인신궁에 있으면 비로소 3명

이 있으나 불화하므로 각기 따로 사는 것이 좋다. 창곡 · 보필이 더해지면 좋다.

■파군(破軍) : 입묘하면 3명이고, 함지에 살이 있으면 고단하다. 무곡과 동궁하면 2명이고, 자미와 동궁해도 역시 2명이다. 염정과 동궁하면 1명, 창곡 · 보필이 더해지면 3명이고 화목하다. 양타 · 화령 · 공겁이 더해지면 고단하다.

■창곡(昌曲) : 제궁(諸宮)에서 모두 3명이고, 양타 · 화령을 보았을 때 묘왕지면 극하지 않으나 함지에서는 고단하다. 공겁이 더해지면 전혀 없다.

■좌보(左輔) : 3명이 있으며, 천동 · 창곡과 동궁하면 4~5명, 양타 · 화령이 더해지면 2명이다. 공겁이 있으면 힘을 얻지 못하고 불화한다.

■우필(右弼) : 3명이고, 부상 · 자미 · 창곡과 동궁하면 4~5명이다. 양타 · 화령이 더해지면 힘을 얻지 못하고 불화한다.

■녹존(祿存) : 상생하면 형제가 있으나, 살을 보면 극해하고 원망을 초래한다.

■양타(羊陀) : 극해하며 입묘하면 1명, 길이 많이 더해지면 2~3명이 있다. 함지에서는 전혀 없다.

■화성(火星) : 입묘하면서 길성을 만나면 1~2명이 있고, 염정 ·

칠살 · 파군 · 영성이 더해지면 고극한다.

■ 영성(鈴星) : 입묘 상생하면 형제가 있다. 양타 · 화성 · 공겁이 가해지면 전혀 없다.

■ 두군(斗君) : 두군이 형제궁을 지나갈 때 길성을 만나면 형제와 1년 동안 화목하다. 흉살을 만나면 형이 있는 경우 형을 보지 않고 주로 형제간에 쟁투한다.

3) 부처궁(夫妻宮)

일반적으로 궁합은 어느 학문이건 관심을 갖고 다루는 분야이다.
자미두수에서는 궁합을 어떻게 볼까? 이런 저런 소리들이 많이 있지만 대체로 징험한 방법이 있다.

문기명의 경험에 의하면, 잘사는 부부나 애인들을 자미두수로 보면 '내 명 속에 네가 있고 네 명 속에 내가 있는 경우'가 많다고 한다. 즉 남자 명반의 부처궁과 삼방사정에 여자 본명궁의 정성이 있거나, 여자 명반의 부처궁과 삼방사정에 남자 본명궁의 정성이 있다는 것이다. 예를 들어 여자의 본명 정성에 태음 · 천동이 있다면 남자 명반의 부처궁에도 태음이나 천동이 출현하며 그렇지 않으면 부처궁의 삼방에서 비친다.

가장 좋은 것은 한쪽의 본명 정성이 상대방의 부처궁에 출현하는 것으로, 이것은 부부간에 절대적으로 은애(恩愛)할 수 있음을 나타낸다. 부처궁의 대궁에 출현해도 오래도록 은애할 수 있다. 또 삼방(천이궁 · 복덕궁)에서 출현하면 대부분의 시간을 서로 은애할 수 있음을 나타낸다.

갑급성이 없이 을급성만 이런 상황을 연출한다면 일반적인 연분이라고 하겠다. 인연이 있는 星이 적을수록 감정이 담백하여 결합하기 어려우며, 설사 억지로 결합한다 해도 오래가지 못한다.

문기명의 관점은 대만의 자운 선생도 누누이 주장하는 내용인데(자운 선생은 더욱 치밀하고 정밀한 방법을 사용한다), 필자도 임상을 통해 여러 번 경험한 바 있다.

■ 자미(紫微) : 늦게 아내를 얻고 해로하며, 아내의 성격이 강하다. 천부와 동궁하면 해로하며, 천상과 동궁하면 아내의 나이가 적다. 파군과 동궁하면 형극하고, 양타·화령이 더해져도 刑한다. 탐랑이 동궁할 때는 길성이 있으면 형을 면한다.

■ 천기(天機) : 나이가 어리고 강강한 아내를 배필로 삼는 것이 좋다. 남편도 나이가 많은 편이 좋다. 양타·화령이 더해지면 주로 생이별[生離]하고, 늦게 결혼해야 길하다. 천량과 동궁하면 나이가 많은 편이 좋다. 태음과 동궁하면 내조가 있고 얼굴이 예쁘다.

■ 태양(太陽) : 묘왕지면 늦게 결혼하는 것이 길하고 일찍 결혼하면 극한다. 아내로 인해 貴를 얻는다. 천량과 동궁하면서 보필이 더해지면 현명한 아내를 얻는다. 태음이 동궁하면 내조가 있고, 거문과 동궁하면서 양타·화령·공겁이 없으면 극하지 않으나 사살과 공겁이 있으면 극한다. 파군을 만나면 예의를 갖추지 않고 결혼한다.

■ 무곡(武曲) : 등지고 극하니 늦게 결혼하는 것이 좋다. 부부가

나이가 같으면 괜찮다. 길성이 더해지면 아내로 인해 득재(得財)하고 흉성이 더해지면 아내로 인해 재산을 날린다. 탐랑이 동궁하면 늦게 결혼하고 형극이 없다. 칠살이 동궁하면 2~3명의 아내를 극한다. 양타 · 화령 · 공겁이 더해지면 더 극한다.

■천동(天同) : 늦게 결혼해야 해로한다. 남편은 나이가 많은 편이 좋고 아내는 나이가 어린 편이 좋다. 사살이 더해지면 화목하지 못하고 생이별하며, 거문과 동궁하면서 사살이 더해져도 극한다. 태음이 동궁하면 내조가 있고 얼굴이 예쁘다. 천량이 동궁하면 매우 아름다운 부부이다.

■염정(廉貞) : 세 번 결혼한다. 탐랑과 동궁하면 더욱 극한다. 칠살과 동궁해도 刑하고 화목하지 못하다. 양타 · 화령이 있으면 주로 생이별한다. 천부와 동궁하면 해로하고, 성강하면 극하지 않는다.

■천부(天府) : 상생 총애하고 남편이 귀하다. 양타 · 화령 · 공겁을 보면 늦게 결혼해야 해로할 수 있다.

■태음(太陰) : 입묘하면 남녀 모두 귀하고 아름다운 부부가 된다. 창곡이 더해지면 극히 아름답다. 양타 · 화령 · 공겁 · 대모 · 화기를 보면, 극하지 않으면 주로 생이별한다. 태양과 동궁하면 해로하고, 천동과 동궁하면 내조가 있으며, 천기와 동궁하면 아름답고 좋다.

■탐랑(貪狼) : 남녀 모두 좋지 않으며, 세 번 신랑을 맞는다. 입묘하면 늦게 결혼하는 것이 좋다. 염정이 동궁하면 주로 尅하고, 양

타·화령이 더해지면 주로 생이별한다. 자미와 동궁하면 나이가 많은 사람이어야 짝할 수 있다.

■거문(巨門) : 나이가 많은 편이 좋다. 극하며 화목하지 못하다. 태양과 동궁하면서 사살이 더해지지 않으면 해로할 수 있다. 천기와 동궁하면 내조가 있고 모습이 아름답다. 천동이 동궁하면 성격이 총명한 아내를 만나 해로한다. 양타·화령·공겁이 더해지면 2명의 아내를 극하거나 생이별한다.

■천상(天相) : 미모에 현숙하다. 남편은 나이가 많은 편이 좋으며, 가까운 사람과 결혼한다〔親上成親〕. 자미와 동궁하면 해로하고, 무곡과 동궁하면 화목함이 적으며, 염정과 동궁하면서 입묘하면 형극을 면한다. 양타·화령·공겁이 더해지면 형극한다.

■천량(天梁) : 아내의 나이가 많은 편이 좋으며, 아내의 얼굴이 아름답다. 천동이 동궁하면 화기가 있고, 천기가 동궁하면 아름답고 맑은 아내를 얻게 된다. 양타·화령·공겁이 더해지면 3명의 아내를 剋한다.

■칠살(七殺) : 일찍 극한다. 무곡과 동궁해도 극하는데, 늦게 결혼하면 형극을 면한다. 염정은 생이별을 主하는데 여기에 양타·화령·공겁이 더해지면 3명의 아내를 극한다.

■파군(破軍) : 남녀 모두 극하고 다시 결혼하며 생이별한다. 무곡이 동궁하면 세 번 극한다. 염정이 동궁해도 역시 극하며 화목하지 않다. 자미와 동궁하면 아내의 나이가 많은 편이 좋다.

■ **문창**(文昌) : 아내가 어리고, 내조가 있으며 총명하다. 천기·태음이 동궁하면 얼굴이 예쁘고, 함지는 좋지 않다. 양타·화령·공겁이 더해지면 아주 꺼린다.

■ **문곡**(文曲) : 상생하면서 태음 제길성을 만나면 해로한다. 창곡이 동궁하면 처첩이 많다. 양타·화령·공겁이 더해지고 절공·공망을 보면 고단하다.

■ **보필**(輔弼) : 해로한다. 양타·화령·공겁·탐랑·염정이 동궁하면 나이가 많고 강한 아내를 얻는 것이 좋다.

■ **양타**(羊陀) : 입묘하면서 길성이 더해지면 늦게 결혼해야 刑을 면하며 화목하지 않다. 함지에서는 일찍 剋하며 일월·기거·화령·무살이 더해지면 주로 생이별한다.

■ **화령**(火鈴) : 입묘하면서 吉이 더해지면 刑이 없고, 함지에 있으면 형극한다.

■ **괴월**(魁鉞) : 대부분 부부가 미려(美麗)하다. 부처궁에 좌(坐)하면 반드시 처재(妻財)를 얻고, 길성이 동궁하면 귀하며 아름다운 부부이다.

■ **두군**(斗君) : 두군이 처궁을 지나면서 길성을 만나면 처첩이 아름답고 재극(災剋)이 없다. 악성을 만나면 처첩에 재액이 있다. 또 본명 부처궁을 살펴 만약 극처할 암시가 있으면 그 해에 처첩을 형상하고, 만약 불극하면 그 해에 그냥 재(災)가 있다고 판단한다.

4) 자녀궁(子女宮)

자녀를 볼 때는 대개 먼저 본궁성으로 몇 명인가를 보는데, 만약 양타·화령·공겁·살기가 더해지면 자녀를 낳아도 형극이 있게 된다. 그리고 나서는 대궁에 형충(刑沖)이 있는지를 살피는데, 만약 본궁에 정성(正星)이 없으면 대궁에 무슨 星이 있는지 보아서 몇 명인가를 판단한다.

선성(善星)이나 귀성(貴星)이 자녀궁에 있으면 자식이 창성하고 貴하게 된다. 그러나 악성에 형살이 자녀궁에 동궁하면서 형극하지 않으면 강폭하고 방탕한 자식을 낳는다.

또 삼방사정을 보아서 남두성이 많으면 대부분 아들을 낳고 북두성이 많으면 딸을 낳는다. 태양이 양궁(陽宮)에 떨어지면 주로 먼저 아들을 낳으며, 태음이 음궁(陰宮)에 떨어지면 딸을 먼저 낳는다.

형살이 본궁에 있는가를 주로 보며, 제화상생(制化相生)함이 없으면 대가 끊긴다.

일생인(日生人)은 태음이 임(臨)하는 것을 가장 꺼리고, 야생인(夜生人)은 태양이 비치는 것을 가장 꺼린다. 자녀궁에 이 星이 있다면 자녀는 기대하지 않는 것이 좋다. (위의 표현은 옛사람의 관점으로 현대에는 맞지 않는 점이 있으니 그냥 참고 정도로만 보아야 한다.)

■ **자미(紫微)** : 묘왕지에 있으면 3남 2녀이며 보필·창곡이 더해지면 5명이다. 양타·화령·공겁이 더해지면 한 쌍에 불과하거나 후처에서 낳는 경우가 많고 혹은 장자를 데려와 키운다. 파군이 동궁하면 3명이며, 천부가 동궁하면서 길성이 더해지면 4~5명이 있다. 창곡·보필이 더해지면 귀자가 있다. 만약 독수하면서 다시 공겁이 더해지면 고군이 된다.

■ **천기(天機)** : 묘왕지면 2명이다. 혹은 서자가 많다. 거문이 동궁하면 1명이고, 천량이 동궁하면 인궁에서는 2~3명, 신궁에 있으면 딸이 많고 아들이 적은데, 단지 아들 하나 정도가 피하다. 태음이 동궁하면 2~3명이다. 양타 · 화령 · 공겁이 더해지면 자식이 없다.

■ **태양(太陽)** : 입묘하면 3남 2녀이며 늦게 얻은 자식이 귀하다. 거문이 동궁하면 3명, 태음이 동궁하면 5명이며, 함지에 있으면 아들이 셋 있으나 큰 그릇은 되지 못한다. 다시 양타 · 화령 · 공겁이 더해지면 단 한 자식만 남아서 부모의 임종을 본다.

■ **무곡(武曲)** : 주로 아들 한 명을 둔다. 혹 상생하면 왕한 자식이 많으며, 파군이 동궁하면 주형(主刑)하고 한 자식이 남을 때까지 형극한다. 양타 · 화령 · 공겁이 더해지면 대가 끊긴다. 탐랑과 동궁하면 늦게 아들 둘을 얻는다. 천상이 동궁하면 먼저 밖에서 아들을 들여오고 난 뒤에 자기 몸으로 한 자식을 낳는다. 칠살이 동궁하면 주로 孤하거나 신체장애의 자식이 있다.

■ **천동(天同)** : 묘왕지면 아들 다섯으로 귀함이 있고 거문과 동궁하면 3명, 태음과 동궁하면 5명이다. 오궁에 있으면 함지여서 반으로 줄어들며, 천량이 동궁하면 딸을 먼저 낳고 아들을 낳으며 2명이 있다. 신궁에 있으면 단지 한 자식만 남아서 부모의 임종을 지킨다. 인궁에 있으면서 길성이 더해지면 아들 셋이 있고, 양타 · 화령 · 공겁이 더해지면 형극을 보며 부모의 임종을 볼 자식이 적다.

■ **염정(廉貞)** : 1명이다. 천부와 동궁하면 주로 귀자 3명이 있다. 탐랑 · 파군 · 칠살이 동궁하면 주로 孤하며, 다시 양타 · 화령 · 공겁

이 더해지면 자식이 없고, 천상과 동궁하면 아들 2명이 있다.

■ **천부(天府)** : 5명이다. 무곡과 동궁하면 2명, 자미와 동궁하면 4~5명, 염정과 동궁하면 3명이다. 양타·화령·공겁이 더해지면 단지 3명에 불과하다.

■ **태음(太陰)** : 2남 3녀에 먼저 딸을 낳고 뒤에 아들을 낳는다. 묘왕지면 귀자가 있다. 함지에 있으면 반으로 줄어들거나 연약한 자식을 둔다. 혹은 실속이 없어 큰 그릇이 되지는 못한다. 태양이 동궁하면 5명, 천기가 동궁하면 2명, 천동이 동궁하면 5명이며, 묘왕지에서는 극함이 없고 함지에서는 극함이 있다. 양타·화령·공겁이 더해지면 자식이 적다.

■ **탐랑(貪狼)** : 묘왕지면 2명으로 일찍 낳으면 형극이 있다. 자미와 동궁하면 2명, 염정과 동궁하면 자식이 적고 길성이 더해지면 2명, 무곡과 동궁하면 3명인데 먼저 딸을 낳고 뒤에 아들을 낳는다〔先難後易〕.

■ **거문(巨門)** : 입묘하면 2명이다. 먼저 딸을 낳고 뒤에 아들을 낳는다. 태양이 동궁하면 처음과 둘째 자식을 키우기 쉽다. 양타·화령이 더해지면 자식이 적다. 천기와 동궁하면 1명이며 길성이 동궁하면 2명이고, 공겁이 더해지면 자녀가 없다.

■ **천상(天相)** : 양타·화령이 동궁하지 않으면 아들 2명이 있으며 쓸 만하다. 살이 있으면 장자를 데려다 키우고 자기가 1~2명의 자식을 낳는다. 자미와 동궁하면서 창곡·보필이 더해지면 3~4명

이 있다. 무곡이 동궁하면 3명이 있고, 양타 · 화령 · 공겁을 보면 반드시 극하며 후처에게서 낳는 것이 좋다.

■천량(天梁) : 묘왕지면 2명인데, 양타 · 화령 · 공겁이 더해지면 일찍 극한다. 천동과 동궁하면서 창곡 · 보필 길성이 더해지면 3명, 천기가 동궁하면 2명, 양타 · 화령 · 공겁이 더해지면 자식이 없다.

■칠살(七殺) : 주로 孤하여 1명이다. 자미와 동궁하면서 다시 길성이 더해지면 3명이 있다. 양타 · 화령 · 공겁을 보면 자식이 없다. 비록 있다 해도 큰 그릇이 되기 어려우며, 강폭하고 패가하는 자식이 된다.

■파군(破軍) : 입묘하면 3명으로 강강한 자식을 둔다. 자미와 동궁하면 3명, 무곡과 동궁하면서 창곡 · 보필이 더해지면 3명, 염정과 동궁하면 1명이다. 양타를 보면서 상생하고 제(制)하면 자식이 있으나, 제함이 없으면서 공겁 · 화타를 보면 자식이 적다.

■문창(文昌) : 3명이다. 길성이 더해지면 더욱 많으며, 양타 · 화령 · 공겁이 더해지면 아들이 1명 있다.

■문곡(文曲) : 묘왕지면 4명이고, 함지면 2~3명이다. 양타 · 화령이 더해지면 자식이 적다.

■좌보(左輔) : 단거하면 3남 1녀이다. 자미 · 천부 제길성을 보면 주로 귀자가 있고, 파군 · 칠살 · 양타 · 화령 · 공겁을 보면 2명뿐인데 있어도 큰 그릇은 못 된다.

■우필(右弼) : 3명이다. 길성이 더해지면 귀자가 있고, 양타 · 화령 · 공겁을 보면 반으로 줄어든다.

■녹존(祿存) : 주로 孤한다. 서출이 마땅하여 데려온 자식이 있다. 길성이 더해지면 1명, 화성 · 제살이 더해지면 고형(孤刑)한다.

■양타(羊陀) : 함궁에서는 고단하며, 길성이 가해지고 묘왕지면 1명이다. 만일 대궁에 길성이 많으면서 살의 충이 없으면 3~4명이 있고, 耗 · 煞 · 忌를 보면서 본궁에 있으면 대가 끊어진다.

■화성(火星) : 길성이 동궁하면 孤하지 않으나, 함궁에 가살하면 형상이 있다.

■영성(鈴星) : 독수(獨守)하면 고단하며, 입묘하면서 길성이 더해지면 서출이라도 얻을 수 있다. 대궁을 보아서 길성이 많으면 2~3명이 있다.

■괴월(魁鉞) : 단수하면 주로 귀자가 있다.

■두군(斗君) : 두군이 자녀궁을 지나면서 길성을 만나면 자녀가 창성하고, 흉성을 만나면 형극하거나 자식이 파가(破家)한다.

5) 재백궁(財帛宮)

자미두수에서 정재(正財)는 세 가지가 있다. 녹존의 財는 저축하거나 모은 돈이고, 무곡의 財는 장사나 어떤 기회에 얻는 돈이며, 태음의 財는 월급이나 장려금 같은 돈이다.

횡재 방면은 탐랑화록이 화성이나 영성을 만나는 것으로 반드시 의외의 財가 있게 된다. 여기에는 장사하는 과정에서 생각지도 못했던 수확을 얻는 것도 포함되는데, 예를 들어 100만 원 정도 벌 것을 예상한 장사에서 200만 원을 번 경우를 들 수 있다.

파군화록의 財도 뜻밖의 財라는 의미가 있다.

■ 자미(紫微) : 창고가 풍족하다. 양타·화령·공겁이 더해지면 旺하지 못하고, 파군이 동궁하면 처음에는 어렵다가 나중에 편해지며, 천상이 동궁하면 재백을 축적할 수 있다. 천부가 동궁하면 富가 충족하고 끝까지 보수(保守)할 수 있다. 보필이 더해지면 재부를 맡는 관리가 되고, 칠살과 동궁하면서 吉이 더해지면 횡발(橫發)한다.

■ 천기(天機) : 심력을 많이 써서 돈을 번다. 거문과 동궁하면 시끄러운 중에 돈을 벌고, 천량과 동궁하면 계책과 교계로 외재(外財)를 번다. 태음과 동궁하면 함지에서는 성패가 있다. 양타·화령·공겁이 더해지면 일생 동안 성패가 있다.

■ 태양(太陽) : 입묘하면 풍족하고, 함궁에서는 고생만 하고 뜻대로 되지 않는다. 태음과 동궁하면서 보필 길성이 더해지면 발재(發財)가 적지 않다. 녹존과 동궁하면 조심(操心)해서 득재(得財)하여 대부를 이룬다. 거문과 동궁하면 초년엔 성패가 있으나 중년과 말년에 풍족하게 된다.

■ 무곡(武曲) : 풍족하다. 길화가 있으면 집의 재물이 엄청나다.

길성이 더해지지 않으면 시끄러운 중에 진재(進財)하며, 파군이 동궁하면 여기에서 벌어도 저기에서 나가버리고 처음에는 없다가 나중에 있게 된다. 천상과 동궁하면 재백이 풍요롭게 되고 귀인을 만나 돈을 벌어 집안을 일으킨다. 칠살과 동궁하면 자수성가하고, 탐랑과 동궁하면 30세 이후에야 비로소 발재한다. 양타·화령이 더해지면 돈을 모으지 못하고, 공망을 아주 꺼린다.

■천동(天同) : 자수로 생재(生財)하며 만발한다. 재기(財氣)에 진퇴가 있다. 천량과 동궁하면 財가 아주 왕성하다. 사살·공겁이 더해지면 구류술사(九類術士)로 생재하여 돈을 번다.

■염정(廉貞) : 인신궁에 있으면 시끄러운 가운데 돈을 벌며, 함지에 있으면 처음에는 어렵다가 나중에 편해진다. 탐랑과 동궁하면 횡발횡파하고, 화양을 보면 횡발의 財가 있다. 칠살과 동궁하면 시끄러운 중에 돈을 번다. 천상과 동궁하면 창고가 풍족하다. 대모·지겁·천공이 더해지면 항상 관부(官府)의 일로 인해 파재(破財)한다.

■천부(天府) : 풍족하다. 양타·화령·공겁을 보면 성패가 있다. 자미와 동궁하면 크게 쌓는다. 염정·무곡과 동궁하면서 녹권이 더해지면 부자가 된다.

■태음(太陰) : 입묘하면 창고가 풍족하다. 함지에서는 성패가 있어 모으지 못하며, 태양과 동궁하면 처음에는 적다가 뒤에는 많아진다. 천기와 동궁하면 자수성가로 생재한다. 천동과 동궁하면 재왕생신(財旺生身)하고, 녹존에 겸하여 보필이 동궁하면 대부한다.

■ **탐랑(貪狼)** : 묘왕지면 횡발하고, 함지에서는 빈궁하다. 자미와 동궁하면 현재 있는 가업을 지킨 뒤에 더욱 풍족하게 된다. 화성을 보면 30세 전에는 성패가 있다가 30세 후에는 횡발한다.

■ **거문(巨門)** : 자수성가로 생재한다. 시끄러운 가운데 돈을 버는 것이 좋으며, 기고만장한 사람은 횡파(橫波)한다. 태양이 동궁하면서 입묘하면 현재 이루어진 가계를 지킨다. 천기와 동궁하면 재기(財氣)가 있으나, 하는 일이 한 가지가 아니다. 천동과 동궁하면 자수성가하고 구류술사라면 吉하다. 양타 · 화령 · 공겁이 더해지면 파재가 다단하다.

■ **천상(天相)** : 부족하다. 자미와 동궁하면 재기(財氣)가 갑자기 진전되며, 무곡과 동궁하면서 사살이 더해지면 100가지 공예로 돈을 번다. 염정과 동궁하면 장사로 돈을 번다. 양타 · 화령 · 공겁 · 대모 · 화기가 더해지면 성패가 있고 저축하지 못한다.

■ **천량(天梁)** : 부족하다. 입묘하면 상등의 부귀가 있고, 함지에서는 고생스럽게 돈을 버느라 세월을 보낸다. 천동이 동궁하면 자수성가하여 조상보다 나아진다. 천기가 동궁하면 노심하고 힘을 써도 많이 벌지 못하다가 다시 변동한 후에야 비로소 성공한다. 양타 · 화령 · 공겁이 더해지면 처음에는 어렵다가 뒤에는 편해지나 족하게 세월을 보낼 뿐이다.

■ **칠살(七殺)** : 칠살이 재백궁에서 입묘하고 화록 · 권 · 녹존을 만나며 재록이 풍족하면 재원(財源)이 극히 두텁다. 의외의 재부를 얻을 수 있다.

염정과 동궁하면 능히 발부할 수 있고, 축궁은 비교적 떨어진다. 진술 두 궁은 부격(富格)이다. (진술궁은 천라지망에 들어가므로 발달치부할 수 있어서 묘유궁의 무살보다 좋다.) 묘유 두 궁에서는 갑자기 얻었다가 갑자기 잃는다. 양타·화령·천형이 회조하면 재(財)로 인해 재(災)가 생기며 혹은 도둑맞는다. 공겁·대모가 회조하면 財가 부족하여 힘껏 노력하여 벌어도 곤란을 많이 느끼며 파모가 많다. 또 점점 없어지게 된다.

칠살이 재백궁에 있어 입묘하면 화록이나 녹존 등 길성이 비쳐도 일생 중 반드시 한두 차례는 자금회전이 어렵거나 심지어는 파산을 겪는 등 곤란을 당하는데, 길성이 회조하면 단기간 내에 회복한다. 낙함(落陷)하거나 공겁·대모와 살성이 회조하고 화해가 없으면 시시때때로 곤란을 느낀다.

■ 파군(破軍) : 자오궁에 있으면 대부분 금은·보석·패물을 축적하고, 진술궁의 왕궁에 있어도 역시 재성(財盛)한다. 함궁에서는 파조하고 모으지 못한다. 무곡이 사해궁에 동궁하면 여기서 벌어도 저기서 나가버린다. 자미와 동궁하면 처음에는 없다가 나중에 생기게 된다. 염정과 동궁하면 고생하면서 돈을 벌며 처음에는 어렵다가 나중에 편해진다. 공겁이 더해지면 아주 가난해진다.

■ 문창(文昌) : 창고가 풍족해진다. 길성이 더해지면 재기가 旺하고, 거문과 동궁하면 부하다. 함지에서는 돈이 없어지고, 양타·화령·공성이 더해지면 가난한 선비의 무리가 된다.

■ 문곡(文曲) : 입묘하면 풍족하다. 길성이 더해지면 귀인의 財를 얻는다. 양타·화령·공겁·대모·화기가 더해지면 여기서 벌어도

저기서 나가버리고 성패가 있으며 뜻대로 되지 않는다.

■ 보필(輔弼) : 제궁에서 부족하며, 여러 길성을 만나면 귀인의 財를 얻는다. 양타 · 화령 · 공겁 · 모기(耗忌)가 더해지면 성패가 있어 모으지 못한다.

■ 녹존(祿存) : 창고가 부족하며 금옥을 산처럼 쌓는다. 吉이 더해지면 아름답고 고생하지 않아도 돈이 스스로 늘어난다. 양타 · 화령 · 공겁 · 모기가 더해지면 처음에는 없다가 나중에 있게 된다.

■ 경양(擎羊) : 진술축미궁에서는 시끄러운 중에 생재한다. 함지에서는 조업을 깨고 모으지 못하며 끝내 발달할 수 없다. 단지 고기나 소금에 때를 타면서 돈을 벌 뿐이다.

■ 타라(陀羅) : 시끄러운 중에 돈을 번다. 함지에서는 고생스럽게 돈을 버느라 세월을 보낸다. 공겁이 더해지면 여기에서 벌었더라도 저기에서 나가버린다.

■ 화성(火星) : 독수하면 횡발횡파하고 함지에서는 고생한다. 길성이 더해지면 돈이 많고 뜻대로 된다.

■ 영성(鈴星) : 입묘하면서 독수하면 횡발하며, 함지에서는 춥고 배고프다. 고생하면서 세월을 보낸다.

■ 괴월(魁鉞) : 주로 청고한 중에 돈을 벌며 일생 동안 모든 일이 뜻하는 대로 이루어진다.

■ 두군(斗君) : 두군에서 길성을 보면 그 달에는 발재한다. 흉악 · 공겁 · 대모 · 화기를 만나면 그 달에는 손재가 있고, 돈 때문에 구설 · 관재가 일어난다.

6) 질액궁(疾厄宮)

먼저 명궁성의 낙함을 보고, 더불어 양타 · 화령 · 공겁 · 화기가 어떻게 비치고 있는지를 살핀다. 또 질액궁 星의 선악 · 묘왕 · 낙함 여하를 살펴 판단한다.

■ 자미(紫微) : 재(災)가 적다. 천부가 동궁해도 역시 적다. 천상과 동궁하면 피로가 있고 파군이 더해지면 기혈이 유통되지 못한다. 양령(羊鈴)이 동궁하면 주로 암질(暗疾)이 있으며, 공겁이 더해지면 주로 열병 · 심기질(心氣疾)이 있다.

■ 천기(天機) : 어릴 때 災가 많다. 함지면 머리와 얼굴을 다치고, 거문과 동궁하면 혈기(血氣)에 疾이 있으며, 천량과 동궁하면 하부(下部)에 疾이 있고, 태음과 동궁하면 피부궤양이 있다. 화양(火羊)이 함궁에서 더해지면 목질(目疾)이 있고 사지가 무력해진다.

■ 태양(太陽) : 두풍(頭風)이 있다. 태음과 동궁하면서 화기 · 양타가 더해지면 주로 눈을 다치고, 함궁에서도 역시 목질(目疾)이 있어 잘 보지 못한다.

■ 무곡(武曲) : 강보에 있을 때 災가 있고 수족과 얼굴을 상한다.

양타가 동궁하면 일생 동안 災가 있다. 천상이 동궁하면 암질을 초래하고, 칠살이 동궁하면 혈질이 있다. 탐랑이 동궁하면서 묘왕이면 疾이 없고, 함지에 사살이 더해지면 눈과 수족의 병, 또는 치질이나 풍창이 있다.

■ 천동(天同) : 입묘하면 災가 적다. 거문이 동궁하면 심기(心氣)의 疾이 있다. 태음과 동궁하며 화양이 더해지면 혈기에 疾이 있고, 천량과 동궁하며 사살이 더해져도 심기에 疾이 있다.

■ 염정(廉貞) : 강보에 있을 때 災가 있다. 허리와 다리에 疾이 있으나, 입묘하면서 吉이 더해지면 화평하다. 탐랑을 함지에서 만나면 안질(眼疾)에 災가 많다. 칠살·파군·천부와 동궁해도 災가 있다.

■ 천부(天府) : 災가 적다. 災가 와도 구해지며, 자미와 동궁하면 災가 적다. 양타·화령·공겁이 더해지면 풍질(瘋疾)이 있다. 염정이 동궁하면서 지겁·칠살·공망이 더해지면 중간에 신체장애자가 된다.

■ 태음(太陰) : 묘왕지에서는 災가 없다. 함지에서는 災가 많은데 주로 노상(勞傷)의 증(症)이 있다. 여인은 대체로 신체에 장애가 있다. 태양과 동궁하면서 길성이 더해지면 아름다우며 일생 동안 災가 적다. 양타·화령은 안목(眼目)의 疾이 있다. 공겁이 더해지면 풍질이 있다. 천동이 동궁하고 양타가 함궁에서 더해지면 병증이 더 심해진다. 화령이 동궁하면 災가 많다.

■ 탐랑(貪狼) : 탐랑과 자미가 묘유궁에서 동궁하고 살을 만나면

수음을 많이 하고 성기의 포피(包皮)가 길다. 화기 역시 그러하며 빈혈·성교불능에 걸리기 쉽고, 중년이나 말년에 위(胃)의 통증이 있다. 인신궁에 있으면 요통·음허(陰虛 : 원기부족이나 정력감퇴와 같은 것으로 나타난다)가 있고, 사해궁에 있으면 몽정과 색욕으로 인해서 질병이 발생한다. 여명은 생리통이 심하고, 월경이 불순하다. 자궁이 한쪽으로 치우치거나 요통이 있고, 부인병이 있다. 양타·화성을 만나면 치질이 있다.

■거문(巨門) : 소년에 농혈(膿血 : 종기나 종창 같은 것)의 액이 있다. 태양과 동궁하면 머리에 부스럼이 있다. 천동과 동궁하면 하부에 풍증이 있다. 화양이 더해지면 주색의 疾이 있다. 화기가 더해지면 귀와 눈에 근심이 있다.

■천상(天相) : 災가 적다. 얼굴 피부에 황종(黃腫)이 있고 혈기의 疾이 있다. 자미와 동궁하면 災가 적다. 무곡이 동궁하면서 살이 더해지면 얼굴을 상하고, 염정과 동궁하면서 공겁이 더해지면 수족을 상한다.

■천량(天梁) : 천량이 질액궁에 있으면 병이 있다 하더라도 위(危)에서 안(安)으로 변하는 경우가 많다. 주로 위장이 편하지 못하거나 소화불량(인신궁에서는 위신경통) 등의 증이 있다. 살기가 회조하면 반드시 중증을 겪은 후에야 치료가 되는데, 그때 비로소 천량의 소재해난(消災解難)의 능력이 발휘될 수 있다.

양타·천형이 회조하면 손목을 다치거나 내측 근육이나 뼈, 가슴과 허리를 다치거나 혹은 맹장(혹은 급성장염)수술을 한다. 화령이 동궁하면 유방암·위암·종양 등이 있다. 화기·천형을 보면 더욱 확실하다.

공겁과 대모가 회조하거나 동궁하면 풍습과 마비, 쑤시고 아픈 병증이 있다. 천월(天月)·음살(陰煞)이 동궁하면 독감 또는 감기에 걸려 머리가 아픈 경우가 종종 있다. 태양천량이 동궁하고 살모를 보면 주로 내분비 실조가 된다.

■ 칠살(七殺) : 유년에 災가 많고, 커서는 치질이 있다. 무곡이 동궁하면서 사살이 더해지면 수족을 다친다. 염정과 동궁하면 주로 목질(目疾)이 있고, 경양이 더해지면 사지를 다친다.

■ 파군(破軍) : 유년에 부스럼이나 농혈(膿血)이 있다. 무곡이 동궁하면 목질이 있고, 자미와 동궁하면 災가 적다. 염정과 동궁하면서 화양이 더해지면 사지를 다친다.

■ 문창(文昌) : 독수하면 災가 적다. 양타·화령·공겁이 더해지면 災가 많으며, 제길성과 동궁하면 일생 동안 災가 없다.

■ 문곡(文曲) : 災가 적다. 길성이 더해지면 한평생 災가 없다. 양타·화령·공겁이 더해지면서 함궁에 좌하면 災가 있다.

■ 좌보(左輔) : 독수 평화하면서 길성이 더해지면 災가 적고, 양타·화령·공겁을 보면 항상 災가 있다.

■ 우필(右弼) : 독수할 때 災를 만나도 구해지며, 양타·화령·공겁을 보면 災가 많다.

■ 녹존(祿存) : 소년에 災가 많으나 길성이 더해지면 災가 적다. 양타 · 화령을 보면 사지를 다치게 되고, 공겁이 더해지면 고질병을 얻게 된다.

■ 경양(擎羊) : 두풍의 疾이나 사지에 힘이 없다. 머리나 얼굴을 다치면 오래 살고, 길성이 더해지면 災가 적다.

■ 타라(陀羅) : 유년에 災가 많다. 허나 이빨, 얼굴을 다치고 나서야 비로소 수명을 연장할 수 있다.

■ 화령(火鈴) : 일생 동안 災가 적으며 신체가 건왕하고 영리하다.

■ 두군(斗君) : 吉을 만나면 심신이 안녕하고 그런 해에는 災가 없다. 흉살을 만나면 본생인(本生人)은 꺼리는 것이 있는데 그 해에는 災가 많다.

7) 천이궁(遷移宮)

■ 자미(紫微) : 보필과 동궁하면 밖에서 귀인의 도움을 받아 발복한다. 천부와 동궁하면 출입에 통달하며, 천상과 동궁하면 밖에서 돈을 번다. 파군과 동궁하면 귀인으로부터 사랑을 받기도 하고 소인을 만나기도 한다. 양타 · 화령 · 공겁이 더해지면 밖에서 불안정하다.

■ 천기(天機) : 밖에 나가면 귀인을 만나고 집에 있으면 시비가

있다. 거문과 동궁하면 움직이는 중에 吉이 되고, 천량과 동궁하면 바깥에서 뜻대로 이룬다. 태음과 동궁하면 바쁜 중에 吉이 되고, 양타 · 화령이 더해지면 밖에서 시비가 많고 몸이 편안하지 못하다.

■태양(太陽) : 밖으로 나가 발복하는 것이 좋으며 가만히 있지를 못한다. 태음과 동궁하면 밖에 나가서 바쁜 가운데 吉을 얻고, 거문과 동궁하면 노심하게 된다. 양타 · 화령 · 공겁이 더해지면 밖에서 심신이 편안하지 못하다.

■무곡(武曲) : 시끄럽고 바쁜 가운데 나아감이 있으니 가만히 있는 것은 좋지 않다. 탐랑과 동궁하면 큰 상인이 되고, 칠살 · 파군과 동궁하면 심신을 조용히 지키지 못한다. 양타 · 화령이 더해지면 밖에서 시비를 초래한다.

■천동(天同) : 외출하면 귀인의 도움이 있다. 거문이 동궁하면 마음을 많이 쓰고, 태음과 동궁하면 고생스러우며, 천량과 동궁하면 귀인의 사랑을 받는다. 양타 · 화령 · 공겁이 더해지면 밖에서 뜻대로 되는 일이 적다.

■염정(廉貞) : 밖에 나가서 통달하고 귀인을 가까이하며 집에 있는 날이 적다. 탐랑이 동궁하면 시끄러운 가운데 성공한다. 칠살과 동궁하면 밖에서 돈을 모으며, 천상과 동궁하면 움직이는 가운데 吉하고, 양타가 더해지면서 삼방에 흉살이 있으면 바깥 길에서 죽는다.

■천부(天府) : 밖에 나가서 귀인의 도움을 받으며, 자미와 동궁

하면 발복한다. 염정·무곡과 동궁하면 시끄러운 중에 돈을 모으며 거상(巨商)이 된다.

■ 태음(太陰) : 입묘하면 밖으로 나가서 귀인을 만나 돈을 번다. 함궁에서는 시비를 초래하며, 태양과 동궁하면 매우 아름답고, 천기와 동궁하면 편안하지 못하다. 천동과 동궁하고 묘왕지에 있으면 밖에 나가서 빈손으로 자수성가한다.

■ 탐랑(貪狼) : 독수하면 밖에서 고생하고 시끄러운 중에 갑자기 돈을 번다. 염정과 동궁하면서 사살이 더해지면 밖에서 고생스럽다. 무곡과 동궁하면 거상이 되며, 양타·화령·공겁·대모·칠살이 더해지면서 유년에 만나면 병사들에게 겁탈과 노략질을 당한다.

■ 거문(巨門) : 밖에 나가서 마음을 많이 쓰고 불안해한다. 함께할 사람이 부족하고 시비가 많은데, 양타·화령·공겁이 더해지면 더욱 심하다.

■ 천상(天相) : 밖에서 귀인의 도움을 받는다. 자미와 동궁하면 吉하고, 무곡과 동궁하면 밖에서 돈을 번다. 염정과 동궁하면서 양타·화령이 더해지면 시비를 초래하고 소인이 끓는다.

■ 천량(天梁) : 밖에서 귀인을 가까이하며 귀인으로 말미암아 성취한다. 천동과 동궁하면 복이 두텁고, 천기와 동궁하면 예술가의 길을 간다.

■ 칠살(七殺) : 밖에 있는 날이 많고 집에 있는 날이 적다. 무곡과

동궁하면 움직이는 중에 吉하며, 염정과 동궁하면 밖에서 돈을 번다. 자미와 동궁하면 밖의 일이 뜻대로 되며, 양타·화령·공겁이 더해지면 마음을 많이 쓰고 편안치 못하거나 사방으로 유랑한다.

■**파군(破軍)** : 밖에서 마음을 많이 쓰고 편안치 못하다. 입묘하면 밖에서 두각을 나타낸다. 양타·화령이 더해지면 분주하고 교예의 길을 가게 된다. 창곡·무곡이 더해지면 연극배우가 된다.

■**문창(文昌)** : 밖에서 귀인을 만나 발달하고 소인도 끓는다. 양타·화령·공겁이 더해지면 재외에서 안녕치 못하다.

■**문곡(文曲)** : 밖에서 귀인을 가까이하며, 길성이 더해지면 돈을 번다. 양타·화령이 더해지면 뜻대로 되는 일이 별로 없다.

■**좌보(左輔)** : 움직이는 중에 귀인의 도움을 받고 발복한다. 양타·화령이 더해지면 아랫사람이 만족스럽지 못하고 시비를 많이 초래한다.

■**우필(右弼)** : 밖에서 귀인의 도움을 받아 발달하니, 조용히 있는 것은 좋지 않다. 양타·화령·공겁이 더해지면 밖에서 다른 사람과 경쟁하게 된다.

■**녹존(祿存)** : 밖에서 먹고 입는 것이 뜻대로 된다. 양타·화령·공겁을 만나면 다른 사람과 뜻이 맞지 않는 일이 많다.

■**경양(擎羊)** : 입묘하면 밖에서 먹고 입는 것이 뜻대로 되고, 길

성이 더해지면 시끄러운 중에 돈을 번다. 함지에서는 성패가 있고 아랫사람도 부족함이 많다.

■ 타라(陀羅) : 길성을 만나면 밖에서 귀인을 만나 돈을 번다. 함지에서 경양·화령·공겁이 더해지면 시비를 많이 초래하고, 아랫사람이 부족하기 쉽다.

■ 화성(火星) : 독수하면 밖에 나가 불안하며, 길성이 더해지면 시끄러운 중에 돈을 번다. 양타·공겁이 더해지면 시비를 초래하고 밖에서 뜻대로 되는 일이 별로 없다.

■ 영성(鈴星) : 길성이 동궁하면 밖에서 길하고, 양타·공겁이 더해지면 불길하며 시비를 초래한다.

■ 두군(斗君) : 두군이 천이궁이 될 때 吉을 만나면 움직이는 중에 吉이 있고, 흉살을 만나면 움직임 속에 구설이 있다.

8) 노복궁(奴僕宮)

■ 자미(紫微) : 노복으로부터 힘을 얻는다. 노복이 주인을 旺하게 하며 돈을 벌게 한다. 경양·타라·화령이 더해지면 힘을 얻지 못한다. 파군과 동궁하면 처음에는 어렵다가 나중에 노복이 생긴다. 천상이 동궁하면 힘을 얻는데, 공겁이 더해지면 원망을 초래하며 노복이 도주한다.

■ **천기(天機)** : 입묘하면 힘을 얻고 함지에 있으면 주인을 원망한다. 천량과 동궁하면 늦게 노복을 얻고, 태음과 동궁하면 힘을 얻는다. 거문에 길성이 더해지면 노비를 얻게 되지만, 양타 · 화령 · 공겁이 더해지면 전혀 없다.

■ **태양(太陽)** : 묘왕지에 있으면 발달한다. 함궁에 있으면 노복이 없고, 있어도 원망하고 도주한다. 태음이 동궁하면 노복이 많다. 거문이 동궁하면 원망을 많이 초래하고, 양타 · 화령이 더해지면 노복이 주인을 배반한다.

■ **무곡(武曲)** : 왕궁에서는 노복이 적지 않으며, 한번 명령하면 많은 사람들이 복종한다. 천부와 동궁하면 노비가 많고, 파군과 동궁하면 원망하고 도주하며 말년에야 노복이 생긴다. 천상과 동궁하면 힘을 얻고, 칠살과 동궁하면 주인을 배반하며, 탐랑과 동궁하면 힘을 얻지 못한다.

■ **천동(天同)** : 득력하고 왕상한다. 거문과 동궁하면 처음에는 어려우나 나중에는 편해진다. 태음과 동궁하면 힘을 얻고, 천량과 동궁하면 주인을 돕는다. 양타 · 화령이 더해지면 주인을 배반하는 노복이 있고, 공겁을 보면 주인을 원망하고 도망간다.

■ **염정(廉貞)** : 함궁에 있으면 노복이 주인을 배반하며, 말년에야 비로소 노복을 얻는다. 입묘하면 한번 호령에 많은 사람들이 복종하고, 탐랑과 동궁하면 힘을 얻지 못한다. 칠살과 동궁하면 주인을 배반하고, 천동과 동궁하면 노비가 많다. 양타 · 화령이 더해지면 旺하지 못하고 도망간다.

■ 천부(天府) : 힘을 얻으며 한번 호령에 많은 사람들이 복종한다. 자미와 동궁하면 주인을 돕고, 천상·무곡과 동궁하면 노복이 많이 있다. 양타·화령·공겁이 더해지면 대부분 주인을 배반하고 도주한다.

■ 태음(太陰) : 묘왕지에 있으면 힘을 얻고 노복이 많으며, 태양과 동궁해도 노비가 많다. 천기와 동궁하면 힘을 얻지 못하고, 천동과 동궁하면 주인을 旺하게 한다. 양타·화령·공겁이 더해지면 비록 노복이 있어도 도망가고, 함지에 있으면 전혀 없게 된다.

■ 탐랑(貪狼) : 처음에는 노복을 얻기 어려우며 주인을 거스르는 노복이 있다. 함지에 있으면 노복이 전혀 없고, 염정과 동궁해도 노복이 적다. 자미와 동궁하면 노비가 부족하며, 양타·화령·겁공이 더해지면 비록 있어도 키우지 못한다.

■ 거문(巨門) : 입묘하면 초년에 힘을 얻지 못하고 시비를 초래하며 오래 같이 있지 못한다. 태양과 동궁하면 주인을 돕고 집을 보호하지만, 천기와 동궁하면 마음이 한결같지 않다. 천동과 동궁하면 말년에 노복을 얻게 된다.

■ 천상(天相) : 말년에 노복을 얻는다. 자미와 동궁하면 노비가 많고, 무곡과 동궁하면 주인을 원망한다. 염정과 동궁하면 말년에 노복을 얻으며, 양타·화령·공겁이 더해지면 힘을 얻지 못하고 노복이 도망간다.

■ 천량(天梁) : 노복이 많다. 천동이 동궁하면 집을 보호하는 노

복이 있다. 천기와 동궁하면 마음이 한결같지 못하다.

■ 칠살(七殺) : 노복이 주인을 속이며, 재물을 훔치는 경우가 많다. 무곡과 동궁하면 주인을 배반하며, 염정과 동궁하면 힘을 얻지 못한다. 양타 · 화령 · 공겁이 더해지면 노복이 전혀 없다.

■ 파군(破軍) : 입묘하면 득력하지만, 함지면 원망을 초래하고 주인을 배반한다. 무곡과 동궁해도 거스르고 배반하며, 자미와 동궁하면 득력한다. 염정과 동궁하면 힘을 얻지 못하고, 양타 · 화령 · 공겁이 더해지면 노복이 전혀 없다.

■ 문창(文昌) : 입묘하면서 독수하면 득력하고 주인을 돕는다. 양타 · 화령 · 공겁이 더해지면 비록 있어도 주인을 배반한다.

■ 문곡(文曲) : 입묘하면 득력하지만, 함지에서는 그렇지 못하다. 양타 · 화령 · 공겁이 더해지면 주인을 원망하고 도망가버린다.

■ 좌보(左輔) : 독수하면 왕상하고, 한번 명령하면 뭇사람이 복종한다. 양타 · 화령 · 공겁 · 모기(耗忌)가 더해지면 주인을 배반하거나, 아예 노복을 얻기 어렵다.

■ 우필(右弼) : 독수하면 노복이 많다. 양타 · 화령 · 공겁 · 모기가 더해지면 주인을 배반하고 돈을 훔쳐 도망간다.

■ 녹존(祿存) : 노복이 많다. 길성이 더해지면 주인을 호위하고 집안을 일으킨다. 양타 · 화령 · 공겁 · 모기를 보면 힘을 얻지 못한다.

■ 경양(擎羊) : 주인을 배반하고 원망을 초래한다. 힘을 얻지 못하고 있어도 오래가지 못한다. 입묘하면 말년에 이르러서야 비로소 노복을 얻게 된다.

■ 타라(陀羅) : 노복으로부터 힘을 얻지 못하고 노복이 주인을 원망한다. 입묘하면서 길성이 더해지면 도움이 된다.

■ 화성(火星) : 독수하면 주인을 원망하고 힘을 얻지 못하며, 길성이 더해지면서 입묘하면 한둘을 얻게 된다.

■ 영성(鈴星) : 독수하면 힘을 얻지 못하여 주인에게 한이 된다. 길성을 만나고 입묘하면 주인을 돕고 집안을 보호하지만, 공겁·모기가 더해지면 전혀 힘을 얻지 못한다.

■ 두군(斗君) : 두군이 노복궁을 지나갈 때 길성을 만나면 노복이 순종한다. 그러나 흉기모살(凶忌耗煞)을 만나면 주인에게 한이 되거나 도망가며, 노복 때문에 시비를 초래한다.

9) 관록궁(官祿宮)

■ 자미(紫微) : 묘왕지에 있으면서 보필·창곡·괴월을 만나면 아주 좋아서 그 지위가 후백에 봉해진다. 양타·화령이 더해지면 보통이고, 천부와 동궁하면 권귀(權貴)하며 명리쌍전(名利雙全)한다. 천상과 동궁하면 내외에 권귀가 있고 청정하며, 파군과 동궁하면 시끄러운 곳에서 일하게 된다.

■**천기(天機)** : 입묘하면 권귀하고, 문곡을 만나면 훌륭한 신하가 된다. 양타·화령을 보는 것은 좋지 않고, 천량과 동궁하면 문무를 겸비하게 된다. 태음과 동궁하면 그 이름을 오랑캐에게까지 떨치며, 함궁에 있으면서 사살이 비치면 한직에 있거나 이로공명(異路功名)하며 하급관리로 입각한다.

■**태양(太陽)** : 입묘하면 문무에 다 좋으나 양타·화령을 보지 않아야 길하다. 태음이 동궁하면 귀현하다. 보필·창곡·괴월과 동궁하면서 다시 녹권과가 더해지면 정히 일품의 貴에 거하게 된다.

■**무곡(武曲)** : 입묘하면서 창곡·보필과 동궁하면 무관으로 빛을 발하고 상인(常人)이라도 발복한다. 녹권과를 만나면 돈을 맡는 관리가 되지만, 탐랑과 동궁하면 탐욕으로 더럽히는 관리가 된다. 파군과 동궁하면 군대 출신으로 먹고 산다. 칠살과 동궁하면 갑자기 공명을 세우게 된다. 함지에서 영성·타라·지겁·화기가 더해지면 공명이 없다.

■**천동(天同)** : 입묘하면 문무에 다 마땅하고, 양타·화령이 없으면 길하다. 거문과 동궁하면 처음에는 적다가 나중에 커지며, 태양·창곡·과권록이 더해지면 길하다. 천량과 동궁하면 권귀하며, 태음과 함궁에서 동궁하면 서리(胥吏)로 본다.

■**염정(廉貞)** : 입묘하면 무관으로 권귀하나 오래가지 못한다. 탐랑과 동궁하면 시끄러운 중에 권귀가 있고, 자미를 삼방에서 만나면 문관으로 본다. 칠살과 동궁하면 군대 출신이고, 천상·천부와 동궁하면 비단옷을 입고 부귀한다.

■ **천부(天府)** : 입묘하면 문무에 다 길하고, 양타 · 화령 · 지공 · 대모가 없으면 매우 아름답다. 자미와 동궁하면 문무에서 다 성명(聲名)할 수 있고, 염정 · 무곡과 동궁하면 권귀하며, 공겁을 보면 보통이다.

■ **태음(太陰)** : 입묘하면 貴가 많고, 함지에 있으면 기고만장하다가 횡파하여 발달하기 어렵다. 태양 · 창곡 · 보필을 만나면 삼품의 貴가 있고, 천동과 동궁하면 문무에 다 마땅하다. 천기와 동궁하면 시끄러운 가운데 활동하며 하급관리로 입각한다.

■ **탐랑(貪狼)** : 입묘하면서 화령을 만나면 무관으로 대권을 장악하고, 자미와 동궁하면 문무의 직에 있으며 권귀가 적지 않다. 함궁에서는 탐욕스럽고 더러운 관리가 되며, 양타 · 겁공이 더해지면 평범하다.

■ **거문(巨門)** : 입묘하면 무관으로 권귀하며, 문관은 오래가지 못한다. 태양과 동궁하면 진퇴가 있으나 입묘하면 오래간다. 천기가 동궁하면서 묘궁에 있으면 길하고, 유궁에 있으면 비록 좋더라도 흐지부지된다. 함궁에 있으면 잘 안 풀리며, 양타 · 화령 · 공겁을 만나면 더욱 불미하게 되어 강등되며 결국 사직하게 된다.

■ **천상(天相)** : 입묘하면 문무에 다 마땅하고 식록이 많으며, 함지에 있으면 성패가 있다. 자미와 동궁하면 권귀하고, 창곡 · 보필이 동궁하면 권귀영화로우며, 무곡과 동궁하면 변방에서 직책을 맡게 된다. 염정과 동궁하면 권귀가 드러나지만, 양타 · 화령 · 공겁이 더해지면 낙직(落職)하고 귀양간다.

■ 천량(天梁) : 오궁에서 입묘한다. 보필·괴월을 만나면 문무의 재목이 되며, 천동과 동궁하면 권귀가 적지 않다. 천기와 동궁하면 귀현해진다. 양타·화령·공겁이 더해지면 보통이다.

■ 칠살(七殺) : 묘왕지면 무관으로 두각을 나타내고 권귀가 적지 않으나 문관에게는 마땅치 않다. 무곡과 동궁하면 권귀하며, 염정과 동궁하면 공명현달한다.

■ 파군(破軍) : 묘왕지에 있으면 무관이 훨씬 좋다. 무곡과 동궁하면서 권록·창곡이 더해지면 현달하며, 양타·화령이 더해지면 평상이다. 자미와 동궁하면 이름을 떨친다. 염정과 동궁하면 문관은 오래가지 못하고 서리가 되는 것이 가장 좋다.

■ 문창(文昌) : 입묘하면서 태양과 동궁하고 길성과 녹권과가 더해지면 문무의 인재가 된다. 천부·문곡과 동궁하면 부귀쌍전한다.

■ 문곡(文曲) : 묘왕지에 있으면 문무에 다 마땅하다. 함궁에서 천기·태음과 동궁하면 서리로 권귀하며, 자부·보필을 만나면 임금을 가까이 모시며 집정(執政)할 수 있다. 양타·화령·공겁이 더해지면 평상하다.

■ 좌보(左輔) : 입묘하면 문무의 인재가 된다. 무관에 있는 것이 가장 旺하며 문관에게는 불리하다. 길성을 만나면 그 몸이 깨끗한 데 있게 되고 문무 모두에 좋다. 양타·화령·공겁을 보면 성명에 진퇴가 있다.

■우필(右弼) : 무관에 있는 것이 좋으며 문관에게는 불리하다. 자부·창곡과 동궁하면 재관쌍미하다. 함궁에서는 성패가 있으며, 양타·화령·공겁을 보면 파면당하거나 강등된다.

■녹존(祿存) : 吉을 만나면 문무에 다 좋으며 재관쌍미하고, 자손이 그 벼슬을 이어받아 누리며 모든 宮에 다 좋다.

■경양(擎羊) : 입묘하면 무관에 가장 이롭다. 길성과 동궁하면 권귀하며, 함지에 있으면 평상하고 허명만 있을 뿐이다.

■타라(陀羅) : 독수하면 보통이다. 길성이 더해져도 역시 허명만 있을 뿐이다.

■화성(火星) : 말년에 공명이 마음대로 되지만 초년엔 성패가 있다. 자미·탐랑을 만나면 길하고, 함지에 있으면 불미하다.

■영성(鈴星) : 독수하고 왕궁에 있으면 길하며, 함지에 있으면 불미하다. 여러 길성이 더해지면 권귀하다.

■두군(斗君) : 吉을 만나면 그 연월에 재관(財官)이 왕하며, 흉기(凶忌)를 만나면 재관이 발달하지 못하여 고생하고 파동이 많다.

10) 전택궁(田宅宮)

홍콩의 자미양은 전택궁에 대해 중요한 이야기를 했다.

『자미두수전서』 안의 가결(歌訣)에 '염정칠살(廉貞七殺) 동위 노상매시(同位 路上埋屍)'라는 구절이 있다. 축미궁의 염정칠살 동궁 조합이 염정화기가 되면서 명궁이나 천이궁이 되면 길에서 죽어 시체를 길에 묻는다는 뜻으로, 오늘날로 말하자면 교통사고 조합이다.

그러나 명궁과 천이궁이 그렇게 되더라도 반드시 죽는다고는 말할 수 없다. 생명의 위험이 있는지 없는지를 보려면 전택궁에 흉성이 비치는지를 봐야 한다는 것이다. 만약 전택궁이 길하다면 이런 상황에서 여행하다가 일을 당하더라도 놀라는 데 그친다.

대부분의 사람들이 전택궁을 소홀히 여기는 것에 대해 자미양은 우려를 표한다. 사람들은 전택궁을 단지 어떤 사람이 태어났을 당시의 가세가 어떠했는지나 조업과 장래에 부동산을 장만할 수 있는가의 여부만 살필 뿐, 이 宮이 어떤 해의 집안 사람들의 심경을 대표한다는 것은 알지 못한다고 지적하고 있다.

자신의 경험에 의하면 전택궁이 좋지 못하면 피할 수 없는 일이 많다고 주장한다. 무엇 때문인지는 모르지만 사실이 그렇다는 것이다. 만약 노상매시 조합이 명궁이나 천이궁에 있으면서 전택궁에서 다시 천동의 쌍화기를 만나면 죽을 수도 있다고 그는 말한다.

이사 갈 때 아파트가 좋은지 아니면 단독주택이 좋은지, 아파트라면 높은 곳이 좋은지 아니면 낮은 곳이 좋은지 등의 질문을 받을 때가 있다.

홍콩의 문기명은 이러한 질문에 대해 약간의 힌트를 주고 있다.

집이 높을수록 공기가 깨끗해서 좋다고 느끼는 것은 전택궁에 자미·태양·천부 같은 별이 있는 경우이다. 적당히 높은 곳에서 사는 것을 좋아하는 별은 천량이다. 바다 근처에서 살기 좋아하는 별은 천상이고, 단독주택에서 살기 좋아하는 별은 경양이다.

태양빛과 공기에 신경을 쓰는 별은 당연히 태양이다. 그러나 이것은 태양이 묘왕지에 있을 때이지, 태양이 함지에 있으면 창문 때문에 빛이 직접 도달하지 않아 빛이 직접적으로 비치지 못한다.

그늘이 어스름하게 드리워져 있는 곳에서 편안하고 조용하며 우아한 기분을 즐기기를 좋아하는 별은 태음이다. 깊은 산에서 사는 것을 좋아하는 별은 자미·염정·천부·천량이다. 시끄러운 도시에서 사는 것을 좋아하는 별은 무곡·거문·칠살·파군·타라·화성·영성 등이다.

대가족 속에서 북적거리며 사는 것을 좋아하는 별은 자미·무곡·천부·탐랑·천상 등이며, 둘만의 세계를 고수하며 사는 것을 좋아하는 별은 천동·태음·거문 등이다.

집을 사서 안거하기를 좋아하는 별은 자미·천부·탐랑 등이며, 새로운 환경으로 바꾸기를 좋아하는 별은 천기·무곡·칠살·파군·지공·지겁·대모 등이다. 낡은 것을 버리고 새로운 가구나 물건 배치하기를 좋아하는 별은 천기·탐랑 등이다.

문기명의 이러한 설명이 맞아떨어지는지는 미지수이다. 다만 전택궁에 있는 星으로 거주지에 대해 각 개인이 갖는 성향이나 취향을 분석할 수 있다는 가능성에 주목하기를 바란다.

■ **자미**(紫微) : 전택이 무성하다. 스스로 전택을 사들여 왕상할 수 있다. 양타·화령·공겁이 더해지면 사들여도 없어져버리며, 파군과 동궁하면 조업(祖業)이 기울어진다. 천상과 동궁하면 이미 이루어놓은 가업이 있다.

■ **천기**(天機) : 조업을 없애고 나서 새롭게 전택을 마련한다. 거문과 묘궁에서 동궁하면 전답이나 별장이 있으나, 유궁에서는 조업

을 지키지 못하여 처음에는 컸다가 나중에는 작아진다. 천량과 동궁하면 전택을 장만하고 말년에 부해지며, 태음과 동궁하면 전택을 스스로 장만하여 왕상해진다.

■ 태양(太陽) : 입묘하면 조업을 얻으나 처음에는 旺하다가 나중에는 평범해진다. 태음과 동궁하면서 길성이 더해지면 전택이 많다. 거문과 인궁에서 동궁하면 왕성하며, 신궁에서 동궁하면 조업이 기울어지고 전답이 없게 된다. 함지에서 양타 · 화령 · 공겁을 만나면 전택이 전혀 없다.

■ 무곡(武曲) : 혼자 왕지에 있으면 조부의 대업을 얻으나, 함지에 있으면 모두 잃은 뒤에 이룬다. 파군 · 대모와 동궁하면 가산을 탕진하고, 가산이 있어도 오래가지 못한다. 천상과 동궁하면 먼저 깬 다음에 비로소 얻게 된다. 칠살과 동궁하면 마음에 전택에 대한 욕심이 없으며, 천부와 동궁하면 이미 이루어놓은 가업(家業)이 있다. 탐랑과 동궁하면 늦게 장만하며, 화령과 동궁하면 극히 아름답고 전택이 무성하다. 공겁과 동궁하면 진퇴가 있다.

■ 천동(天同) : 처음에는 적다가 뒤에는 많아지며, 스스로 장만한 것이 매우 旺하다. 거문과 동궁하면 전택이 적고, 태음과 동궁하며 입묘하면 크게 부해진다. 천량과 동궁하면 먼저 잃고 뒤에 장만한다. 양타 · 화령 · 공겁이 더해지면 전혀 없다.

■ 염정(廉貞) : 조업을 모두 잃는다. 탐랑과 동궁하면 조업이 있어도 오래가지 못하고, 칠살과 동궁하면 스스로 장만한다. 천부와 동궁하면 현성가업(現成家業)을 지키고, 천상과 동궁하면 처음에는

없다가 나중에 있게 된다.

■ **천부(天府)** : 전원(田園)이 무성하며, 조업을 지키고 스스로도 장만하여 왕상하다. 자미와 동궁하면 크게 부해지고, 무곡과 동궁하면 조업을 지켜 번창한다. 양타·화령·공겁을 보면 더욱 적고 성패가 있게 된다.

■ **태음(太陰)** : 입묘하면 전택이 많고, 함지에 화기와 양타·화령·공겁이 더해지면 전혀 없다. 천기와 동궁하면 스스로 장만하고, 천동과 동궁하면 빈손으로도 전택을 장만한다. 보필·화권·화록과 동궁하면 주로 부동산을 많이 장만하게 된다.

■ **탐랑(貪狼)** : 함궁에 있으면 퇴조하여 일생 동안 전택이 적다. 묘왕지에 있으면 조업이 있는 것을 없앴다가 중년이나 말년에 장만하게 된다. 염정과 동궁하면 자기 차지가 없고, 자미와 동궁하면 조업이 있으며, 무곡과 동궁하면 늦게 장만한다. 화령을 보면 조업을 지키고 스스로 개창함이 있으나 집에 불이 나기 쉽다.

■ **거문(巨門)** : 묘왕하면 횡발해서 사들이나 함지에서는 자기 차지가 안 되며, 전산(田産)으로 인해 시비를 초래한다. 태양과 동궁하면 처음에는 없다가 나중에 있게 되고, 양타·화령·공겁이 있으면 전택이 전혀 없다.

■ **천상(天相)** : 묘왕지면 전택이 있고, 자미와 동궁하면 스스로 장만한다. 무곡과 동궁하면 자기 몫이 없으며, 염정에 양타·화령·공겁이 더해지면 조업이 하나도 없이 날아가버린다.

■ 천량(天梁) : 묘왕지에 있으면 조업이 있고, 천동과 동궁하면 처음에는 어렵다가 나중에 편해진다. 천기와 동궁하며 양타·화령·공겁을 보지 않으면 결국 전택을 얻게 된다.

■ 칠살(七殺) : 칠살이 전택궁에 있을 때 자미가 공조하면 귀인의 도움을 얻고, 염정과 동궁하면 능히 부동산을 늘릴 수 있다. 낙함하면 산업(産業)을 파(破)한다. 기성(忌星)과 동궁하면 가택이 편안치 않고 병(病)이나 구설시비가 있다. 타라·화성이 동궁하면 놀라는 일이 있으며, 경양·영성이 동궁하면 쟁투로 불안함이 많고, 공겁이 동궁하면 가업이 파패한다.

■ 파군(破軍) : 자오궁에 있으면 조업을 지키고 발달하나 진퇴가 있다. 양타·화령이 더해지면 조업이 기울어지며 전택이 적다. 자미와 동궁하면 이미 이루어놓은 가업이 있고, 염정과 동궁하면 먼저 깨고 나중에 장만하며, 모기(耗忌)가 있으면 전혀 없다.

■ 문창(文昌) : 여러 길성을 만나면 넓은 전원을 장만하지만, 양타·화령·공겁이 더해지면 조업이 패(敗)하게 된다.

■ 문곡(文曲) : 왕지에 있으면 자기 몫이 있고 조업을 지킨다. 길성이 더해지면 스스로 장만하지만, 양타·화령·공겁이 비치면 진퇴가 있다.

■ 좌보(左輔) : 조업이 있다. 양타·화령·공겁이 있으면 조업이 기울어지고 전택이 적지만, 길성을 보면 많다.

■ 녹존(祿存) : 전원이 많고 왕하며 스스로 장만한다. 길성을 보면 조업을 승계하여 영창하지만, 양타·화령·공겁이 더해지면 전택이 적다.

■ 경양(擎羊) : 입묘하면 선파후성하고, 함지에 공겁이 더해지면 조업을 모두 잃게 된다.

■ 타라(陀羅) : 조업이 기울어져 고생스런 세월을 보낸다. 길성이 더해지면 먼저는 없다가 나중에 있게 되며, 공겁이 있으면 전혀 없다.

■ 화성(火星) : 독수하면 조업을 모두 잃고, 길성이 비치면 처음에는 없다가 나중에 있게 되지만, 공겁이 더해지면 전혀 없다.

■ 영성(鈴星) : 조업이 기울어진다. 입묘하면서 길성이 더해지면 스스로 장만하지만 공겁을 보면 전혀 없다.

■ 두군(斗君) : 두군이 지나가면서 길성을 만나면 그 해에는 부동산이 배나 더해지고, 흉살이나 기모(忌耗)를 만나면 기울어지고 깨지게 된다.

11) 복덕궁(福德宮)

■ 자미(紫微) : 복이 후하고 향복하며 안락하다. 천부·천상과 동궁하면 종신토록 길함을 얻는다. 파군과 동궁하면 심신을 많이 쓰

고 불안하며, 양타 · 화령 · 공겁이 더해지면 박복하다.

■ **천기(天機)** : 먼저 고생하고 나중에 편안하다. 거문과 동궁하면 노력해도 편안하지 못하다. 천량과 동궁하면 복을 누리고, 태음과 동궁하면 주로 쾌락한다. 양타 · 화령 · 공겁이 더해지면 분주하며 편안함을 얻지 못한다.

■ **태양(太陽)** : 바쁜 가운데서 발복하고, 태음과 동궁하면 쾌락한다. 거문과 동궁하면 힘은 소비하나 편안하지 못하고, 천량과 동궁하면 쾌락한다. 여인이 길성을 만나면 현명한 남편을 맞이하며 복을 누린다. 양타 · 화령 · 공겁 · 기모가 더해지면 종신토록 불미한 것으로 논한다.

■ **무곡(武曲)** : 심신을 수고롭게 하나 입묘하면 편안히 복을 누린다. 파군과 동궁하면 동분서주해도 편안함을 얻지 못한다. 천상과 동궁하면 늙어서 편안하지만, 칠살과 동궁하면 편안치 못하다. 탐랑과 동궁하면 말년에 향복(享福)하고, 화령을 보면 안일이며, 양타가 더해지면 조심하고 힘을 쓰게 된다.

■ **천동(天同)** : 쾌락하고 복수(福壽)함이 있다. 거문과 동궁하면 근심은 많으나 기쁨은 적다. 태음과 동궁하면 향복하며, 천량과 동궁하면 여유롭고 쾌락한다.

■ **염정(廉貞)** : 독수하면 바쁜 가운데 복이 생기며, 천상과 동궁하면 복수함이 있다. 천부와 동궁하면 안락하며 근심이 없다. 파군과 동궁하면 조용함을 지키지 못하고 심신이 피곤해지며, 다시 양

타 · 화령이 더해지면 종신토록 고생하다가 말년에 편안해진다.

■ 천부(天府) : 안정되며 향복한다. 자미와 동궁하면 쾌락하고, 염정과 동궁하면 몸은 편안하나 마음은 바쁘다. 무곡과 동궁하면 초년에는 고생하나 중년과 말년에는 안락하고 향복한다. 그러나 양타 · 화령 · 공겁 · 모기가 더해지면 고생으로 세월을 보낸다.

■ 태음(太陰) : 입묘하면 향복 쾌락한다. 태양과 동궁하면 매우 아름다워 승도가 되어도 청결하고 향복한다. 천기와 동궁하면 마음이 바쁘며, 천동과 동궁하면 안정되고 근심이 없다. 양타 · 화령 · 공겁이 더해지면 근심도 있고 기쁨도 있으나 안정을 얻지 못한다.

■ 탐랑(貪狼) : 마음을 많이 쓰며 편안하지 못하다. 염정과 동궁하면 박복하며, 자미와 동궁하면 말년에 쾌락한다.

■ 거문(巨門) : 노심하고 불안하다. 태양과 동궁하면 근심도 있고 기쁨도 있으나, 천기와 동궁하면 마음이 바쁘고 불안하다. 천동과 동궁하면 향복하지만, 양타 · 화령 · 공겁이 더해지면 평생 근심이 많다.

■ 천상(天相) : 안일 향복하며 수명이 있다. 자미와 동궁하면 쾌락하며, 천기와 동궁하면 바쁜 가운데 길하다. 태양과 동궁하면 복수쌍전하지만, 양타 · 화령 · 공겁이 더해지면 마음이 편안치 못하다.

■ 천량(天梁) : 천량이 복덕궁에서 입묘하면 안락을 누리며 주관이 강하나 일할 때 원칙이 있는데, 만약 낙함하면 원칙이 고집으로

변할 가능성이 있다. 태양과 동궁하고 보필·괴월·천귀·은광·천무 등 星이 회조한 사람은 복록이 후중하고 능히 부귀할 수 있다. 천동이 동궁하면 안정을 누리지만, 천기가 동궁하면 심신이 피곤하다. 화기성이면 복이 없고 번뇌만 많다. 타라와 동궁하면 스스로 자처해 바쁘고, 경양·화령이 회조하면 복이 박하고 시비규분이 많으며 불안정하다. 천량이 사해궁과 신궁의 3宮에서 천마·공겁·대모를 만나면 떠다니며 분주하고 불안하다.

■ 칠살(七殺) : 입묘하면 향복한다. 함지에 양타·화령이 더해지면 심신이 피곤해지며, 무곡과 동궁하면 편안치 못하고, 염정과 동궁하면 고생한다. 자미와 동궁하면 처음에는 고생하다가 뒤에 편안해진다. 말년에야 비로소 마음먹은 대로 된다. 여인이 복덕궁에서 단거(單居)하면 반드시 창기나 노비가 된다. (이런 표현은 곧이곧대로 받아들일 필요가 전혀 없다.)

■ 파군(破軍) : 심신이 피곤하다. 무곡과 동궁하면 편안치 못하며, 염정과 동궁하면 고생한다. 자미와 동궁하면 안락하며, 양타·화령·공겁이 더해지면 조심하고 편안하지 못하다.

■ 문창(文昌) : 길성이 더해지고 입묘하면 향복 쾌락하며, 함지에 양타·화령·공겁을 만나면 심신이 안정을 얻지 못한다.

■ 좌보(左輔) : 길성이 더해지면 향복하고, 독수하면 만년에 안녕하며, 양타·화령·공겁이 더해지면 신근(辛勤)한다.

■ 우필(右弼) : 평생 복록이 전미하다. 길성이 더해지면 일생 동안

근심이 적으며, 양타 · 화령 · 공겁을 보면 노심하고 편안치 못하다.

■ 녹존(祿存) : 종신복후하고 안정되게 처세한다. 길성이 더해지면 기쁨도 있고 복도 있다. 양타 · 화령 · 공겁을 보면 심신이 편안함을 얻지 못한다.

■ 경양(擎羊) : 입묘하면 움직이는 중에 복이 있다. 함궁에서는 노심하고 흠력(欠力)한데, 길성이 동궁하면 근심을 덜며 독좌(獨坐)하면 심신이 불안하다.

■ 타라(陀羅) : 독좌하면 고생하고 입묘하면 복록이 있다. 함지면 분주하고, 길성이 더해지면 말년에 복이 있다.

■ 화성(火星) : 편안하지 못하다. 노력하고 고생하며, 길성이 더해지면 말년에야 비로소 뜻대로 된다.

■ 영성(鈴星) : 노고한다. 길성이 더해지면 평화롭고 독좌하면 고생한다.

■ 괴월(魁鉞) : 귀인이 짝이 되고 향복 쾌락한다.

■ 두군(斗君) : 길을 만나면 그 해에는 안정되며, 흉살을 만나면 편안치 못하다.

■ 세군(歲君) : 대소한에서 吉을 만나면 향복하며, 凶을 만나면 노력 신고(辛苦)한다.

12) 부모궁(父母宮)

부모를 볼 때에는 태양이 아버지가 되고 태음이 어머니가 된다. 태양이 함지에 있으면 먼저 극부(剋父)하고 태음이 함지에 있으면 먼저 극모(剋母)한다. 예를 들어 두 星이 모두 함지에 있으면 태어난 時를 보는데, 낮에 태어났다면 아버지가 살아 계시고 밤에 태어났다면 어머니가 살아 계신다.

만약 밤에 태어났는데 태음이면 어머니가 살아 계시고, 반배하여 어두우면 어머니를 먼저 剋한다. 낮에 태어난 사람이라면 아버지가 살아 계시는데, 반배하여 어두우면 아버지를 먼저 剋한다.

본궁에 어떤 星이 있을 때 형극을 主하는 별에 악살이 더해지면 형극으로 판단하는데, 이치에 따라 자세히 추리하면 스스로 깨달을 수 있을 것이다.

■ **자미(紫微)** : 극하지 않는다. 천부와 동궁해도 역시 刑함이 없으나, 양타·화령·공겁이 더해지면 剋한다. 천상과 동궁하면 刑함이 없고, 탐랑과 동궁해도 살이 더해지지만 않으면 역시 刑함이 없으나, 파군과 동궁하면 일찍 剋한다.

■ **천기(天機)** : 묘왕지에 있으면 刑함이 없다. 함지에 있으면서 양타·화령·공겁을 만나면 두 성(姓)을 갖게 되어 두 부모를 모시거나 데릴사위로 들어간다. 태음과 동궁하면 刑을 면하고 천량과 동궁해도 刑이 없지만, 모두 살이 비치지 않아야 한다. 살이 있으면 형상을 면치 못하고, 거문이 있으면 일찍 刑한다.

■ **태양(太陽)** : 입묘하면 극함이 없고, 함지에 있으면 아버지를

剋하며, 양타·화령·공겁이 더해지면 일찍 부모를 剋한다. 태음과 동궁하면 양타가 비치는지를 살펴야 하는데, 부모가 온전하더라도 늦게 刑이 있다. 거문과 동궁하면서 사살·공겁이 더해지면 일찍 剋하고, 천량과 동궁하면 刑이 없다.

■무곡(武曲) : 일찍 剋한다. 조업을 모두 잃으면 刑함이 없다. 탐랑과 동궁하면 형극하고, 칠살과 동궁하면 刑함이 있다. 천상과 동궁하면서 양타·화령·공겁이 더해지면 형상한다.

■천동(天同) : 독수하고 묘왕지에 있으면 刑함이 없고, 사살이 더해지면 두 부모를 모시며, 거문과 동궁하면 화목하지 못하다. 태음과 동궁하면 부모쌍전하고, 천량과 동궁하면 刑이 없으나 조업을 모두 잃을 수 있다. 양타·화령·공겁이 더해지면 부모가 온전치 못하다.

■염정(廉貞) : 부모에게 좋지 않고 조업을 버리며 두 집에 절한다. 탐랑과 동궁하면 일찍 刑하고, 칠살과 동궁하면 고극(孤剋)하며, 천부와 동궁하면 刑을 면한다. 파군과 동궁하면 일찍 刑하고, 양타·화령·공겁이 더해지면 부모가 두루 온전치 못하다.

■천부(天府) : 부모쌍전하고, 자미와 동궁하면 刑이 없다. 염정·무곡과 동궁할 때 묘왕지에 있으면 刑이 없지만, 양타·화령·공겁이 더해지면 상(傷)한다.

■태음(太陰) : 입묘하면 극하지 않는다. 양타·화령이 더해지면 극모하는데 그렇지 않으면 조업을 버리고 다른 곳에 양자로 간다.

태양과 동궁하면서 사살이 없으면 부모쌍전하고, 천기와 동궁해도 刑이 없으며, 천동과 동궁하면 아주 좋다.

■ 탐랑(貪狼) : 함지에 있으면 일찍 조업을 버리고 두 부모에게 절하며 양자나 데릴사위로 간다. 염정과 동궁하면 일찍 刑하고 고단하다. 자미와 동궁하면서 살이 더해지지 않으면 부모쌍전한다.

■ 거문(巨門) : 함지에 있으면 상극하며 조업을 버리고 양자로 간다. 태양과 동궁하면 화목함이 적고, 천기와 동궁하면 두 부모에게 절하며, 천동과 동궁하고 있을 때는 퇴조(退祖)하면 刑이 없다. 양타·화령·공겁이 더해지면 부모가 두루 온전치 못하다.

■ 천상(天相) : 묘왕지에 있으면 刑이 없고, 자미와 동궁하면 형극하지 않는다. 염정과 동궁하면 刑이 있고, 양타·화령·공겁이 더해지면 일찍 刑한다.

■ 천량(天梁) : 함지에 있으면서 양타·화령이 더해지면 고극하고 기조(棄祖)하며, 데릴사위로 들어가거나 이름을 바꾸거나 다른 사람에게 의탁하여 키워지면 刑을 면한다. 천동과 동궁하면서 사살이 더해지면 刑이 있으나, 살이 없으면 刑함이 없다. 천기와 동궁해도 刑이 없으며, 태양과 동궁하면 늦게 剋한다. 사살·공겁이 더해지면 일찍 剋한다.

■ 칠살(七殺) : 일찍 剋하며, 고향을 떠나고 육친골육이 고독하다. 무곡과 동궁하면 刑하며, 염정과 동궁하면 일찍 刑한다. 자미와 동궁하면서 길성이 더해지면 刑함이 없지만, 양타·화령·공겁이

더해지면 부모가 두루 온전치 못하다.

■**파군(破軍)** : 일찍 剋한다. 고향을 떠나 이름을 바꾸거나 남에게 맡겨져 키우면 刑을 면한다. 무곡과 동궁하면 일찍 剋하고, 염정과 동궁해도 역시 일찍 剋하지만, 자미와 동궁하면 刑함이 없다.

■**문창(文昌)** : 길성이 있고 입묘하면 刑함이 없다. 양타·화령이 더해지면 刑함이 있는데, 조업이 기울어지거나 두 성을 갖게 된다.

■**문곡(文曲)** : 독좌하고 입묘하면 刑이 없고, 양타·화령·공겁이 더해지면 부모가 다 온전치 못하다.

■**좌보(左輔)** : 독좌하면 刑함이 없지만, 염정과 동궁하면 일찍 극하고, 문창이 상생하면 刑함이 없다. 양타·화령이 더해지면 조업이 기울어지고 두 성을 갖게 된다.

■**우필(右弼)** : 독좌하면 刑함이 없고, 길성이 더해지면 부모의 음덕을 입지만, 양타·화령을 보면 고향을 떠나고 두 성을 갖게 된다.

■**녹존(祿存)** : 剋함이 없다. 공겁·양타·화령이 더해지면 초년에 아버지의 돈을 깨고 형상(刑傷)하며, 중년에야 스스로 가계를 이룬다.

■**경양(擎羊)** : 일찍 刑한다. 일월을 만나면 가업이 기울어지며, 길성이 모여 있으면 刑을 면한다.

■ **타라(陀羅)** : 어릴 때 형상한다. 일월을 만나면 가업이 계속 기울어지고 두 성을 갖게 되지만, 길성이 더해지면 데릴사위 또는 양자로 가거나 두 부모에게 절하며 두 성으로 살게 된다.

■ **화성(火星)** : 독수하면 고극하고 두 성으로 살게 되지만, 길성이 더해지면 화평하다.

■ **영성(鈴星)** : 형극 고단하고 두 성을 가지며, 두 부모에게 절하거나 데릴사위 또는 양자로 가게 된다.

■ **괴월(魁鉞)** : 주로 부모가 영귀(榮貴)하며, 길성이 동궁하면 부모쌍전한다.

■ **두군(斗君)** : 두군이 부모궁에 있고 吉을 만나면 부모에게 길하고 재상(災傷)이 없으며 안일함을 얻고 내외에 기쁨이 있다. 그러나 凶을 만나면 부모에게 불리하다.

왕초보 자미두수 1

글쓴이 | 김선호
펴낸이 | 유재영
펴낸곳 | 주식회사 동학사

1판 1쇄 | 2000년 4월 20일
1판 10쇄 | 2023년 9월 27일
출판등록 | 1987년 11월 27일 제 10-149

주소 | 04083 서울 마포구 토정로 53(합정동)
전화 | 324-6130, 324-6131 · 팩스 | 324-6135
E-메일 | dhsbook@hanmail.net
홈페이지 | www.donghaksa.co.kr
www.green-home.co.kr

ⓒ 김선호, 2000

ISBN 89-7190-069-5 03150
ISBN 89-7190-068-7 03150(세트)

• 저자와의 협의에 의해 인지를 생략합니다.
• 잘못된 책은 구매처에서 교환하시고, 출판사 교환이 필요할 경우에는
사유를 적어 도서와 함께 위의 주소로 보내주세요.